Rainer Cadenbach

Das musikalische Kunstwerk

Perspektiven zur Musikpädagogik und Musikwissenschaft

herausgegeben
von Walter Gieseler und Helmuth Hopf

Band 5

Rainer Cadenbach

Das musikalische Kunstwerk

Grundbegriffe einer undogmatischen Musiktheorie

1978
Gustav Bosse Verlag
Regensburg

Das musikalische Kunstwerk

Grundbegriffe einer undogmatischen Musiktheorie

von
Rainer Cadenbach

1978
Gustav Bosse Verlag
Regensburg

ISBN 3 7649 2185 4

Inhaltsverzeichnis

Seite

Einleitung

1. Die alltagssprachliche Wendung „musikalisches Kunstwerk". Folgerungen für die Gliederung der Untersuchung. 9
2. Musikästhetik als gegenstandstheoretische Disziplin. Ihre Abgrenzung gegen empirische Wissenschaften. 13
3. Musikästhetik und Musikwissenschaft. Systematische und historische Betrachtungsweise. 15
4. Wechselbeziehungen zwischen systematischer Musikwissenschaft und prinzipientheoretischer Musikästhetik. Die Musik als „exemplarische" Kunstgattung. 20
5. Ziel und Gliederung dieser Untersuchung. Zusammenfassung der Ergebnisse. 23

I. Kapitel: Analyse und Definition der Begriffe „Musik", „musikalisch"

1. Schwierigkeiten bei der Frage nach dem „Wesen" der Musik. Erste Bestimmung der „Hörbarkeit". 25
2. Akustischer Gegenstand und optische Fixierung. Zum „Anteil des Visuellen" an der „Papiermusik". 28
3. Musik in Raum und Zeit. Zur Problematik der Musik als „Zeitkunst par excellence". 31
4. Das Problem des spezifisch musikalischen Materials. Zur Frage eines „ausgezeichneten Teilbereichs" akustischer Gegebenheit. 35
5. Musik als akustisch „objektivierter Geist". Die konstitutive Funktion des „Hörers". 41
6. Der Begriff des objektivierten Geistes bei Nicolai Hartmann. Zum Verhältnis zwischen Objektivierendem und Objektiviertem. 45
7. Musik als hörbarer Gegenstand oder als vorstellungsmäßige Leistung des Rezipienten. Zur Unterscheidung von äußerer und innerer Objektivation. 50
8. Zusammenfassung des im zweiten Definitionsschritt gewonnenen Ergebnisses. Anwendung auf noch offene Fragen. 53

Seite

9. Musik als Träger von Bedeutung. Methodische Ansatzpunkte zu ihrer Bestimmung als spezifischen Mediums. 55

10. Typen des bedeutungshaften „Verweises" mit musikalischen Mitteln. Differenzierung der Typen des „Inhalts" von Musik. 58

a. Ausdruck 58
b. Darstellung 59
c. Fremdzitat 60
d. Selbstzitat 62
e. Interner musikalischer Bezug 63

11. Musik als „Tonsprache": Parallelen zwischen Sprache und Musik. Methodische Ansatzpunkte zur begrifflichen Trennung der beiden Medien. 65

12. Sprachliche und „fundierte" Bedeutung. Gewußte und erlebte Beziehung. 70

13. Sinn und Bedeutung als aufeinander bezogene Wechselbegriffe. Festlegung der Verwendung der Ausdrücke „musikalische Bedeutung" und „musikalischer Sinn". 74

14. Das Medium Musik als Träger „fundierter" Bedeutung. Zur „Koinzidenz von Medium und Substrat" in der Musik. 77

15. Abschließende Betrachtung der erreichten Definition mit Bezug auf ihren Stellenwert innerhalb einer Musikästhetik. 79

II. Kapitel: Musikalische „Gestalt" und Werkbegriff in der Musik

1. Musik und Werk als verschiedene Gegebenheitsstrukturen. Musikwerke als Forschungsgegenstände der historischen Musikwissenschaft. 83

2. Erste Betrachtung der im Begriff des „Musikwerks" enthaltenen Momente. Zur Bedeutung der - musikalischen Kompositionen zugrundeliegenden - „musikalischen Gedanken". 88

a. Fixiertheit 88
b. Autorschaft, Originalität 92
c. Umfang, Dignität, Abgeschlossenheit 97
d. Ganzheit 99

3. Die Gestalt als Gegenständlichkeit extensiver, produzierter, fundierter Ganzheit. Analyse der Gestalttheorie bei Richard Hönigswald. 103

a. Produktion 103
b. Ganzheit 104

Seite

c. Fundiertheit 106
d. Extension, Überschaubarkeit 109

4. Die extensive Ganzheit des Musikwerks als Prinzip für dessen Autonomie wie für dessen Geschichtlichkeit. 113

5. Das Musikwerk und seine Fixierung. Typen der Relation zwischen Werk und Interpreten. 117

a. Synthetisches Musikwerk 118
b. Imperatives Musikwerk 121
c. Offenes Musikwerk 127

6. Das Musikwerk als zu vollziehender Gegenstand. Seine Fixierung als Anweisung zur Gestaltproduktion. 135

III. Kapitel: Musikwerk und musikalisches Kunstwerk. Zur Problematik des Werturteils in der Musik.

1. Musikästhetik als Wertungswissenschaft. Das musikalische Kunstwerk als Gegenstand sui generis. 139

2. Erste Betrachtung der in den Begriffen von „Musik" und „Musikwerk" enthaltenen Bedeutungsmomente für Wertung „überhaupt". Methodische Ansatzpunkte für eine Ausgrenzung ästhetischer Wertungsrücksichten. 144

3. Subjektive Urteile des Gefallens und ästhetisches „Geschmacksurteil". Zur Formalstruktur des theoretischen, praktischen und ästhetischen Urteils. 150

a. Theoretisches Urteil 151
b. Praktisches „Urteil" 152
c. Ästhetisches Urteil 154

4. Kants Analyse des Geschmacksurteils in seiner „Kritik der Urtheilskraft". Zur Unterscheidung zwischen ästhetischen und logischen Funktionen des Geschmacksurteils. 157

a. Qualität 157
b. Quantität 159
c. Relation 160
d. Modalität 163

5. Die Abhängigkeit der ästhetischen Rezeption von Wissen und Wollen und die Notwendigkeit der Trennung der Bereiche ästhetischen Erlebens und kunstwissenschaftlicher Forschung. 167

6. „Dissonanz" und musikalische „Mehrdeutigkeit" als Beispiele für die stilgeschichtliche Gebundenheit jedes musikalischen „Inhalts" wie auch jeder wissenschaftlichen Kategorisierung musikalischer Forschungs- 171

Seite

gegenstände.

7. Typen kunstwissenschaftlicher Wertung von Musikwerken. Das musikalische Kunstwerk selbst als Zentrum in der Schematik dieser Differenzierung. 176

a. Gestaltbezogene Wertung 177
b. Stilbezogene Wertung 178
c. Bedeutungsbezogene Wertung 180

Schematische Zusammenfassung 182

Personenregister 185

Bibliographische Angaben zur erwähnten Literatur 187

Einleitung

1. *Die alltagssprachliche Wendung „musikalisches Kunstwerk". Folgerungen für die Gliederung der Untersuchung.*

Dreierlei suggeriert die Rede vom „musikalischen Kunstwerk"; zunächst die Möglichkeit, das Attribut „musikalisch" so zu bestimmen, daß es als kennzeichnend verwendet werden kann: „musikalisch" als Wort für eine spezifische *Eigenschaft*; sodann deren Verknüpfbarkeit mit dem „Werk" als bestandhafter, beharrender *„Gegenständlichkeit"* und drittens schließlich die Möglichkeit einer spezifischen *Wertung* bestimmter Musikwerke als „Kunst". An der Selbstverständlichkeit jeder einzelnen dieser naheliegenden Folgerungen ist jedoch zu zweifeln; von jeder gilt, was Theodor W. Adorno zu Beginn seiner „Ästhetischen Theorie" für die Situation der Kunst und der Kunsttheorie festgestellt hat: „Zur Selbstverständlichkeit wurde, daß nichts, was die Kunst betrifft, mehr selbstverständlich ist".[1]

Angesichts einer Situation, in der Musik als „Werk" suspekt ist, und angesichts einer Situation, in der die ganze Fülle akustischer Gegebenheiten für prinzipiell gleich geeignet gehalten wird, als Material für musikalische Ereignisse zu dienen, ohne daß dabei allerdings Kriterien anerkannt wären, anhand deren entschieden werden könnte, was noch Musik sei und was schon nicht mehr, scheint eine Besinnung auf die Bedingungen notwendig, unter denen von „Musik" als Gegenständlichkeit, von „Werk" als überlieferbarem Bestand, und unter denen vom „musikalischen Kunstwerk" als einem ästhetische Würdigung fordernden Objekt die Rede sein kann.

Für den Verlauf der Geschichte der Musik - wie auch von deren Theorie - ist immer wieder aufs neue festzustellen, daß die prinzipiellen Erwägungen zu diesem speziellen Gegenstandsbereich und zu der ihm zuzuordnenden Kunstgattung hinter der tatsächlichen Entwicklung der Kompositionstechniken, der verwendeten Materialien, der musikalischen „Absichten", der intendierten Wirkungen und ähnlicher Gesichtspunkte zurückblieben. Das Geschäft der theoretischen Begründung einerseits immer neuer musikalischer Handwerkslehren und andererseits auch der Möglichkeit, Musik als Kunst, als auf einer - spezifisch ästhetischen - prinzipiellen Basis beruhend zu betrachten, ging mehr und mehr in die - unterschiedlich dazu berufenen - Hände der Musik Schaffenden selbst über. Das Ergebnis dieser Entwicklung hatte zwar für die musikalische Praxis seinen durchaus positiven Aspekt: ist doch heute kaum ein Komponist, ja mit Bezug auf die zeitgenössische „Neue Musik" auch kaum ein Interpret, ja selbst nur schwerlich ein Hörer denkbar, der sich nicht über die theoretischen Grundlagen seines Tuns Rechenschaft zu legen suchte. Die Meinung, daß „musikalische Praxis, die glaubt, auf Theorie und Kritik verzichten zu können", der Anschauung gleiche, „die nach Kants Wort blind ist, solange ihr der Begriff fehlt"[2]; ist jedenfalls noch zu keinem Zeitpunkt der Musikgeschichte dermaßen selbstverständlich gewesen. Aber auf der anderen Seite ist auch ein negativer Aspekt - im Bereich der Theorie - auf allen drei angedeuteten Stufen der Ungeklärtheit durch eine große Zahl einander widersprechender Dogmen der verschiedenen Komponisten und Theoretiker belegbar. Da ist Musik einerseits naturgegeben, gar göttlichen Ursprungs, andererseits ausschließlich Leistung des Rezipienten; da ist das Werk als Notentext einerseits die einzig verbindliche Grundlage der Interpretation und andererseits als solches schon gar nicht mehr möglich, da „Werkhaftes" der Natur der Musik wie auch der Kunst, eben wesentlich Tätigkeit zu sein, widerspreche; und da ist schließlich das musikalische Kunstwerk einerseits ontologisch zu bestimmender Bestand (z.B. bei Roman Ingarden[3] oder Zofia Lissa[4]) und andererseits ausschließlich Resultat subjektiver Würdigung oder Stellungnahme (z.B. bei Albert Wellek[5] oder Tibor Kneif[6]).

Der Hauptmangel an vielen der heute vertretenen Theorien vom musikalischen Kunstwerk besteht zumindest im Fehlen einer hinreichend durchgeführten Abgrenzung des zu behandelnden Gegenstands gegen Bereiche, die durch andere, ihm heterogene Bedingungsgefüge begründet sind und die nur aufgrund ihrer *Verbindbarkeit* mit Musikalischem im Rahmen einer *Musik*theorie in Betrachtung gezogen werden können. So findet man heute kaum eine musiktheoretische Analyse, die sich zunächst mit einer Begriffsbestimmung des Musikalischen selbst abgäbe, ohne sich dabei zugleich in allgemeine Kunsttheorie, Hörpsychologie, Gehörsphysiologie, Gesellschaftstheorie oder auch Theorie musikalischer Praxis zu „verlieren".

Was anfangs als „suggestives" Element unseres gewohnheitsmäßigen Wortgebrauchs angesprochen wurde, kann hier möglicherweise den Ansatzpunkt der Analyse, vielleicht sogar das Prinzip ihres methodischen Gangs abgeben: eine Theorie des musikalischen Kunstwerks hat ebendiese - noch nicht reflektierten - sprachlich naheliegenden Assoziationen auf ihre Triftigkeit zu prüfen, indem sie zunächst die Bedingungen der Möglichkeit des Begriffs von *Musik* und dessen Beziehbarkeit auf einen bestimmten Bereich von Gegenständlichkeit bzw. Erlebtheit bestimmt, danach zur Herausarbeitung der Bedingungen der Möglichkeit des Begriffs vom Musik*werk* und zu dessen Beziehbarkeit auf einen bestimmten Ausschnitt aus dem Bereich des Musikalischen übergeht und schließlich auch die Bedingungen der Möglichkeit des Begriffs von musikalischer *Kunst* klärt. Ihr obliegt jedenfalls allemal eine *Definition* dieser Begriffe: die Abgrenzung ihres Umfangs und der daraus sich ergebenden Überschneidungen durch die Bestimmung ihres Inhalts.

Die Frage liegt nahe, in welcher „Richtung" dieser Definitionsgang zu erfolgen habe; es scheinen sich überraschend viele Möglichkeiten zu bieten. So könnte der Grundsatz, vom Allgemeinen, Inhaltsärmeren, Umfangsgrößeren zum Besonderen, Inhaltsreicheren, Eingeschränkteren überzugehen nicht nur nach dem schon vorgebrachten Vorschlag (*Musik* – Musik*werk* – musikalisches *Kunst*werk) erfolgen, sondern auch gewissermaßen umgekehrt: Kunst überhaupt – Werkbegriff in der Kunst – Spezifikum der Gattung Musik. - Auch vom Begriff des Werks (etwa als gestalteter Natur) auszugehen, scheint möglich, und von da aus zur Frage kunsthafter Naturgestaltung überzugehen, um schließlich wieder die Bestimmung von „musikalisch" durch eine bloße Analyse des „naturgegebenen" Substrats mit dem Ziel der Abgrenzung des Bereichs „Musik" gegen die übrigen Gattungen anzufügen. Und schließlich wäre auch gegen den Aufbau einer Untersuchung nichts einzuwenden, die sich nach einer allgemeinen Theorie der Kunst zunächst der Musik zuwendete, und - als eigentlichen Zielpunkt - ihr Ergebnis in einer Trennung von werkhafter und nicht-werkhafter musikalischer Kunst hätte. - Welcher methodische Gang der fortschreitenden Abgrenzung ist also zu wählen?

Ihre erste Schwierigkeit findet die Entscheidung dieser Frage am noch undeutlichen Verhältnis des hier Allgemeinen zu seinem Besonderen. Scheint die klassifizierende Unterordnung von „Musikwerk" unter „Musik überhaupt" noch verhältnismäßig unproblematisch, so stößt die umfangmäßige Zuordnung des Begriffs *kunst*hafter Gebilde in diesem Bereich auf eine sich sperrende Alternative: Ist überhaupt eine Musik denkbar, die nicht auch als Kunst verstanden werden könnte, oder muß vom Verhältnis Kunstmusik – Nicht-Kunstmusik ausgegangen werden? Die Betrachtung der Schwierigkeit dieser Entscheidung führt auf eine weitergehende Problematik: Ist der Begriff der „Kunst" überhaupt so strukturiert, daß er für die Klassifizierung von Gegenständen geeignet ist, oder auch: Hat „Kunst" einen gegen „Nicht-Kunst" abgrenzbaren Umfang? Gibt es überhaupt irgendetwas, was - der Möglichkeit nach - nicht auch Kunst ist?

Es ist klar, daß hier, zu Beginn der Analyse, diese Fragen noch nicht zu entscheiden sind. Der Weg aber wird sichtbar, auf dem sie (von deren Lösung schließlich der gesamte Wertkriterienstreit - etwa im Bereich der Neuen Musik - zu legitimieren oder zu erledigen wäre) einer Klärung nähergebracht werden könnten, denn es geht im ganzen hier angedeuteten Problemzusammenhang um die Frage der *Gegenständlichkeit* von musikalischer Kunst, und - ausdrücklich - zunächst noch nicht um das Problem ihrer Wertung oder Würdigung.

Zum ersten Mal rückt damit der Begriff des Musik-„Werks" in den Vordergrund der Betrachtung, denn an seiner Bedeutung entscheidet sich die spezifische „Seinsweise", besser: „Gegebenheitsweise" oder „Gegenständlichkeit", die in Frage steht. Wenn davon auszugehen ist, daß uns musikalische Kunstwerke - in welcher Seins- oder Gegebenheitsweise auch immer - gegenüberstehen, so können sie in theoretischer Einstellung nur dann adäquat erforscht, in praktischer verwandt oder in ästhetischer gewürdigt werden, wenn geklärt ist, *wie* sie sich zeigen, auf welche Weise sie uns gegeben sind. Mit anderen Worten: Wenden wir uns in einer dieser genannten Einstellungen dem musikalischen Gegenstand zu, der mit „Werk" bezeichnet wird, so beziehen wir uns auf etwas, was nur mit wohlverstandener Einschränkung „gegenständlich" genannt werden kann: gegeben ist uns allenfalls die Partitur oder die schriftliche Fixierung, gegeben ist uns meist eine Ausführung des Werks oder wieder eine Fixierung derselben. Beide aber, Partitur wie Ausführung, fallen nicht zusammen mit dem „Werk".

Anmerkungen

1 Theodor W. Adorno, Ästhetische Theorie, Gesammelte Schriften Bd.7, Frankfurt/Main 1970, S.5.

2 Carl Dahlhaus, Musikästhetik, Köln 1967, S.148.

3 Roman Ingarden, Musikwerk, in: Untersuchungen zur Ontologie der Kunst: Musikwerk - Bild - Architektur - Film, Tübingen 1962.

4 Zofia Lissa, Über das Spezifische der Musik, Berlin 1957.

5 Albert Wellek, Musikpsychologie und Musikästhetik. Grundriß der systematischen Musikwissenschaft, Frankfurt/Main 1963.

6 Tibor Kneif, Musikästhetik, in: Einführung in die systematische Musikwissenschaft, hrsg. v. C.Dahlhaus, Köln 1971, S.133-169.

2. *Musikästhetik als gegenstandstheoretische Disziplin. Ihre Abgrenzung gegen empirische Wissenschaften.*

Obwohl in dem bis jetzt vorliegenden ganzen Zusammenhang weder vom spezifisch „Kunsthaften" noch von „guter und schlechter" Musik, von „ästhetischer Qualität", von „ästhetisch adäquater Rezeption", von „Bedeutung", „Ausdruck", „Darstellung", „unmittelbarer Verständigung" noch auch von „veräußerter Innerlichkeit" bisher die Rede war, wird schon jetzt deutlich, daß die Musikästhetik als Theorie des musikalischen Kunstwerks schon im methodischen Ansatz ihre aus der Struktur ihres *Gegenstands* sich ergebende Stellung im Gefüge der Wissenschaften festzustellen hat. Man mag über den Begriff der „Ästhetik" als Theorie der *„aisthesis"* streiten, - sicher aber ist, daß Kunsttheorie einer Gattung nur dann sinnvoll, ja möglich ist, wenn erstens dieser Gattung ihr Ort im Gesamtbereich der Kunst zugewiesen worden ist, und wenn zweitens geklärt ist, aufgrund welcher Voraussetzungen und vermöge welcher Bedingungen die Objekte dieser Gattung überhaupt erst erlebbar sind. Eine Kunsttheorie jedoch, die sich auf *nur einen* methodischen Aspekt am Gegenstand - etwa den physikalischen, physiologischen, psychologischen, soziologischen - stützt, oder eine Kunsttheorie, die davon absieht, daß sie eben als *Kunst*theorie mit nur physikalischen, physiologischen, psychologischen oder soziologischen Methoden ebensowenig weiterkommt wie mit nur ontologischen oder erkenntnistheoretischen Problemstellungen allein, verfällt in Einseitigkeit. Gerade für die „Musikästhetik" lassen sich in der Geschichte dieser Disziplin viele Theorien mit diesem Mangel finden, ein Umstand, der schließlich im praktischen Bereich der musikalischen Komposition zu einer Krise der ganzen Gattung geführt hat, und im theoretischen zu einer Situation, in der die Ästhetik als Wissenschaft suspekt wurde. Schönbergs programmatische Äußerung, eine „gute Handwerkslehre" sei ihm lieber als eine „schlechte Ästhetik" trägt diesen beiden Seiten kritisch Rechnung: sie enthält außer dem Ausdruck des Mißtrauens gegenüber dem zeitgenössischen Stand der Theorie auch den Hinweis auf Wertunterschiede zwischen „Handwerkslehren" und so - implizit - auch die Forderung nach einer Theorie mit Bezug auf die Anweisung zur musikalischen Praxis. Schönbergs Unmut der „schlechten Ästhetik" gegenüber allerdings weist auf den Stand einer Situation hin, die in dem Maße als anarchisch bezeichnet werden kann, in dem jedesmal mit demselben Anspruch auf theoretische Objektivität „Phänomenologie der Musik", „Musikpsychologie", „musikalische Logik", „musikalische Biologie" (als Lehre vom musikalischen Organismus), „musikalische Energetik" oder gar „Metaphysik der Musik" getrieben und vertreten wurde.

Wieder ergibt sich die Möglichkeit einer solchen Vielfalt von Betrachtungsweisen oder auch wissenschaftlichen Methoden dem Phänomen Musik gegenüber aus der spezifischen Gegenständlichkeit des musikalischen „Objekts". Physikalische und physiologische Akustik werden - gewissermaßen von beiden Seiten her - dem Aspekt der *Hörbarkeit* von Musik gerecht; als solche allerdings bleiben sie auch auf ihn beschränkt, und ob sie überhaupt zum Phänomen des - nur noch - Musikalischen gelangen, ist sicher sehr fraglich. Dem Aspekt des *Erlebtseins*, der „Gefühlsantwort", ja vielleicht sogar dem des Auffassens musikalischer „Formen", des erlebnishaften Zusammenfassens also von Zusammengehörigem, geht die Musikpsychologie nach; als ebenfalls empirische Wissenschaft hat auch sie allenfalls die Möglichkeit, vom psychischen Effekt her das Musikalische gleichsam statistisch abzugrenzen gegen anderes, ebenfalls akustisch Erlebbares. Schon die Frage nach der Gegebenheitsweise, der „Realität" musikalischer Werke oder die nach ihrer Identität angesichts der stets verschieden ausfallenden Interpretationen fällt ebensowenig mehr in ihre Kompetenz wie gar die nach qualitativen Unterschieden nicht-subjektiver, geltungshafter Art. - Gerade diese letztere Problematik nun machte sich eine Theorie der Musik zu ihrem Gegenstand, die sich in Analogie zur Lehre von den Denkstrukturen „musikalische Logik" nannte[1]. Auch sie wandte sich einem bestimmten Aspekt am musikalischen Gegenstand zu: der Erforschung musikalischer Gestaltprinzipien und musikalischer Formen. Daß allerdings ihre Ausgangsfrage nach der Folgerichtigkeit musikalischer Entwicklungen eigentlich doch nur im Bereich gewisser, wenigstens andeutungsweise vorgegebener, Schemata für musikalische Formen möglich ist, zeigt, daß eine derartige Betrachtungsweise vom inhaltlich je anders verwirklichten Prinzip des „Stils" auszugehen hat, und so erweist sich am Ende auch diese, so stolz als „Logik" bezeichnete Wissenschaft als geradezu eminent historische: den Fragen, was die Elemente der Musik eigentlich seien, und ob sie hinsichtlich ihrer Kombinierbarkeit irgendwelchen übergeschichtlichen Gesetzen gehorchen, geht auch sie nicht nach. Das nämliche gilt auch von jeder anderen Richtung, die das Musikwerk als kleinen „Kosmos", als „Organismus" oder auch als „Kräftefeld" auffaßt, und aus ihm selbst die Bedingungen oder gar Ursachen seiner eigenen Ganzheit nach Art einer objektiven, naturwissenschaftlich zu ergründenden Größe betrachtet: im Begriff der musikalischen Gestalt, vielleicht sogar im Begriff des Musikalischen überhaupt, treffen eben zumindest die *beiden* Bedingungsinbegriffe von Gegenstands- und Erlebnisbestimmtheit zusammen.

Anmerkung

1 Daß sich diese Bezeichnung wirklich nur als Analogie und nicht etwa als „Programm" hinsichtlich der systematischen Stellung dieser Theorie verstand, zeigt schon die Tatsache, daß Hugo Riemanns Werk „Musikalische Logik" zuvor „Über das musikalische Hören" geheißen hatte.

3. *Musikästhetik und Musikwissenschaft. Systematische und historische Betrachtungsweise.*

Fassen wir die letzte - hinsichtlich ihres Anspruchs, Grundwissenschaft vom Musikalischen zu sein, kritisierte - Theoriengruppe unter dem Titel der Analyse musikalischer Werke, Formen oder Systeme zusammen, so ergibt sich, daß sie sich ausschließlich dem vorliegenden Bestand an Musikwerken zuwendet, und ihn auf Gemeinsamkeiten, Entwicklungen, „Gesetzlichkeiten", auf die Struktur des ihm zugrundeliegenden Materials wie auf den Bestand seiner Formen und Techniken hin erforscht und interpretiert. Dies aber heißt, daß sie - als Ganze - *historischen* Charakters ist. Untersuchungen über anscheinend so „systematische" Gegenstände wie etwa das „Prinzip der Reprise", „Konsonanz und Dissonanz", „nicht umkehrbare Rhythmen", ja über „Melodie", „Harmonie" oder „Instrumentation" haben als Material ihrer vielleicht formalen Ergebnisse doch immer nur das zu einer bestimmten Zeit entstandene Werk, den in gewissen Epochen ausgebildeten Stil, das in verschiedenen Kulturkreisen unterschiedlich sich aufbauende musikalische Material oder ähnliches. So haben - um bei unseren Beispielen zu bleiben - Überlegungen zum „Prinzip der Reprise" dieses zumindest auf den Weg etwa von der dreiteiligen Liedform bis hin zur klassischen Sonate und auf deren Weiterentwicklung zu beziehen; der Zusammenhang von „Konsonanz und Dissonanz" bleibt - je nachdem - auf homophone oder polyphone Technik, auf temperiertes oder nicht-temperiertes System, auf neuere oder ältere Epochen musikalischen Stils bezogen, und entsprechendes gilt auch für Arbeiten zur „Rhythmik", „Melodie", „Harmonie", „Dynamik", „Klangfarbe" oder zu Vergleichbarem.

Aus dieser strengen und notwendigen Bezogenheit auf empirisches Material ergibt sich für alle diese Themen, und schließlich für die Musikwissenschaft als Ganzes, deren historische Methode und deren positiver Charakter. Damit ist allerdings keineswegs gesagt, ihre Resultate seien keine allgemeinen Sätze, keine Regeln, Prinzipien oder Gesetze. Nur bleibt die Allgemeinheit, der begründende oder auch normative Anspruch ihrer Ergebnisse auf das positive, empirische, eben *geschichtliche* Material, die musikalischen Werke, Stile und Systeme nicht nur eingeschränkt, sondern ebendieses Material ist es auch, aufgrund von dessen Analyse sie als Ergebnisse erst zustande kamen.

Es gab für die Musikwissenschaft mehrere, zum Teil aus der Struktur ihres Gegenstandes, zum Teil aber auch aus der Geschichte dieser Wissenschaft zu verstehende Gründe, warum es ihr oft schwer gefallen ist, sich als eigentlich historische Wissenschaft zu verstehen und sich auch als solche zu bezeichnen. Die Tatsache, daß der Name „Kunstgeschichte" der parallelen Wissenschaft von den darstellenden und bildenden Künsten dagegen so selbstverständlich wurde, weist auf einen der durch die Struktur des Gegenstandes bedingten Gründe hin: der Forschungsgegenstand der Musikwissenschaften, die Gesamtheit der musikalischen „Werke", liegt nicht in jener positiven, meßbaren und datierbaren, Weise eines Gemäldes etwa oder einer Skulptur vor dem Auge oder Ohr des sich ihm zuwendenden Wissenschaftlers; in ihm ist - bedingt durch den „transitorischen Charakter" seines Materials - stets der Interpret, der Ausführende als realisierende Zwischeninstanz intendiert, so daß immer nur die - gegenwärtige - „Interpretation" des Werks im Sinne der akustischen Erfahrbarkeit zugänglich ist, „durch die hindurch" das Werk sich bestenfalls ergibt, die aber nie das Werk selbst in seiner Originalität repräsentiert[1]. Aus dieser Schwierigkeit, der „Nicht-Gegebenheit" des sinnlich erfahrbaren Moments ihres eigentlichen Forschungsgegenstandes, wird das Problem der Musikwissenschaft zumindest verständlich, sich ohne Weiteres - gerade auch mit Bezug auf die Relation Werk – Ausführung - als ausschließlich historische zu verstehen.

Ein anderer, mehr wissenschaftsgeschichtlicher Grund, der die saubere Trennung von systematischer und historischer Wissenschaft des Musikalischen erschwerte, ergibt sich aus der stilgeschichtlich so engen Verbindung des „tonalen" musikalischen Materials mit der Entwicklung musikalischer Formen und Systeme. Die alte Idee, aus den physikalischen Bestimmtheiten des „Naturklangs", aus den einfachen Proportionen natürlicher Zahlen bezüglich der „wichtigsten" Intervalle und aus den daraus sich ergebenden Parallelitäten zwischen naturklanggebundener Musik und z.B. der Geometrie auf eine Apriorität von sinnlich Erfahrbarem zu schließen, führte, wenn schon nicht zur Erhebung der Musik in das Reich des Göttlichen und zur Erstellung der entsprechenden metaphysischen Theorien, so doch zu der Lehre, daß aus der physikalischen Analyse des Naturklangs, und später auch der physiologischen seiner Wahrnehmung, P r i n z i p i e n des Musikalischen sich zu ergeben hätten: geschichtsenthoben und normativen Charakters. Erst die Einsicht, daß ein Diktat eines wie auch immer gearteten Materials, sobald es als Zwang empfunden wird, durch seine dem künstlerischen Wollen entgegengesetzte einschränkende Funktion mit der Vorstellung von der Freiheit der Kunst nicht zu vereinbaren ist, - diese Einsicht, die sich übrigens aus der Entwicklung der kompositorischen *Praxis* ergab, relativierte die bis dahin normative Rolle des Dur-moll-tonalen Systems und eröffnete neue Bereiche musikalischer Gestaltung.

Schon an dieser Stelle sei allerdings darauf hingewiesen, daß dieser Schritt vielleicht noch immer nicht allgemein vollzogen ist; noch 1956, Jahrzehnte also nach Überwindung der Vorstellung, „unser temperiertes System" und Musik seien nicht voneinander zu trennen, sah - um nur ein Beispiel besonders markanten Charakters zu nennen - etwa Friedrich Blume, einer der bedeutenden Musikwissenschaftler Deutschlands, keine andere Möglichkeit, Musik zu definieren als vom Begriff des Naturklangs aus[2]. Auf diese Position ist sicher im Zusammenhang des ersten Kapitels, der Definition von „Musik" noch einzugehen[3]; hier steht der Hinweis auf sie nur als Indiz für die Schwierigkeit der Abgrenzung der systematischen gegen die historische Wissenschaft von der Musik, eine Schwierigkeit, die allerdings noch von ganz anderer Seite her sichtbar wird, nämlich von den *Ergebnissen* nur scheinbar „systematischer" Disziplinen der Musikwissenschaft aus.

So ist doch beispielsweise zu fragen, woran es liegt, daß „musikalische Formenlehre", „Harmonielehre", ja sogar „Kontrapunkt" (als „Fach" der Musikwissenschaft) ihre Lehrsätze in Form von „Gesetzen" ausdrücken, die - wenn auch nur innerhalb des angesprochenen Bereichs, des jeweiligen „Stils" - unbedingte Gültigkeit beanspruchen. Mit anderen Worten: Woran liegt es, daß im Zusammenhang mit diesen - zumindest doch nicht rein historischen Fächern von „Kompositionsfehlern", „Verstößen" und „Verboten" die Rede sein kann?

Der Hinweis auf eine mögliche, bei der Ausbildung und Festsetzung der „zu beachtenden" Regeln hier als Willkür zu verstehende, schöpferische Freiheit (etwa für musikalische Formen, Modulationen oder Kontrapunkt) verbietet sich durch den Beweis, der aus der Praxis geführt wurde: der „Musikalische Spaß" eines Telemann[4] oder Mozart[5] belegt schlagend die eben gleichsam doch objektive Verbindlichkeit der *innerhalb eines Stils* ausgebildeten Kompositionsregeln. Was Mozarts spaßiges „Lehrstück" betrifft, so geht seine Intention sogar noch weiter: zu zeigen, daß die nicht-„inspirierte", mechanische Befolgung einer Anzahl von Kompositionsregeln (z.B. des Aufbaus eines klassischen Sonatensatzes) allein schon durchaus komische Wirkungen hervorrufen kann, wenn es sich um *zwar regelrechte aber* (bewußt) *schlechte* bzw. primitive *Komposition* handelt.

Am Faktum dieser Möglichkeit offenbart sich ein weiteres und weiterreichendes Problem für das Verhältnis von historischer und systematischer Betrachtungsweise innerhalb der Musik, ein Problem, das sich im Zusammenhang mit der Frage nach ihrer *Wertung* ergibt. Die hier entstehende Alternative lautet: wie können Musikwerke ihrer „Güte" nach beurteilt werden? In rein ästhetischer Einstellung unter Absehung von allen geschichtlichen Faktoren, durch die sie bedingt sein mögen, oder - gerade umgekehrt - nur unter Einbeziehung ihrer stilgeschichtlichen Bedingtheiten? Die erstere Auffassung wurde innerhalb der Musikästhetik des 19. Jahrhunderts - etwa von Philipp Spitta - vertreten, der allerdings mehr noch die historische Musikwissenschaft vom ästhetischen Urteil reinigen wollte als umgekehrt[6]: „Daß man in der wissenschaftlichen Betrachtung die Kunstwerke als Urkunden auffaßt und mit allen Mitteln bestrebt sein will, sie ohne Rücksicht auf ästhetischen Genuß vor allem richtig zu lesen und zu deuten, darin sehe ich einen der wichtigsten Fortschritte der jüngsten Zeit."[7] Dies wurde für die Wissenschaft von der Geschichte der Musik gesagt, jedoch ergibt sich daraus aber auch umgekehrt für deren „Ästhetik" (als Lehre von ihrer Wertung oder Würdigung als Kunst), daß sie ihren Gegenstand als autonomen, der Geschichte enthobenen und „abgeschnitten von den zufälligen Bedingungen, aus denen es erwachsen ist"[8], zu betrachten habe. Carl Dahlhaus faßt diese Seite der oben genannten Alternative so zusammen: „Historische Urteile über Musik beziehen sich zwar auf dieselben Gegenstände wie ästhetische, erfassen sie aber anders, gleichsam von der entgegengesetzten Seite. Wer das Thema einer Fuge von Bach als schön oder erhaben empfindet, urteilt auch dann ästhetisch legitim, wenn er nicht weiß, von wem die Melodie stammt und daß sie einen Typus abwandelt, dessen Vorgeschichte ins frühe 17. Jahrhundert zurückreicht. Ästhetische Erfahrung ist, so scheint es, von geschichtlicher Erkenntnis unabhängig oder kann es mindestens sein."[9]

Lassen wir die Problematik der Möglichkeit „ästhetischer Erfahrung" in ihrem Verhältnis zum - Gültigkeit beanspruchenden - ästhetischen Werturteil zunächst noch beiseite, so ergibt sich schon hier eine mögliche Gegenposition (die übrigens auch Carl Dahlhaus sieht): Unter Voraussetzung der Forderung nach Originalität des Kunstwerks als Kriterium seines Werts, d.h. unter Anerkennung der These, daß Epigonalität mit dem künstlerischen Wert auch dessen subjektive Entsprechung auf der Seite der „ästhetischen Erfahrung" - eben den „Kunstgenuß" - mindere, ist ästhetische Erfahrung auch auf kunsthistorisches Wissen, auf *theoretische* Kennerschaft bezüglich der stilistischen Voraussetzungen eines Musikwerks - wie eines Kunstwerks überhaupt - geradezu gegründet. Am in einer bestimmten Epoche ausgebildeten „Stil", an der Kontinuität des Verlaufs der Kunstgeschichte also, entscheidet sich die Originalität eines Werks; wird sie als Voraussetzung seines wie auch immer zu fassenden künstlerischen „Werts" gesehen, so erhält der „Stil" den Rang eines Wertkriteriums, eines Prinzips der ästhetischen „Beurteilung"[10].

Damit allerdings ist der Bereich dessen, was oben als subjektiver „Kunstgenuß" bezeichnet wurde, bereits überschritten: zu fragen ist nun nach der Struktur und der Möglichkeit des ästhetischen *Urteils* selbst, sowie nach dessen Verhältnis zur „ästhetischen Erfahrung", näherhin also nach der Verbindung - oder auch der Kluft - , die zwischen Kunstgenuß und Kunstkritik (im Sinne der theoretischen Beschäftigung mit Kunst) besteht. Letztlich mündet die Problematik dieser Unterscheidung ein in die Analyse des Verhältnisses zwischen Theorie und Ästhetik - im Sinne der Doppelfrage nämlich, einerseits inwieweit ästhetische Erfahrung von Kulturgegenständen prinzipiell abhängig ist von deren theoretischer Durchdringung, und andererseits, wie Urteile über ästhetische Gegenstände „in die Theorie kommen"; welcher Prinzipieninbegriff ihre objektive Geltung verbürgt, und weiter, ob sie überhaupt mit dem Anspruch auf - durch diesen spezifischen Prinzipieninbegriff vermittelte - *theoretische* Geltung auftreten können. Diese letzte Frage bezieht sich zweifellos auf das Problem einer der Historie gegenüber methodisch eigenständigen „Kunstwissenschaft"; diese ist nur möglich, wenn mit Bezug auf das *ästhetische* Objekt Urteile gefällt werden können, die unter die Geltungsdifferenz „wahr – falsch" fallen[11].

Anmerkungen

1 An dieser Grundrelation ändert sich auch bei vom Komponisten selbst hergestellten Tonbandmontagen mit z.B. elektronisch erzeugter Musik nichts. Auch hier liegt zuerst ein Konstruktionsplan vor, nach dem immer wieder neue Tonträger montiert werden können. Daß dies der Komponist selbst tut, entspricht dem Fall der sogenannten „authentischen" Interpretation, bei der der traditionelle Komponist seine eigenen Werke aufführt. Und gerade an diesem Fall wird die Kluft zwischen Werk und Ausführung besonders deutlich (Vgl. unten, 2.Kapitel, S.118ff.).

2 Friedrich Blume, Was ist Musik? Ein Vortrag, 2. Aufl. Kassel/Basel 1960 (= Musikalische Zeitfragen. Schriftenreihe des Deutschen Musikrats, Bd.5), S.11ff.

3 Vgl. unten, 1.Kapitel, S.36f.

4 Suite F-Dur für 4 Hörner, 2 Oboen, Fagott, Streicher und Basso continuo.

5 Das sogenannte „Dorfmusikanten-Sextett" F-Dur K.V. 522.

6 Vgl. dazu: Carl Dahlhaus, Musikästhetik, Köln 1967, S.105f.

7 Zitiert nach: Ebd., S.105.

8 Ebd.

9 Ebd., S.106.

10 Vgl. unten, 3.Kapitel, S.178ff.

11 Vgl. zu diesem wissenschaftstheoretischen Problem speziell der Musikwissenschaften schon den Aufsatz Philipp Spittas: „Kunstwissenschaft und Kunst", in: Zur Musik. Sechzehn Aufsätze, Berlin 1892, S.1-14. - Vgl. auch unten, 3.Kapitel, S.154ff.

4. *Wechselbeziehungen zwischen systematischer Musikwissenschaft und prinzipientheoretischer Musikästhetik. Die Musik als „exemplarische" Kunstgattung.*

Nach dem allen hat die Musikästhetik nach der Struktur der musikalischen Gegenständlichkeit, des Musikwerks und den auf es anwendbaren Wertungskriterien zu fragen. Sie befaßt sich mit den Prinzipien für das musikalische Phänomen, mit den Prinzipien für die Gegebenheit musikalischer Werke, mit den Prinzipien für deren Wertung, Kategorisierung und Beurteilung und schließlich mit den Prinzipien für die Gültigkeit solcher beurteilender Stellungsnahme. - Mit Bezug auf diese thematische Vielfalt ist sie mithin sowohl systematische Wissenschaft von der Musik als auch philosophische Regionaldisziplin.

Philosophische Ästhetik ist die Wissenschaft von den Bedingungen der Möglichkeit von Kunstgegenständen; sie fragt nach der Struktur dieser Gegenstände, sie thematisiert die Gegenständlichkeit von Kunstprodukten, indem sie deren Gegebenheitsweise auf ihre Bedingungen hin untersucht. Die sich daraus ergebende Frage nach der Produktion und Rezeption ästhetischer Gegenstände, nach den Bedingungen also ihres „Gestaltet-" und „Verstanden-"Werdens zielt auf eine höhere Ebene wieder desselben Problems: der Gegenständlichkeit von Kunst; auf die Bedingungen nämlich für subjektives „Kunstwollen" bzw. „Kunsterleben", die somit in den Bedingungsinbegriff der Gegenständlichkeit von Kunstwerken mit eingehen. Die Frage nach den Bedingungen der Möglichkeit *gültiger Werturteile* über Kunstwerke schließt an das Bedingungsgefüge der Kunstgegenständlichkeit an: In welcher Weise genügt ein Urteil über Ästhetisches einerseits dem spezifischen Gegenstand, über den mit ihm geurteilt wird, in welcher Weise andererseits der Forderung nach allgemeiner und durch keinerlei Momente endlich-subjektiver, also persönlicher, Art eingeschränkter Gültigkeit?

Die Behandlung dieses ganzen Problemzusammenhangs kann nur auf der Basis einer Analyse der mit Kunstproduktion und -erleben verbundenen Phänomene erfolgen: zunächst ist der ästhetische Gegenstand - als Gegenstand der Erfahrung - auf die Struktur seiner Gegebenheit hin zu betrachten, und es ist zunächst nach deren Bedingungen zu fragen. Wird als Ausgangspunkt im Rahmen dieser Arbeit ein spezifischer Bereich von Kunstgegenständen gewählt, so trifft sich - zumindest im gemeinsamen Ausgangspunkt - die prinzipientheoretische philosophische Ästhetik mit dem systematischen Teil der entsprechenden positiven Kunstwissenschaft; auch diese hätte aufgrund der Analyse des von ihr behandelten Gegenstands - *seiner Gegenständlichkeit nach* - ihre Basis und ihre Methoden zu bestimmen. Wenn aber in der „systematischen Musikwissenschaft" der Begriff von „Musik überhaupt" zu thematisieren ist, so kann sie nicht mehr nur noch positive Wissenschaft heißen. Geht sie über zum Problemzusammenhang des Werturteils über Musikwerke, so mündet sie ein in die prinzipientheoretische Musikästhetik. Die Grenze zwischen positiver Musikwissenschaft und philosophischer Gegenstandstheorie des Musikalischen besteht demnach in der Differenz zwischen historischem und systematischem Interesse und in deren - von der systematischen Musikwissenschaft zu leistenden - Begründung. Aus der spezifischen Struktur musikalischer Gegenständlichkeit, aus der eigentümlichen „Seinsweise" des Musik„werks", und aus der Eigenart des musikalischen Kunstwerks ergibt sich die Wahl *dieses* Kunstbereichs zur Betrachtung der Struktur des Kunstgegenstands. Dies sei kurz erläutert.

Es wäre sicher eine Übertreibung, wollte man behaupten, der Gattung Musik käme im „System der Künste" eine Sonderstellung oder gar ein Vorrang zu. Gleichwohl aber scheint eine vom Bereich konkreter Kunstobjekte ausgehende Untersuchung zur Struktur der ästhetischen Gegenständlichkeit überhaupt in einigen Hinsichten eine gewisse „Begünstigung" zu erfahren, wenn sie vom Musikalischen ausgeht: der musikalische Gegenstand, das Musikwerk, liegt nicht in seiner „Echtheit", Authentizität repräsentierenden Einmaligkeit - wie z.B. ein Bild oder eine Skulptur - als sinnlich erfahrbares „Endprodukt" vor, sondern er *fordert* seine Realisierung durch einen - vermittelnd „interpretierenden" - Musiker. Darüber hinaus begründet das Musikalische - anders z.B. als beim poetischen Wortkunstwerk - einen ausschließlich „ihm selbst vorbehaltenen" Materialbereich, den nämlich des (in keiner anderen Kunst anders als nur „akzidentell" verwendeten) Hörbaren. Drittens liegt eine überaus reiche „Erfahrungsgrundlage" an musikalischen Kunstgegenständen in stilistischer, d.h. kunstgeschichtlicher Kontinuität vor - ermöglicht sicher auch durch eine vielfältige und immer weiter verfeinerte Fixierungstechnik oder Notenschrift; die „Quellensituation" ist jedenfalls den Kunstgattungen z.B. des Balletts oder der Pantomime gegenüber wesentlich „günstiger". Und schließlich, und das mag mit der wichtigste Aspekt sein, existiert „am" Musikwerk kein „Zeichen", das es *vor* seiner ästhetischen Rezeption schon als Kunstwerk auswiese oder gar legitimierte: weder erscheint es im Zusammenhang mit einem - dem Gemälde zu vergleichenden - „Rahmen", der seine Extension im Bereich der sinnlichen Wahrnehmung festlegte, noch hat der Komponist die Möglichkeit, sein Werkselbst - und nicht nur dessen Niederschrift - zu „signieren". Daher ist schon zur simplen Wahrnehmung des musikalischen Gegenstands, die ja stets unerläßliche Bedingung einer adäquaten ästhetischen „Rezeption" ist, eine entscheidende Leistung des *Hörers* erforderlich: nämlich, den Zusammenschluß der ihm gegebenen, sukzessiv sich entfaltenden, hörbaren Einzelheiten zur Ganzheit des Musikwerks zu vollziehen. Daß diese „Leistung" tatsächlich durchaus kein gleichsam mit natürlicher Selbstverständlichkeit und mit unfehlbarer Sicherheit - gewissermaßen instinktiv-unreflektiert - erfolgender Automatismus sein muß, wird am Beispiel jenes Hörers deutlich, der ohne Vorwissen mit der Musik eines ihm fremden Kulturkreises konfrontiert wird; - bekannt ist die Anekdote von jenem asiatischen Diplomaten, der zum ersten Mal in seinem Leben ein Konzert mit abendländischer Musik hört, und der sich dann bei der unvermeidlichen Frage, welches Stück ihm nun am besten gefallen habe, für das „erste" entscheidet, nicht wissend, daß seine ästhetische Präferenz auf das Einstimmen der Orchesterinstrumente gefallen ist.

Es sei in diesem Zusammenhang ausdrücklich betont, daß von keinem der aufgezählten Momente behauptet wird, es sei etwa für das musikalische Kunstwerk spezifisch: den Charakter der auf reproduzierende Realisierung zielenden Fixierung teilt es mit dem Theaterstück, die „Hörbarkeit" mit nicht wenigen Gedichten und dem Hörspiel, die Reichhaltigkeit des vorliegenden kunstgeschichtlichen Materials mit der Dichtung und den bildenden Künsten, und den Charakter der

„Verlaufsgestalt", also des sich in der Zeit entfaltenden Ganzen, mit Ballett und Pantomime. Der Hinweis auf das Zusammentreffen aller dieser Eigenschaften in der Musik erfolgt nur, um hervorzuheben, daß Strukturen, die möglicherweise für jegliches Kunstwerk konstitutiv sind, bei der Analyse der Gegenständlichkeit des musikalischen Kunstwerks geradezu im Vordergrund stehen, und dies eben möglicherweise deutlicher als bei den anderen Kunstgattungen, und sicher eher als bei denen, die als Skulpturen, Gemälde oder Bauten „wie Naturgegenstände" meßbar, datierbar, einmalig und endgültig in ihrer Individualität so zu „sein" scheinen, wie sie - auch theoretisch - „bestimmt" sind[1].

Wenn es also das Ziel dieser Arbeit ist, sowohl die Frage nach der Möglichkeit einer philosophischen Gattungstheorie als auch das wissenschaftstheoretische Problem der Aufgaben und Methoden einer „systematischen Musikwissenschaft" zu thematisieren, so begünstigt die spezifische Struktur des musikalischen Kunstwerks die Untersuchung auf allen drei Stufen: Da ist zunächst der „Relationscharakter" der musikalischen Gegebenheit (in ihr fallen Gegenstandsbestimmtheit und Erlebnisbestimmtheit zusammen), der möglicherweise der Struktur der ästhetischen Gegenständlichkeit überhaupt entspricht. Aber auch die Analyse des Werkbegriffs in der Musik (es existiert - in seiner akustischen Materialität, d.h. als sinnlich erfahrbarer Gegenstand, - nie real, sondern ist stets Resultat einer auf „Gestaltproduktion" zielenden Intention des Komponisten) führt zu einer wesentlichen Bestimmtheit von Kunstgegenständen überhaupt, zu der nämlich, daß sie auf ihren „Vollzug" - ihr „Nachschaffen" - hin angelegt sind, und daß sie nur in solchem erlebnishaften Vollzug als Träger „unmittelbarer Verständigung", die die Bedingungen ihrer Gültigkeit „bei sich haben", adäquat erfaßt - d.h. ästhetisch „verstanden" - oder aber verfehlt werden.

So wird die Behandlung des vorliegenden Problembereichs sowohl der Frage nach nach dem Gegenstand philosophischer Spezialästhetik als auch der nach der methodischen Struktur einer „systematischen" Musikwissenschaft gerecht.

Anmerkung

1 Vgl. dazu unten, 1.Kapitel, S.48f.

5. *Ziel und Gliederung dieser Untersuchung. Zusammenfassung der Ergebnisse.*

Im Thema dieser Arbeit ist das systematische Interesse der Untersuchung betont. Es geht in ihr nicht um eine Darstellung und Behandlung der Geschichte und des Wechsels der verschiedenen Musiktheorien, sondern es soll der *Begriff* einer Kunstgattung analysiert und bestimmt werden. Ziel dieses Definitionsgangs ist eine Entscheidung darüber, ob ein Begriff des musikalischen Kunstwerks überhaupt möglich ist oder ob eine eindeutige Vollbestimmung dieses Begriffs nicht erreicht werden kann. Trifft die erste Seite dieser Alternative zu, ist also der Begriffsinhalt von „musikalisches Kunstwerk" in abschließender Weise zu explizieren, so ist die Zuordnung von Gegenständen, die mit dem - z.B. von ihren Urhebern formulierten - Anspruch auftreten, musikalische Kunstwerke zu sein, zu diesem Begriff stets in eindeutiger Weise möglich oder eben auszuschließen, d.h. dieser Anspruch ist stets zu legitimieren oder zu widerlegen. Trifft dagegen die zweite Seite der oben genannten Alternative zu, so reduziert sich der Streit über die Möglichkeit oder Unmöglichkeit von objektiv geltenden Kriterien für „Musik", „Musikwerk" und „musikalisches Kunstwerk" auf die - auf grundsätzliche Weise eben nicht zu entscheidende - Differenz zwischen subjektiven (im Sinne von willkürlichen oder empirisch bedingten) „Meinungen", d.h. auf die Frage nach deren Ursachen, die aber dann nur mit Hilfe empirischer Methoden erforschbar und beantwortbar wäre.

Die Analyse des Begriffs vom „musikalischen Kunstwerk" erfolgt in drei Teilen. Im ersten wird der Begriff „Musik" definiert, im zweiten der Begriff des „Musikwerks" und im dritten die Bedingungen der Möglichkeit eines Begriffs vom „musikalischen Kunstwerk". Im einzelnen geht die Analyse dabei den folgenden Weg.

a) Die Bestimmung dessen, was wir unter den Begriffen „Musik", „musikalisch" verstehen, geht aus von der realen Gegebenheit von Musik überhaupt und wird dann in schrittweiser Einengung des Begriffsumfangs unter ständiger Ausdifferenzierung seines Inhalts folgendermaßen fortgesetzt: Musik ist: Realität — hörbare Realität — geistbestimmte Hörbarkeit — hörbarer Bedeutungsträger — Träger nicht-zeichenhafter oder „definierter" Bedeutung — akustisches Medium, das mit seinem hörbaren Substrat koinzidiert.

b) Die Explikation des Werkbegriffs in der Musik knüpft sich an die Entfaltung derjenigen Momente, die alltagssprachlich im Begriff „Musikwerk" mitgedacht sind. Es sind dies im Wesentlichen die Bedeutungsmomente der Fixiertheit, der Originalität und der Abgeschlossenheit als spezifischer „Werkganzheit". Diese Momente werden in Beziehung gesetzt zu einer eingehenderen Analyse der Gestalttheorie Richard Hönigswalds, die in einer ausführlichen Explikation der Hönigswaldschen Formel „Gestalten [...] sind extensive, produzierte, fundierte Ganzheiten"[1] besteht. Aus diesem Bezug ergibt sich für den Begriff des Musikwerks, daß Musikwerke keine Musik „sind", sondern Musik „fordern"; sie repräsentieren eine sprachlich, also zeichenhaft, formulierte „Anweisung zur Gestaltproduktion", sei diese nun „realisierend" oder auch „rezeptiv".

c) Der die Arbeit beschließende dritte Teil sucht die Struktur dessen zu klären, was als ästhetisches Urteil die Stellungnahme eines theoretischen Subjekts den als ästhetische Objekte auftretenden Musikwerken gegenüber sprachlich objektiviert. Es ergeben sich notwendige begriffliche Unterscheidungen zwischen der subjektiven Stellungnahme („es gefällt mir") und dem „Beistimmung eines jeden" fordernden „Geschmacksurteil" („es ist schön"). Als Kriterium der Bewertung von Musikwerken ergibt sich ein Doppelprinzip: die konkrete „Gestalt" des Musikwerks, die als *Prinzip* seiner Würdigung seine Autonomie sichert, und der „Stil", innerhalb dessen es sich „mitteilt", als Prinzip seiner Würdigung als Trägers eines geistigen „Gehalts". Das Prinzip des Stils sichert die Geschichtlichkeit der autonomen Gestalt und damit auch die Form der zeitlichen Bedingtheit ihrer ästhetischen Valenzen, die auch in der Relevanz der auf sie zu beziehenden Wirkungsgeschichte ihren Ausdruck findet.

Anmerkung

1 Richard Hönigswald, Wissenschaft und Kunst. Ein Kapitel aus ihren Theorien, Stuttgart 1961 (= Schriften aus dem Nachlaß, Bd.4), S.35.

I. Kapitel

Analyse und Definition der Begriffe „Musik", „musikalisch"

1. *Schwierigkeiten bei der Frage nach dem „Wesen" der Musik. Erste Bestimmung der „Hörbarkeit".*

Einer zufriedenstellenden Antwort auf die Frage, was Musik eigentlich sei, stehen von den verschiedensten Seiten her Schwierigkeiten entgegen. Schon die lakonische, meist lexikalisch vorgebrachte Auskunft, Musik sei „die Tonkunst", hat ihre Bedenklichkeit: wie erdrückend oft sind wir doch gezwungen, Musik zu hören, die wir in das Reich der Künste einzuordnen nicht ohne weiteres bereit wären; die Palette solcher zweifellos musikalischer Erfahrungen reicht vom Sektor „Unterhaltungsmusik" bis zum Hören eines z.B. Tonleitern übenden Instrumentalisten. Der Einwand etwa eines engagierten Musikliebhabers, solche Beispiele seien für ihn allenfalls „Geklapper", Übungen, Geräusche, aber eben keinesfalls auch schon Musik, führt auf die nächste Schwierigkeit: welchen Sinn hat die Frage nach dem „Wesen" der Musik eigentlich? Wird nach dem gefragt, was ein musikalischer Mensch sich denkt oder vorstellt, wenn er Musik hört oder komponiert? Oder zielt die Frage auf einen Inbegriff gegenständlich faßbarer Realitäten, etwa fixierter oder gespielter Musikstücke? Geht es um durch Hörbares veranlaßte Vorstellungs- oder Geistestätigkeit oder richtet sich unsere Frage auf die Definition einer objektiven Eigenschaft[1], die, wenn sie mit Recht bestimmten akustischen Gegenständen zugesprochen wird - die dann also als „musikalische" Gegenstände ausgezeichnet werden können -, damit den Umstand musikalischer Geistes- oder Vorstellungstätigkeit (etwa beim Hörenden) zureichend begründet? Oder ist schließlich die Frage nach Inhalt und Umfang der Begriffe „Musik", „musikalisch" so zu stellen, daß sie eben alle diese genannten Bereiche betrifft: die ursprünglich erdachte oder die erinnerungsweise vorgestellte Musik genauso wie die wirklich gemachte, aufgeführte oder die auf dem Papier bzw. auf Tonträgern fixierte Musik?

Um bei einer solchen Vielfalt von denkbaren Fragestellungen Vorentscheidungen möglichst zu entgehen, die durch eigene Gewohnheit, allgemeine Praxis oder auch durch theoriegebundene Vorurteile entstanden sein könnten, scheint es am sinnvollsten, zunächst einmal keine der genannten Fragestellungen schon jetzt als die hier entscheidende oder gar einzig mögliche zu betrachten, und statt dessen die Aufmerksamkeit auf eine *Gemeinsamkeit* aller solcher Fragestellungen zu konzentrieren: Musik, was immer sie auch sonst sein mag, ist zunächst einmal *hörbar*. Sie ist akustisches Ereignis oder auch Vorstellung von etwas Hörbarem, und wenn - selbst alltagssprachlich - das Wort „Musik" für etwas anderes als Akustisches verwendet wird, - sei dies nun realisiert oder nur als realisierbar gedacht -, so liegt ein metaphorischer, ein uneigentlicher Wortgebrauch vor, der spezifisch Musikalisches, d.h. bestimmte Relationen und Momente, die im Bereich des Hörbaren sinnlich unmittelbar erfaßt werden können, auf andere Bereiche - unter Umständen ebenfalls solche der sinnlichen Wahrnehmung - überträgt. Zwei Bedeutungen sind es vor allem, die das Wort „Musik" bei derartiger übertragender Verwendung annimmt: einmal wird es gebraucht für etwas, was man gern hört („das ist Musik in meinen Ohren") und zum anderen als Wort für eine zusammenhängende Folge von Momenten, Ereignissen oder Verhältnissen, die als in sich geordnet betrachtet wird, ohne daß sich aber sonst Gründe fänden, die die vorgestellte Anordnung, z.B. nach Art eines zweckbestimmten Ablaufs, eben als notwendig oder sinnvoll erscheinen ließen. In diesem letzten Sinn spricht man z.B. von „nach musikalischen Prinzipien konzipierten" Gemälden, Bauwerken oder Dichtungen.

In beiden hier angedeuteten Beispielen alltagssprachlicher Übertragung knüpft die Assoziation, die die Verwendung des Wortes „Musik" nahelegt, an Hörbares an: Musik als solche ist hörbar, und das heißt, daß sie als akustischer Erfahrungsgegenstand in Raum und Zeit wahrgenommen oder als solcher vorgestellt wird. Wird dieses unerläßliche Moment so modifiziert, daß andere Bereiche sinnlicher Wahrnehmung in den Vordergrund treten, so ergeben sich nicht selten sogar komische Wirkungen. So bezieht der Einfall Christian Morgensterns, den ideenreichen Palmström eine „Geruchsorgel" erfinden zu lassen, auf der er dann die „Nießwurz-Sonate" seines Freundes Korf spielt (ein Witz, den Aldous Huxley im satirischen Zusammenhang seines Romans „Brave New World" aufgreift und um die kompositorische Hereinnahme von maschinell erzeugten Gefühlsempfindungen bereichert) seine Komik aus der Übertragung zur Musik gehörender Gegenstände und Ausdrücke in eine dieser heterogene Sphäre des Bereichs sinnlicher Wahrnehmung. Doch auch ernsthafte Versuche hat es gegeben, Begriff und Techniken des Musikalischen aus der Welt des Hörbaren in andere Bereiche zu übertragen - etwa durch die Verwendung eines „Farbklaviers" durch den russischen Komponisten Alexander Skrjabin, den man oft als „Mystiker" bezeichnet hat, in seinem Werk „Poème du feu"(wie aus Skizzen dieses Komponisten hervorgeht, hatte er für seine Komposition „Mysterium" sogar die Verwendung einer Duftorgel geplant). Daß die in diese Kompositionen hineingenommenen Elemente aus dem optischen und olfaktorischen Wahrnehmungsbereich nicht als „musikalische" Momente bezeichnet werden können, ist leicht einzusehen: man stelle sich nur vor, die optische „Partie" des Skrjabinschen „Poème du feu" würde - unter Weglassung aller hörbaren Elemente der Komposition - ausgeführt, und von der sich so sukzessiv entfaltenden „Lichtkomposition" werde behauptet, auch sie sei „Musik" oder müsse „musikalisch" genannt werden, obwohl gerade die Musik fehle. - Wohlgemerkt: es geht hier nicht etwa um die Behauptung, Musik könne nicht mit Momenten anderer, auch nicht-akustischer Art in der Weise verbunden werden, daß die simultane Wahrnehmung dieser Momente der verschiedenen, gegeneinander heterogenen Sphären den Gedanken einer einheitlichen, die Gegensätze überbrückenden „Komposition" möglich, ja unter Umständen sogar unerläßlich machte, es geht auch nicht um eine Kritik an dem Begriff des „Gesamtkunstwerks", das alle Bereiche unserer sinnlichen Wahrnehmung anzusprechen intendiert, - entscheidend ist in diesem Zusammenhang aber, daß, womit Musik auch immer verbindbar sein mag, sie in solcher Verbindung doch unterscheidbar bleibt von dem, mit dem sie verbunden wird. Mögen Text und Melodie in einem Kunstlied sich ergänzen, mögen sie gar zu einem einzigen Ganzen „verschmelzen", mögen dramatische Handlung und Musik einer Oper auf das innigste miteinander verflochten sein, mag auch eine Filmmusik eine glückliche „Synthese" mit ihrem Illustrandum eingehen; - an der prinzipiellen Unterscheidbarkeit der verschiedenen Momente, die da verschmelzen oder sich verbinden (oder auch „Synthesen" eingehen), ändert das nichts. Von vielen anderen denkbaren Momenten, die in „Mischformen" vorkommen mögen, unterscheidet sich Musik zunächst einmal dadurch, daß sie *hörbar* ist.

Anmerkung

1 Vgl. oben, Einleitung, S.9.

2. *Akustischer Gegenstand und optische Fixierung. Zum „Anteil des Visuellen" an der „Papiermusik".*

Wie aber - so schließt sich an diese erste Bestimmung die Frage an - steht es in diesem Zusammenhang um den - ebenfalls nicht neuen - Hinweis auf einen „Anteil des Visuellen" am Musikalischen selbst? Schränkt nicht die Tatsache, daß Musik im Verlauf ihrer Geschichte - wenn wir einmal von der Möglichkeit mündlicher Tradition absehen - stets in optisch fixierter, lesbarer Form überliefert wurde, die in solcher Ausschließlichkeit behauptete Zugehörigkeit zum Reich des Hörbaren in gewisser Weise ein? Ist nicht die Forderung einer „Apologie der Papiermusik", wie sie vor einiger Zeit Carl Dahlhaus wieder vorgebracht hat[1], eigentlich ganz berechtigt, insbesondere als Warnung vor einer Tendenz, diesen „Anteil des Visuellen am Verständnis musikalischer Kunstwerke zu verleugnen oder gering zu schätzen"[2]? Zunächst einmal ist zur Beantwortung dieser Fragen festzuhalten, daß hier etwas ganz anderes gemeint ist als etwa die Technik der Skrjabinschen Lichtkompositionen oder dem Vergleichbares, wie z.B. der Zusammhang, innerhalb dessen es um die Hereinnahme von Nicht-Akustischem in die musikalische Komposition geht: die rhythmische Bewegung beim Tanz z.B. oder das Agieren auf der Bühne in der Oper. Die Rede ist hier offenbar vom Verständnis musikalischer Werke und dem Weg zu ihm.

Es steht außer Zweifel, daß für diesen Zusammenhang unser Gesichtssinn, der es ermöglicht, auch ohne hörbare Aufführung das Werk eines längst verstorbenen Komponisten zu „lesen" und vielleicht dann auch noch zu „verstehen", gar nicht hoch genug eingeschätzt werden kann. Und ebenso richtig und passend ist auch die Parallele, die Dahlhaus dazu zieht: „Der Unterschied zwischen geschriebener Sprache und notierter Musik - zwischen dem Nachbild lebendigen Sprechens bei der Lektüre eines literarischen Werkes und der klanglichen Vorstellung beim Lesen einer Partitur - ist eine graduelle, nicht eine prinzipielle Differenz."[3] Damit ist gesagt, daß das Verhältnis des gelesenen Wortes zum Wortsinn und dem sprachlichen Zusammenhang der Relation zwischen dem gelesenen notierten Akkord z.B. und der ihm entsprechenden klanglichen Vorstellung - dem „musikalischen Gedanken"[4] - und deren Funktion innerhalb des musikalischen Zusammenhangs entspricht. Weiter ist damit gesagt, es gelte für beide Bereiche, daß das jeweils schriftlich Niedergelegte in einer bestimmten Relation steht zu dessen Bedeutung und diese zum Verständnis des sinnvollen Ganzen. Und schließlich betont Dahlhaus, daß der Unterschied zwischen diesen Relationen (zwischen sichtbarem Geschriebenem und Vorgestelltem) für Sprache und Musik kein prinzipieller, sondern ein gradueller ist: die Struktur der Vorstellungen selbst mag für die beiden Bereiche prinzipiell verschieden sein, deren Relation zu ihren schriftlichen Fixierungen sei es jedoch nicht. Aber gerade aus diesem letzten Punkt ergibt sich auch der durch eine Überbewertung entstehende Irrtum, dem Dahlhaus hier verfällt: aus der - im Prinzip für Sprache und Musik parallelen - Technik der Fixierung schließt er: „Und die Meinung, daß einzig das Hörbare musikalisches Existenzrecht habe, ist ein fragwürdiges Vorurteil."[5] - Wenn im ganzen angedeuteten Argumentationszusammenhang nun die schon angeführten Sätze als Begründung dieser These gemeint sind - und anders ist diese Partie wohl nicht gemeint - so wird aus der möglichen Ähnlichkeit des „Verstehens" geschriebener Musik mit dem geschriebener Sprache auf eine entsprechende Ähnlichkeit von Sprachbedeutungen und bloß musikalischen Vorstellungen geschlossen, und bei diesem Schluß wird der Unterschied zwischen ihnen als „nicht prinzipiell" bezeichnet. Fast scheint gegen diese letzte Behauptung die Folgerung, somit gebe es einen „Anteil des Visuellen" im Bereich musikalischer Inhalte, sekundär, denn sie zu entkräften, bedarf es bloß des Hinweises auf die optische Unanschaulichkeit musikalischer Vorstellungen, die sich eben, auch wenn sie mit den Augen gelesen werden, als Vorstellungen *von Hörbarem* einstellen müssen, soll ein wirklich musikalisches Verständnis möglich sein. Daran ändert auch die Priorität der fixierten Verselbständigung von musikalischen Strukturen oder Kompositionstechniken vor deren „Verklanglichung" nichts. - Ist man sich dieses Umstands jedoch stets bewußt, daß nämlich, um es pointiert mit der zitierten Auffassung in Widerspruch zu bringen, einzig und allein das *Hörbare* musikalisches Existenzrecht habe und das sichtbar Fixierte dem Hörbaren gegenüber kein „musikalisches Eigenleben" führt, so mag man getrost darauf hinweisen, daß der analysierende Hörer oder auch der Wissenschaftler ohne die „Partitur" vor Augen oft gar nicht in der Lage wäre, die Strukturen, Formen und Kompositionstechniken vieler, vielleicht sogar der meisten, Musikwerke überhaupt zu erkennen. Ja, insofern obliegt es dem Musikwissenschaftler geradezu, eine „Apologie der Papiermusik" zu leisten, denn ohne sie verkäme - in letzter Konsequenz - auch jede Interpretationstradition, die ja dem - fixierten - Werk zu „dienen" hat, zum musikalischen Libertinismus.

Die Gefahr allerdings, die möglicherweise darin liegt, wenn aus der Unerläßlichkeit der optischen Fixierung für eine eingehende Analyse auf einen Wechselbezug musikalischer Natur zwischen Optischem und Akustischem geschlossen wird, liegt in der Entwicklung von - auf bloß optischen Grundlagen beruhenden - „Kompositionsweisen", deren musikalische Relevanz jedoch höchst zweifelhaft bleiben mag[6]. Aus diesem Grund besonders war schon hier dem Gedanken des „musikalischen Existenzrechts" von Nicht-Akustischem, sofern es sinnlich erfahrbar ist, entschieden entgegenzutreten.

Doch auch der Aspekt der klärenden Betrachtung der durch die Dahlhaussche Parallelisierung herangezogenen Relation zwischen Musik und Sprache scheint überaus wichtig. Dieser Aufgabe wird sich auch die vorliegende Untersuchung zuzuwenden haben; sie tut dies genau an dem Punkt, an dem zwischen musikalischer und nicht-musikalischer hörbarer Mitteilung zu unterscheiden sein wird[7].

Anmerkungen

1 Carl Dahlhaus, Musikästhetik, Köln 1967, S.22ff.

2 Ebd., S.24.

3 Ebd.

4 Nach einer Formulierung Ernst Křeneks; vgl. dazu unten, 2.Kapitel, S.91 und 94ff.

5 Carl Dahlhaus, a.a.O., S.24; vgl. auch 2.Kapitel, S.95 , Anm.14.

6 Exemplarisch wird eine solche Kompositionstechnik im 2.Kapitel kritisch betrachtet; dort handelt es sich um den Zusammenhang der Analyse möglicher Relationen zwischen „Musikwerk" und „Fixierung". Vgl. unten, 2. Kapitel, S.94ff.

7 Siehe unten, 1.Kapitel, S.65ff.

3. *Musik in Raum und Zeit. Zur Problematik der Musik als „Zeitkunst par excellence".*

Bis hierhin ist der musikalische Gegenstand als hörbares Erfahrungsobjekt charakterisiert, und es erhebt sich die Frage, welche Rückschlüsse diese seine erste Bestimmung auf seine Struktur zuläßt. Schon aus der simplen Feststellung, Musik müsse sinnlich erfahrbar sein oder als sinnlich erfahrbar vorgestellt werden können, folgt, daß sie als Realität *allen* Naturgesetzen und allen Bedingungen der Erfahrung realer Gegenstände überhaupt unterliegt: es ergibt sich der Hinweis und der Bezug auf ihren physikalisch-physiologischen Aspekt ebenso wie auf dessen erfahrungstheoretische Entsprechung.

Nun ist demgegenüber öfters eine Prävalenz der Realkategorie der *Zeit* für die Musik behauptet worden. Als Begründung dafür wurde stets angeführt, der „transitorische Charakter" des musikalischen Materials mache es unerläßlich, daß alle Musik sich in zeitlicher Extension ereigne, und daß sich somit jeglicher musikalische Zusammenhang als „Verlaufsgestalt" erst in der „Retention" des Rezipienten darbiete. - Wenn hier demgegenüber behauptet wird, Musik sei zwar stets hörbar, aber sonst Erfahrungsgegenständlichkeit wie jede andere auch, so hat es mit dieser „Vorordnung" der Kategorie der Zeit vor die anderen die Realität beherrschenden Kategorien gewiß seine Schwierigkeiten. Als *Realität* jedenfalls ist Musik zunächst einmal ebenso wie zeitlich auch räumlich bestimmt. Die immer wieder auftretende Bezeichnung der Musik als „Zeitkunst par excellence" betont nur eine Seite, die Art nämlich, wie Musik, und alles Hörbare überhaupt, erfahren wird: zumeist „unräumlich", was zumindest die Struktur, Frequenz und die Dauer der Klänge oder Töne anbelangt[1]. Vernachlässigt wird dabei jedoch dies, daß gehörte Musik durchaus auch räumliche Erfahrung einschließen kann, ja daß solche Wirkung sogar kompositorisch miteinzubeziehen ist; für die verschiedenen Emporen großer Kirchen komponierte mehrchörige Werke belegen dies ebensogut wie der Typus des „Echokonzerts" aus Barock und Klassik oder auch Kompositionen mit stereo- und quadrophonischen Wirkungen aus neuerer und neuester Zeit. Gerade dieses, daß sich im Rahmen einer Oper z.B. Bühnenmusik und „Fernorchester" innerhalb derselben „Werkzeit" ereignen, ist Beleg für die Möglichkeit, räumliche Wirkungen als zusätzliche Nuance musikalischer Ausdrucksmöglichkeiten miteinzukomponieren. Der Einwand, bei einer solchen Faktur handele es sich doch wieder nur um eine „Formmischung", an der sich der bloß musikalische Anteil von seinen „Zusätzen" trennen lasse, ist nun nicht mehr möglich, denn die hier gemeinte Räumlichkeit wird *gehört*. Im übrigen kann auf das Beispiel der Oper - in der sich die instrumentale Begleitung zeitweilig in Orchestermusik „im Graben" und „auf dem Theater" differenziert - auch verzichtet werden - es gibt genügend andere rein musikalischer Verwendung räumlicher Wirkungen. So greift Giuseppe Verdi in seinem „Requiem" zum kompositorischen Mittel von „Ferntrompeten"[2] und in den Sinfonien Gustav Mahlers tritt die Komposition von Raumwirkungen in den heterogensten Anwendungen geradezu häufig auf. Sie wird dort für die verschiedensten Wirkungen eingesetzt: für dynamische Effekte und zur Verdeutlichung der musikalischen Struktur („Schalltrichter auf"[3] oder: „an dieser Stelle erheben sich die Blechbläser und blasen den Choral bis zum Schluß stehend"[4]), für Ausdrucksqualitäten („Von weit, wie ein Ruf"), zur Verdeutlichung des musikalischen Antagonismus verschiedener Partien („Hörner von rechts, Trompeten von links") und schließlich als symbolhafte Anspielung auf bestimmte geistige Inhalte („von weit"[5] als Chiffre für zeitliche Distanz, zu umschreiben etwa auch mit: „aus vergangener Zeit"[6]). Wie sehr gerade die gefühlsmäßige Bezogenheit von räumlicher und zeitlicher Entfernung aufeinander sich kompositorischer Verwendung fügt, zeigt die faszinierende Wirkung, die - gerade in der Musik Mahlers - von solchen Stellen ausgeht und ausgegangen ist. So hat György Ligeti aus seinem Verstehen der Mahlerschen Trauer um das „Ende der Romantik" heraus sich fast in der Weise der Zitation auf dieses Kompositionsmittel bezogen: in seinem Werk „Lontano" (im Titel fallen räumliche und zeitliche Ferne zusammen) stehen - nur noch - Mahlersche Hornakkorde als bedeutungsvoller Hinweis auf solche Ferne, solches Gewesensein.

Nun ginge es sicher zu weit, wollte man aus dem soeben beschriebenen Faktor der Komponierbarkeit des Raums folgern, mithin könne die Musik statt „Zeitkunst" genausogut „Raumkunst" genannt werden; die in den meisten Musiktheorien vertretene Prävalenz der Realkategorie der Zeit für die Musik läßt sich sicher in gewissem Maße vertreten und begründen. Musikstücke verlaufen in der Zeit; sie haben Anfang und Ende; der musikalische Ablauf ist prinzipiell nicht umkehrbar[7]; das Problem der „Eigenzeit", des „Tempos" spielt gewiß eine tragende Rolle; - all dies ist zu sehen und ihm ist in der Analyse des Begriffs von der Musik Rechnung zu tragen. Jedoch ist dabei stets zu bedenken, daß kein „Prinzip" der Musik diese sozusagen „zwingen" kann, sich stets als *Zeit*kunst darzubieten; theoretisch wäre auch eine *Raum*musik vorstellbar, die in einer - vorgestellten - langen und reichhaltigen Tradition musikalische Formen und Stile ausbildet, welche auf räumliche Wirkung in der Weise angelegt sind, daß der Parameter der „Dauer" dem der „Richtung" gegenüber zurücktritt[8].

Wenn wir also Musik als „Zeitkunst" bezeichnen, so fällen wir schon ein in gewissem Sinn kunstgeschichtliches Urteil, indem wir nämlich die Prävalenz der „Zeit" in der bisherigen Musikgeschichte „unterstreichen". Der umgekehrte Weg allerdings, nämlich aus dieser - gewiß auch in der Eigenart des akustischen Materials begründeten - Tatsache ein musikalisches „Prinzip" zu machen, um aus diesem dann die musikalische Relevanz räumlicher Klangwirkungen von vornherein auszuschließen, führt in musiktheoretischen Dogmatismus: aus der Struktur des musikalischen Gegenstands als eines in der akustischen Erfahrung gegebenen Objekts läßt sich eine solche Einschränkung jedenfalls nicht ableiten, die in letzter Konsequenz ja die „Diskriminierung" der musikalischen Gestaltung des akustischen Parameters „Raum" bedeutete.

So läßt sich zusammenfassend sagen, daß der aus der vermuteten - oder historisch konstatierten - prinzipiellen Priorität des Parameters der „Dauer" vor dem der „Richtung" gefolgerte Satz: „Musik ist eine Zeitkunst"[9] zwar auf ein wesentliches Moment des Mediums Musik verweist, aber nicht auf ein spezifisches, das etwa nur der Musik zukäme, oder ihr doch in besonderer Weise zukäme. Auch darin nämlich - in einer ausgezeichneten Weise spezifisch musikalischer Zeitlichkeit - hat man ein Spezifikum der Musik öfters zu sehen versucht. So spricht Erich Doflein[10] von der „autonomen" Zeit des musikalischen Gegenstands, die einen Bereich von Eigenzeit innerhalb des einen meßbaren Zeitkontinuums darstellt, der als Funktion des musikalischen Gegenstands verstanden werden müsse. Fragen wir uns allerdings unvoreingenommen, ob *solche* „Eigenzeit" nicht auch in anderen als musikalischen Gegenstandsbereichen - zumal der Kunst - auftritt, so können wir nicht umhin, auch dem Ballett, ja sogar dem dramatischen Werk das integrierende Moment des eigenzeitlichen „Tempos" zuzusprechen. Wie verschieden sich auch „Eigenzeit" in den einzelnen Gattungen manifestieren mag, wie sehr auch der Gegenwartscharakter des sich in der realen Zeit entfaltenden Kunstwerks betont wird - eines ist sicher: autonome Zeit, nur als Funktion des Gegenstands zu verstehende Zeit, aus dem Fluß der Realzeit herausgehobene und bei jeder realen Ausführung, „Realisierung", wieder neu in ihn hineingefügte Zeit, die mit dem „Anfang" von Musikwerken beginnt und mit ihrem Schluß endet - Eigenzeit also kann nicht das exklusive Kriterium oder Spezifikum des Musikalischen sein, wie wesentlich sie als eine unter anderen Bestimmungen auch sein mag.

Anmerkungen

1 Vgl. dazu auch: G. Révész, Gibt es einen Hörraum? Haag 1937.

2 Z.B. „Tuba mirum" in Nr.2 („Dies irae"): „4 trombe in orchestra, 4 trombe in lontananza ed invisibili".

3 Diese Anweisung findet sich sehr oft, z.T. zur Intensivierung dynamischer Höhepunkte (Blechbläser), z.T. zur Verdeutlichung der musikalischen Struktur (solistische Holzbläserpartien).

4 2. Sinfonie, Schluß.

5 Z.B. 1. Sinfonie, 1. Satz, Takt 11 „in sehr weiter Entfernung aufgestellt", Takt 23 „in der Ferne", Takt 31 „in weiter Entfernung" usw.

6 Vgl. Theodor Adorno, Mahler. Eine musikalische Physiognomik, in: Gesammelte Schriften Bd.13, Frankfurt/Main 1971, S.152f.

7 Dem widerspricht die Technik der musikalischen Umkehrung („Krebs") ebensowenig wie die der mechanisch-technischen (Verkehrung der Wiedergaberichtung bei Tonbandaufnahmen): beide Typen der Umkehrung sind nur unter der Bedingung der Irreversibilität der Realzeit möglich, und durch die Umkehrung ergeben sich neue musikalische Zusammenhänge.

8 Vgl. zu dieser hier als hypothetisches Beispiel formulierten Denkbarkeit die ausführliche Darstellung zu Möglichkeiten und Ergebnissen der musikalischen Komposition des gehörten Raums in: Walter Gieseler, Komposition im 20. Jahrhundert. Details - Zusammenhänge, Celle 1975, S.106ff.

9 Nicolai Hartmann, Ästhetik, Berlin 1953, S.117.

10 Erich Doflein, Ueber Gestalt und Stil in der Musik. Ein Beitrag zur Relationspsychologie der Produktion, Masch. Diss. Breslau, o.J. (1924), S.23ff. und passim. (Neuausgabe durch H. Oberer, Kastellaun 1978, in Vorbereitung).

4. *Das Problem des spezifisch musikalischen Materials. Zur Frage eines „ausgezeichneten Teilbereichs" akustischer Gegebenheit.*

Immer noch im Zusammenhang der Betrachtung der „Musik" als einer empirischen Gegebenheit läßt sich das bis hierhin zu ihrer Bestimmung Erreichte folgendermaßen zusammenfassen: Musik wird hörend wahrgenommen oder als hörbar vorgestellt; fixiert werden solche Vorstellungen entweder in „Schrift"zeichen (deren Sichtbarkeit allerdings nichts an der nicht-visuellen Beschaffenheit der ihnen zugrundeliegenden Vorstellungen ändert), oder aber sie werden - akustisch realisiert - auf Tonträgern konserviert; schließlich entfaltet sich die Musik in Zeit *und* Raum, - die Behauptung, Hören sei „Zeitsinn" und mithin sei die Musik eine „Zeitkunst" (oder doch zumindest ein Medium, innerhalb dessen die Zeit „ihre Gestaltung" erfahre), setzt eine in prinzipieller Weise nicht zu rechtfertigende Priorität.

Aus diesem Resultat der bis hierhin angestellten Überlegungen ergibt sich aber auch ganz klar, daß „die Musik" bis jetzt noch in keiner Hinsicht von irgendeinem anderen „Gegenstandstyp" unterschieden werden konnte; die gewonnenen „Bestimmungen" hatten bis jetzt nur den Charakter des Ausschlusses nicht zu rechtfertigender Einschränkungen oder Spezifizierungen des Begriffs der Musik dem Begriff des Hörbaren überhaupt gegenüber. - Nun gibt es auf die Frage nach jenem spezifizierenden Moment, das die Musik von allen anderen nicht-musikalischen akustischen Gegebenheiten unterscheidet, von altersher die - schon oben[1] angeführte Antwort, die Musik habe es eben mit dem „musikalischen Material" zu tun: ähnlich wie die Malerei grundsätzlich mit den Farben arbeitet und wie der Tanz sich grundsätzlich im „Medium" der menschlichen Bewegung entfaltet, ist der musikalische Bereich durch die Welt der „Töne", „Klänge", „natürlichen" periodischen Schwingungen - im Unterschied von einerseits artifiziellen, „hergestellten" Klängen und andererseits von „Geräuschen" - hinreichend, also in spezifizierender Weise, bestimmt. Diese Auffassung bedeutet dann auch, daß jegliche Musiktheorie sich diesem speziellen Materialbereich zuzuwenden habe, um ihm seine Geheimnisse analysierend „abzulauschen"[2]. - Im Rahmen dieser Untersuchung ist mithin die Frage nach dem prinzipiellen Recht, den Bedingungen der Möglichkeit also eines derartigen „ausgezeichneten Teilbereichs" innerhalb der Welt des Hörbaren zu stellen: Gibt es - so muß diese Frage zunächst lauten - innerhalb des Inbegriffs hörbarer Gegebenheiten einen spezifisch musikalischen, besser: zur musikalischen Gestaltung oder Verwendung prädestinierten Ausschnitt? Oder, anders gewandt: Ist überhaupt etwas Hörbares denkbar, das aus diesem Bereich musikalischer Gestaltung oder Verwendung ausgeschlossen werden könnte? Diese Frage zielt - in beiden Formulierungen - auf das Problem der Möglichkeitsbedingungen von *ausschließlich* musikalischem Material und damit auf die Richtigkeit von Theorien, die ihre grundsätzlichen Bestimmungen des Musikalischen einzig auf die nach physikalischen und physiologischen Methoden erfolgende Analyse des Materials oder von materialbedingten Zusammenhängen gründen; z.B. eben auf den „Naturklang", die Oktave, die Tonalität, rhythmische „Gesetze" (Symmetrie, Nicht-Umkehrbarkeit) und ähnliches.

Zur Diskussion dieser Problematik gehen wir von einer bestimmten Auffassung aus, die schon oben erwähnt wurde[3]; Friedrich Blume beantwortete in einem Vortrag[4] die Frage „Was ist Musik? " in der Weise, daß die Antwort die spezifische Differenz zwischen Musikalischem und Nicht-Musikalischem im akustischen Bereich auf eine Unterschiedlichkeit des jeweiligen *Materials* festlegt: „*Alle* uns bekannte Musik beruht auf dem Naturklang"[5]. Unter solchem „Naturklang" versteht der Autor, wie er in dem darauf folgenden Zusammenhang erläutert, eine bestimmte Kombination akustischer Erscheinungen: „Jeder musikalische Ton ist eine Klangpyramide aus Grund- und Partialtönen, zu denen Untertöne, Kombinationstöne (verschiedener Ordnungen), Differenztöne, Schwebungen und andere akustische Erscheinungen treten."[6]

Diese Vorstellung jenes ausgezeichneten Teilbereichs innerhalb des Hörbaren, welcher allein, oder auch nur mehr als andere Teilbereiche, als materielle Grundlage für Musik dienen könne, ist so alt wie die Versuche zur Erforschung der Grundlagen der Musik selbst. In diesem Sinne spricht Leibniz - im Anschluß an Pythagoras - vom „unbewußten Zählen der Seele", Hanslick nennt diesen ausgezeichneten Teilbereich „geistfähiges Material", und Hegel sieht im „schwingenden Zittern" des „Tons" das Material der Musik. - Nun spricht allerdings das, was sich in der musikalischen Produktion der Komposition der Gegenwart als musikalische „Praxis" darbietet, entschieden gegen eine derartige Einschränkung. Die kompositorische „Realität" mag zwar unter Umständen noch mit der Meinung eines Heutigen wie Ernst Křenek in Einklang zu bringen sein, wenn dieser sagt: „Das akustische *Material*, das dem Denker des musikalischen Gedankens zur Verfügung steht, ist das Kontinuum der Töne, wie wir es beim Anlaufen eines Motors, beim Heulen einer Sirene vernehmen, eine begrenzte Reihe von unendlich vielen Gliedern."[7] Mit dem Faktum schon der musikalischen Verwendung konkreter Geräusche (der „musique concrète") oder der Komposition etwa mit Sinustönen (der „elektronischen Musik") stehen die oben angeführten Auffassungen in unaufhebbarem Widerspruch. Am deutlichsten wird dies vielleicht an der Entwicklung der instrumentalen Möglichkeiten des Schlagzeugs, die nämlich inzwischen insofern in gewissem Sinn ihren Abschluß gefunden hat, als es wohl keine Gegenstände mehr gibt, die *nicht* als Schlagzeug verwendet werden könnten. - Welche sind nun die Argumente, die - um beim gewählten Beispiel zu bleiben - Blume vorbringt, um seine Auffassung, die ja, es sei noch einmal wiederholt, im Widerspruch zur zeitgenössischen Kompositionspraxis steht, zu rechtfertigen? Nun, um es ohne Umschweife zu sagen, es erfolgt bei ihm statt einer Argumentation das persönliche Bekenntnis, daß er selbst jedenfalls „nicht mehr wüßte, wo eine Begriffsbestimmung der Musik ansetzen sollte, wenn nicht bei dem naturklang-gegründeten Tonstoff"[8]. Die auffällige Tatsache, daß dieser Autor, der sich ja nun mit dem Faktum und dem Problem nicht-naturklanggegründeter Musik, wie z.B. der elektronischen oder der Geräuschmusik, auseinanderzusetzen hätte, im weiteren Verlauf nur noch polemisierend „reagiert"[9], ähnlich übrigens wie der alternde Hindemith[10] oder der - sicher auch als Theoretiker ernstzunehmende - Dirigent Ernest Ansermet[11], mag ein Symptom dafür sein, daß es eben kein Prinzip für eine wirklich zu begründende Einschränkung des akustischen Materials gibt, es sei denn, man *fordere* es durch eine - dann allerdings nur auf einer persönlichen Entscheidung beruhende - „Definition" im Sinne einer subjektiven Festlegung. Zur endgültigen Verneinung der Frage, ob Klänge oder Geräusche, die aus Musikinstrumenten traditioneller Art hervorgebracht werden können, zur musikalischen Verwendung eher geeignet sind als

Hörbarkeiten, die nur auf relativ neue oder ungewohnte Art zu produzieren sind (etwa elektronisch) - der Frage also, ob es einen prinzipiellen und für die Zuordnung zum Reich des Musikalischen relevanten Unterschied gibt zwischen kalkulierten elektronischen Klangkomplexen, einem Oboenton und dem Geräusch, das zwei gegeneinandergeschlagene Holzklötze verursachen, wenden wir uns einem nützlichen, da weiterführenden Beispiel zu: Wie steht es eigentlich um die nicht selten behauptete Musikalität des sogenannten „Gesangs" unserer „Singvögel"? Dort unterscheiden wir ja - nach offenbar musikalischen Gesichtspunkten - zwischen dem Zwitschern der *Sing*vögel und dem - seltener als musikalisch-„melodiös" bezeichneten - Krächzen einer Krähe, obwohl sich diese beiden akustischen Gegebenheiten nach ihrer objektiv „erfahrbaren" Bestimmtheit - beides sind Vogelrufe - wohl nicht in prinzipieller Weise trennen oder typisierend voneinander abheben lassen. Dem Vogel„gesang" stellen sich zumindest zwei Typen offenbar musikalischer Äußerung zur Seite: der eine wird repräsentiert etwa durch das Kinderlied „Kuckuck, Kuckuck ruft's aus dem Wald" oder auch durch die Vogelstimmen-Episode in der Coda des langsamen Satzes von Beethovens sechster Sinfonie[12], der andere etwa vertreten durch Kompositionen wie „Oiseaux exotiques" von Olivier Messiaen, ein Werk, zu dem der Autor sogar eine „vollständige Aufzählung aller Vögel, die in diesem Stück vorkommen", mitliefert. - Im ersten Typ wird der Kuckucksruf „zitiert"; durch seine nachahmende Wiederholung im Lied wird - wie der Text ja auch belegt - ein durchaus verweisender, ja sprachhafter Bezug auf den Vogel hergestellt. Dies gilt auch - um ein weiteres Beispiel für diesen, ersten Typ zu nennen - für die Tierstimmen in Camille Saint-Saens' „Carnaval des animaux" oder für den Händelschen Titel „Der Kuckuck und die Nachtigall". - Messiaens Vogelstimmen gehören zum anderen Typ: sie bieten musikalisches Material und wollen nicht primär auf ihre reale Entsprechung verweisen. In manchen Kammermusikwerken dieses Komponisten wird das noch deutlicher: „L'abîme des oiseaux" (aus dem „Quatuor pour la fin du temps") z.B. oder „La merle noire" für Flöte und Klavier sind Stücke, deren Titel nur auf die Tatsache verweist, daß sich ihr Komponist von etwas in der *Natur* Gehörtem zu Einfällen inspirieren läßt, die er dann musikalisch gewiß nicht bloß deshalb verwendet, um dabei in seiner *Musik* nochmals auf die Quelle für seine Einfälle zu verweisen. Auch Messiaens Äußerung, aus den Stimmen der Vögel spreche Gott selbst zu ihm, mag wichtigste Aufschlüsse bezüglich der Überzeugungen, der Geisteshaltung oder der Absicht des Komponisten vermitteln; ob sie für den nur musikalischen Gehalt seiner Werke allerdings relevant ist, das gerade steht in Frage.

Noch aus einem anderen Grund scheint es so - um zum Beispiel auf Beethovens „Pastorale" zurückzukehren -, als müsse das, was Kuckuck, Wachtel oder Nachtigall hörbar machen, unter bestimmten Bedingungen doch wohl als Musik bezeichnet werden; ist es doch (beim Kuckuck) jeweils eine kleine Terz, ob wir sie nun im Wald, im Kinderlied oder in der „Pastorale" hören. Damit erhebt sich erneut die Frage, worin diese Bedingungen gesehen werden müssen; die Frage, welche Spezifika die Musik von anderem Hörbaren unterscheidbar machen. Das „Faktum" der kleinen Terz ist es jedenfalls nicht, denn dieses läßt sich sowohl auf den musikalischen Gegenstand (z.B. das Lied) wie auf die biologische „Größe" (den Kuckucksruf) beziehen; somit ergibt sich für die Frage nach der Möglichkeit eines spezifisch musikalischen *Material*bereichs, daß das bloße Faktum von musikalisch *Verwendbarem* einfach noch nicht ausreicht, dieses selbst auch schon als „Musikalisches" zu kennzeichnen.

Mithin fällt auch dieses Ergebnis wieder negativ aus: ebenso wie oben zuzugeben war, daß man das „Jubilieren" der Lerche als das, was es „ist", nämlich als Vogelruf, nicht vom Krächzen der Krähe prinzipiell „trennen" kann (auch dieses mag übrigens in die Musik Eingang finden[13]), müssen wir jetzt anerkennen, daß sich uns der musikalische Gegenstand nicht so darbietet, daß wir ihn - als musikalischen - aufgrund seiner akustisch-realen Bestimmtheit vom nicht-musikalischen Gegenstand unterscheiden könnten.

Der Irrtum, aufgrund der im Ausgang naturwissenschaftlichen Analyse des musikalischen *Materials* zur Bestimmung des spezifisch Musikalischen gelangen zu können, gründet in der verbotenen Abtrennung des einen Korrelats aus dem Grundverhältnis zwischen Gegenstands- und Erlebnisbestimmtheit; er kann mit weitreichenden Folgen für die musikalische Praxis verbunden sein. Aus ihm ist z.B. auch als „Kunstnorm" abgeleitet worden, Musik sei „Ausdruckskunst" und gehöre nicht zu den „darstellenden Künsten". Dieses Resultat mag zwar seine Berechtigung haben, aus der bloßen Materialanalyse allerdings lassen sich derartige Folgerungen zu Wesen, Wirkung und Aufgabe der Musik nicht erreichen.

Wie folgenschwer der Irrtum sein kann, man könne aus der physikalisch-physiologischen Analyse des Materials der Musik Bestimmungen zu deren Wesen, ihrer Aufgabe oder ihrer Wirkung ableiten, läßt sich am Beispiel der Hegelschen Musikästhetik belegen. Wohlgemerkt, es geht hier nicht um eine kritische Betrachtung des Hegelschen Ansatzes, sondern einzig und allein um ein - besonders ausgeprägtes - Beispiel dafür, daß schon die Auffassung, musikalisches Material sei - in seiner Materialität - über seine bloße Hörbarkeit hinaus spezifisch zu bestimmen, mit den weitreichendsten kunsttheoretischen Konsequenzen verbunden sein kann, welche einem ästhetischen Dogmatismus jedenfalls Vorschub zu leisten imstande sind. Im Blickpunkt dieses Exkurses steht daher nur dieser eine Aspekt der Hegelschen Ästhetik einer Gattung, seiner Theorie der musikalischen Kunstgattung: aus der Analyse und Beschreibung des „Materials der Musik" auf deren „Natur, Aufgabe und Wirkung" zu schließen.

Hegels Auffassung vom „Material der Musik" ist bestimmt von der Vorstellung, daß der „Ton" einzig, oder doch in entscheidender Weise vorrangig, dazu geeignet sei, als musikalisches Material zu dienen. Aus der Annahme nun, sowohl Wesen als auch Aufgabe und Wirkung der Musik lasse sich aus der Analyse der natürlichen Beschaffenheit des „Klingens und Tönens" allein, d.h. der akustischen Vorgänge mit periodischer Schwingungsgrundlage, ableiten, entwickelt Hegel eine Musiktheorie, in der sich die Musik ihrer Struktur und ihren Möglichkeiten nach als „romantische Kunst" erweist, geeignet ausschließlich zum Ausdruck „subjektiver Innerlichkeit". Anders als bei dem vorsichtigeren Kant steht bei Hegel nicht nur die primäre Zeitbestimmtheit, der „transitorische Charakter[14] des musikalischen Materials im Vordergrund, sondern die durch das „schwingende Zittern" des „Tons" verursachte „Aufhebung des Räumlichen"[15]. Diese besteht für Hegel darin, daß ein „bestimmtes sinnliches Material sein ruhiges Außereinander aufgibt, in Bewegung gerät, doch s o in sich erzittert, daß jeder Teil des kohärierenden Körpers seinen Ort nicht nur verändert, sondern auch sich in den vorigen Zustand zurückzuversetzen strebt. Das Resultat dieses schwingenden Zitterns ist der T o n , das Material der Musik."[16] Mit diesem „Tilgen nicht nur der e i n e n Raumdimension" - wie etwa bei der flächengestaltenden Malerei - „sondern der totalen Räumlichkeit überhaupt" wird das Material der Musik unsichtbar: die Musik verläßt das „Element der äußeren Gestalt"[17]. Daher bedarf die Musik des Gehörs, „das wie das Gesicht nicht den praktischen, sondern den t h e o r e t i s c h e n Sinnen zugehört"[18]: das Gehör „vernimmt", ohne sich selbst „praktisch" den Gegenständen zuzuwenden. - Aus der Annahme nun, daß im Gehörten die im Wesen des musikalischen Materials beschlossene „Negation der totalen Räumlichkeit" selbst noch einmal negiert werde, schließt Hegel - immer noch innerhalb einer vermeintlichen Analyse physikalischer Gegebenheiten und der ihnen entsprechenden Vorgänge innerhalb der menschlichen Physiologie - auf die „Aufgabe der Musik", nämlich innere, subjektive Zustände auszudrücken: „Da nun ferner die Negativität, in die das schwingende Material hier eingeht, einerseits ein Aufheben des räumlichen Zustandes ist, das selbst wieder durch die Reaktion der Körper aufgehoben wird, so ist die Äußerung dieser zwiefachen Negation, der Ton, eine Äußerlichkeit, welche sich in ihrem Entstehen durch ihr Dasein selbst wieder vernichtet und an sich selbst verschwindet. Durch diese gedoppelte Negation der Äußerlichkeit, welche im P r i n z i p e d e s T o n s [Hervorhebung von mir[19]] liegt, entspricht derselbe der inneren Subjektivität, indem das Klingen, das an und für sich schon etwas Ideelleres ist als die für sich real bestehende Körperlichkeit, auch diese ideellere Existenz aufgibt und dadurch eine dem Innerlichen gemäße Äußerungsweise wird."[20]

Die Bedenken gegen diese - zugegebenermaßen bewußt im Sinne der speziellen Frage nach der Möglichkeit einer prinzipiellen Bestimmung des musikalischen *Materials* überhaupt verkürzte und isolierte - Partie aus der Hegelschen Musikästhetik lassen sich mit einer Zusammenfassung der Ergebnisse dieses vorliegenden Abschnitts verbinden: Der Weg zur Beantwortung der Fragen nach Wesen, Wirkung und Aufgaben der Musik, näherhin nach der Möglichkeit musikalischer „Darstellung" äußerer Gegenstände oder musikalischen „Ausdrucks" eigener, innerer Zustände kann sich aus zumindest drei Gründen *nicht* aus einer Analyse des akustischen Substrats von Musik ergeben:
(1) Daß es innerhalb des überhaupt Hörbaren einen ausgezeichneten Teilbereich gibt, auf den allein sich Musik gründen könne, kann verneint werden, - oder es ist eben an dieser Stelle der Analyse noch nicht auszumachen.
(2) Aus bloßer Materialanalyse kann sich weder ergeben noch auch widerlegt werden, daß gewisse akustische, nicht-musikalische Vorgänge (wie z.B. Gewitter, Vogelstimmen, Posthornsignale) mit musikalischen Mitteln gewissermaßen durch Nachahmung *dargestellt* werden könnten.
(3) Aus der puren Tatsache der Gegebenheit von Klängen, Tönen oder sonstiger akustischer Gegenstände ist noch nicht auf ein „Medium" der Verständigung zu schließen, welches, wie in diesem Fall Musik, als Träger von Ausdrucksfunktionen (hier z.B. für „subjektive Innerlichkeit") auftreten könnte; am Punkt bloßer Hörbarkeit und der Analyse der ihr auf der Objektseite gegenüberstehenden akustischen Gegebenheiten ist die Frage des „Inhalts" oder der „Bedeutung" von Musik methodisch noch gar nicht möglich.

Anmerkungen

1 Siehe oben, Einleitung, S.16 f.

2 Es ist bezeichnend, daß der sicher der prinzipientheoretischen Analyse eher als der positiv-musikwissenschaftlichen Forschung zugeneigte Max Weber in seinem Fragment ,,Die rationalen und soziologischen Grundlagen der Musik'', Tübingen[5]1972 (= UTB-Taschenbuch 122), den Gedankengängen zu den physikalischen Grundlagen des ,,musikalischen Materials'' und ihrer Verbindung mit mathematischen und geometrischen Verfahren den weitaus größten Raum widmet; der verbleibende ist dann soziologischen, ethnologischen und historischen Zusammenhängen vorbehalten.

3 Siehe oben, Einleitung, S.16f.

4 Friedrich Blume, Was ist Musik? Ein Vortrag. 2.Aufl. Kassel/Basel 1960 (= Musikalische Zeitfragen. Schriftenreihe des Deutschen Musikrats, Bd.5).

5 Ebd., S.11f.

6 Ebd., S.10.

7 Ernst Křenek, Grundideen einer neuen Musikästhetik (1937), in: Zur Sprache gebracht. Essays über Musik, München 1958, S.269.

8 Friedrich Blume, a.a.O., S.17.

9 So spricht der Autor von der ,,Fratzenwelt'' der elektronischen Musik, deren Vertreter frevlerisch ,,die Axt an die Wurzeln einer der vollkommensten Schöpfungen Gottes legen'' (Ebd., S.17).

10 Der Titel seines letzten Vortrags ,,Sterbende Gewässer'' bezieht sich auf die gesamte nicht-tonale Musik (bei der Dodekaphonik angefangen), in deren Umkreis wie in einem ,,verschmutzten Tümpel'' ,,widerliches, ekles Getier'' besonders gut gedeihe (Vortrag vor den Ordensträgern ,,Pour le Mérite'' in Bonn, Juni 1963).

11 In seinem umfänglichen Werk ,,Les fondements de la musique dans la conscience humaine'', Neuchâtel 1961, beschwört der Autor das Gewissen aller jungen Komponisten mit Hilfe der Ableitung ethischer Forderungen nach tonaler Komposition (Ernest Ansermet, Die Grundlagen der Musik im menschlichen Bewußtsein, München 1973, S.594f.).

12 ,,Pastorale'', 2. Satz, Takt 131ff.

13 Wie z.B. im Lied ,,Die Krähe'' aus Schuberts ,,Winterreise''.

14 Immanuel Kant, Kritik der Urtheilskraft, S.22 (Orig.-Ausg.), § 53 (Akademie-Ausgabe Bd.II, S.185f.).

15 Georg Wilhelm Friedrich Hegel, Ästhetik, hrsg. v. F. Bassenge, Berlin/Weimar 1965, Bd.II, S.260.

16 Ebd., S.260f.

17 Ebd., S.261.

18 Ebd.

19 Vgl. oben, Einleitung, S.16f.

20 Hegel, a.a.O., S.261.

5. *Musik als akustisch „objektivierter Geist". Die konstitutive Funktion des „Hörers".*

Wiederum fällt das Resultat bis jetzt negativ aus; die erste Bestimmung des musikalischen Gegenstands, daß er nämlich hörbarer Erfahrungsgegenstand ist, konnte immer noch nicht inhaltlich erweitert werden. Immerhin wurde gezeigt, daß es (1) strenggenommen keine optischen Momente in der Musik gibt, daß (2) Musik eine in Zeit und Raum sich vollziehende Gegebenheit ist und daß es (3) „ihr" Material, d.h. als spezifisch musikalischen Teilbereich akustischer Gegebenheiten, nicht gibt. - Somit ist unser Ergebnis bis jetzt nur dies, daß sich aus dem Faktum der Hörbarkeit von Musik, aus der Kennzeichnung des musikalischen Gegenstands als eines akustisch erfahrbaren Objekts recht wenig Spezifisches zu dessen „feinerer" Struktur ergibt. Wir sind mithin gezwungen, zur weiteren Bestimmung des Musikalischen einen Schritt weiter zu gehen: wenn aus der bloßen Analyse des hörbaren Gegenstands als eines vom analysierenden Subjekt unabhängigen, „eigene" Bestimmtheit repräsentierenden, Objekts nichts Weiteres gewonnen werden kann, so ist zu prüfen, inwieweit die musikalische Gegebenheit überhaupt als eine solche vom hörenden Subjekt unabhängig existierende „Größe" betrachtet werden darf. Aus der Erwägung eines - zumindest im Ausgangspunkt zu der Gruppe der soeben in gewisser Weise „kritisierten" materialistischen Musiktheorien gehörenden - Versuchs, aus der Gegebenheitsweise hörbaren „Materials" Spezifisches für den musikalischen Gegenstand zu erschließen, ergeben sich einige, in die soeben angedeutete Richtung des weiterführenden Bestimmungsgangs weisende, Ansatzpunkte.

Es mag sein, daß noch ein Rest der Hegelschen Auffassung von der „Idealität" des musikalischen Materials nachschwingt, wenn Nicolai Hartmann im nämlichen Zusammenhang - bei der Analyse des musikalischen Materials - darauf hinweist, daß es nur bedingt als „real" bezeichnet werden könne. In einer Anmerkung zu der Textstelle, in der als „Realschicht" und „Vordergrund" in der Musik „die Folge und der Zusammenhang der Töne" bezeichnet wird, heißt es: „Mit der Realität dieser 'Realschicht' darf man es freilich nicht buchstäblicher nehmen als bei der Materie der Dichtung, dem Wort, das ja auch Klanggebilde ist. Klänge sind nicht im strengen Sinne real, weil sie als solche nur für den Hörenden bestehen."[1] Versuchen wir zunächst, um nicht zu voreiligen Schlußfolgerungen zu gelangen, die hier vorgebrachte Position genauer zu verstehen. Hartmann betont, daß es für den mit bloß physikalischen Methoden arbeitenden Naturwissenschaftler nicht „Klänge" oder „Töne" gibt, sondern eben nur bezüglich ihrer Frequenz, Amplitude und Dauer meßbare Schwingungen innerhalb eines materiellen „Mediums" (in der Regel der atmosphärischen „Luft"). Betrachtet man nun diese nach Hartmann „im strengen Sinn" als „real" zu bezeichnenden meßbaren Gegebenheiten in ihrem Verhältnis zu einem hörend wahrnehmenden Subjekt, so ergeben sich „neue" Objekte wissenschaftlicher Betrachtung, die neue Methoden und neue Termini fordern: nun lassen sich aufgrund gehörphysiologischer und hörpsychologischer Methoden Feststellungen bezüglich möglicher Zuordnungen des „Gehörten" zu bestimmten „realen" Erscheinungen treffen, die Begriffe wie „Klang" oder „Ton" rechtfertigen: es sind dies eben Feststellungen, die sich auf die *Wahrnehmung* des in pur physikalischer Betrachtung bloß periodisch schwingenden „Mediums" beziehen. Sicher ist diesen - eben physiologischen oder auch hörpsychologischen - Gegenständen die Realität anderen, etwa durch die Methoden der physikalischen Akustik bestimmbaren, Gegebenheiten gegenüber nicht zu schmälern; dies stünde sogar im offenen Widerspruch zu Nicolai Hartmanns Lehre über die Struktur der Gegebenheit des Realen: das ergibt schon die an einer anderen Stelle getroffene Bestimmung Hartmanns, nach der „unter Realität die Seinsweise alles dessen, was in der Zeit seine Stelle oder Dauer, sein Entstehen und Vergehen hat"[2], betrachtet wird. Auch hörbare Erfahrungsgegenstände ereignen sich in der Zeit, d.h. sie sind real, insofern sie „jetzt" sind, und sie waren real, insofern sie früher einmal „jetzt" waren. - Es ist aus diesem Grund schon kaum anzunehmen, daß Hartmann dem hörbaren musikalischen Gebilde, das er ausdrücklich als „Erscheinungsverhältnis"[3] charakterisiert, die zeitlich bestimmte Realität nehmen oder einschränken will; es ergibt sich jedoch mit dem Hinweis auf die unerläßliche Funktion des Hörers die grundsätzliche Möglichkeit, in der Bestimmung der Struktur des musikalischen Gegenstandes wenigstens so weit zu kommen, daß wir zu einer begrifflichen Unterscheidung zwischen akustischem *Anlaß* und dessen kompositorischer Verwendung gelangen.

Bis jetzt haben wir nur festgestellt, daß grundsätzlich zwischen Musik und Lärm nicht zu unterscheiden ist, wenn nur ihre pure Hörbarkeit ihren Unterschied begründen soll: nicht alles, was wir hören, ist deshalb auch schon Musik (oder Lärm); die Hörbarkeit ist zwar unerläßliche Bedingung, aber nicht auch schon zureichende Bestimmung des Musikalischen.

Daß allerdings Musik mehr ist als bloß akustisches Ereignis, ist eine Tatsache, die dem Autor des bekannten Aperçus „Musik ist für mich Lärm" - es soll wohl Napoleon gewesen sein - so selbstverständlich gewesen sein muß, wie für uns sein Ausspruch informativ ist. Und wenn - geradezu umgekehrt - John Cage, einer der bedeutenden Komponisten unserer Zeit, sagt, Verkehrslärm sei für ihn Musik, so ist auch er sich dieses Unterschiedes bewußt, oder er hätte besser geschwiegen. Was an beiden Aussprüchen auffällt, ist eine Übereinstimmung, die den Zusammenhang mit dem Gedanken der im Begriff des Musikalischen mit enthaltenen Unerläßlichkeit der Instanz des Hörers wieder herstellt: beide - Napoleon und Cage - sagen „für mich". Gehen wir auf diese Gemeinsamkeit näher ein, so ergeben sich einige Beispiele, die uns dem Verständnis des grundlegenden Unterschieds von Lärm und Musik näherbringen.

Das Rattern der Eisenbahnschienen gerät Dvořak zum Grundrhythmus des Finale seines F-Dur-Quartetts; eine Zufälligkeit - die Katze spaziert über die Tastatur des Cembalos - veranlaßt Scarlatti, die entstandene Tonfolge als Fugenthema zu verwenden; und ein dem Hupen eines Autos vergleichbares akustisches Ereignis bestimmt das musikalische Geschehen im zweiten Trio der Mozartschen „Posthornserenade". Erinnern wir uns der oben angestellten Überlegungen über den Vogel„gesang", von dem die einen sagen, er sei die vollkommenste Musik, die es überhaupt geben könne (wie Olivier Messiaen) und die anderen: „Diese tönenden Erscheinungen gemahnen uns an Musik, aber sie sind keine Musik"[4], so sehen wir, daß Musik nicht für sich selbst, nach Art einer physischen Gegebenheit, *nur* als naturaler Bestand zureichend bestimmt werden kann, sondern immer nur in Relation zu einem rezipierenden oder „produzierenden" menschlichen Wesen.

Dies ist ein wichtiges Ergebnis, denn von nun an wird von Musik nur noch als von einer wirklichen oder doch zumindest möglichen *Relation* gesprochen, die zwischen einem akustischen Ereignis einerseits und einem gestaltenden Geist andererseits besteht. Wenn wir uns einer anfänglichen Erwägung entsinnen, die mit dem Zusammenhang der uneigentlichen Verwendung des Wortes „Musik" zu tun hatte, so sehen wir nun schon klarer. „Musikalisch", so sagten wir dort[5], nennt man in übertragender Bedeutung dieses Ausdrucks eine zeitliche Aufeinanderfolge von Ereignissen, Momenten oder Relationen, die als in irgendeiner Weise geordnet vorgestellt wird, ohne daß sich aber sonst, d.h. aus anderen, die als „musikalisch" bezeichnete Folge überschreitenden Gründen, übergreifende Zusammenhänge ergäben, aufgrund derer die „musikalischen" vorgestellten Beziehungen des Ablaufs sich erst als notwendig, sinnvoll oder verständlich erwiesen. Nun sehen wir, daß solche, in gewisser Weise „sinnvolle" Abfolge nicht auf nur denjenigen Bedingungen beruhen kann, die für ihre bloß *sinnliche* Erfahrbarkeit vorausgesetzt werden müssen, - diese nämlich sind, um es zu wiederholen, Gegenstand der physikalischen Akustik und der Gehörphysiologie. Steht mit der „Aufeinanderfolge" der - eben nicht „hörbare" - *Zusammenhang* in Betracht, die Relationen also, die zwischen den einzelnen hörbaren Sinnesdaten bestehen, so wird zu dessen Erforschung zwar auch das Gehörte und unser Hören zu untersuchen sein, aber eben nicht *nur*: die *Beziehung*, die wir - „erlebend" - zwischen den gehörten Momenten stiften, der „Kontrast" etwa oder das „Später", die „Wiederholung" oder das „Schneller", stehen damit im Vordergrund der Betrachtung. Es bedarf eben - schon zur „adäquaten" Wahrnehmung etwa einer ganz simplen rhythmischen Struktur - eines Moments *geistiger Spontaneität*, das das eine Teilereignis (etwa einen Impuls) auf andere, vorangegangene (frühere Impulse) und auf kommende (etwa die Erwartung des nächsten Impulses) beziehbar macht; und dieses Moment geistiger Spontaneität ist es, was das akustisch Rezipierte - gegebenenfalls - zu Musik werden läßt.

Somit ist als weiteres Zwischenergebnis festzuhalten, daß als neues Bestimmungsstück von „Musik" ihrer naturalen, physikalisch und physiologisch erforschbaren Seite eine subjektiv bestimmte hinzugefügt werden muß - die ihres „Erlebtseins" - und dies, ohne daß damit auch schon die Möglichkeit etwaiger „Verstehbarkeit" im Sinne von adäquater Auffassung möglicher Ausdrucks-, Mitteilungs- oder Bedeutungsfunktionen behauptet wäre. Wie schon die recht vorläufige Betrachtung der Struktur und der Bedingtheit eines simplen Rhythmuserlebnisses ergab, bedarf es allein zur puren Kennzeichnung eines hörbaren Sachverhalts als „Musik" des tätigen Geistes eines Hörenden. Wenn wir, um dieser wesentlichen Eigenschaft Rechnung zu tragen, den Hartmannschen Terminus „objektivierter Geist" oder „Objektivation" wählen, so bedarf dies einer eingehenden Begründung; es ist zu zeigen, inwiefern der Objektivationsbegriff im Vergleich zu anderen möglichen Bestimmungen weniger einschränkend ist, inwiefern mithin durch ihn weniger Vorentscheidungen getroffen werden, die das Phänomen des Musikalischen - im weitesten Sinn - zu früh einschränken würden. „Gestalt" (im Sinne Richard Hönigswalds)[6] forderte deren stets notwendige Ganzheit; „(tönend bewegte) Form" (im Sinne Eduard Hanslicks) gar deren nach bestimmten Prinzipien (etwa dem der Symmetrie) „komponierte" Ganzheit; „(Ton-)Sprache" deren grundsätzliche Bedeutungshaftigkeit; „Medium (der Tonkunst)" deren notwendige Verständigungsbezug. Wenn wir dagegen unserem Vorsatz treu bleiben wollen, keine dieser Vorentscheidungen oder Einschränkungen zu früh zu treffen, so müssen wir uns zur Kennzeichnung der erlebnismäßigen „Produziertheit", der geistigen Bestimmtheit, *jeglichen* musikalischen Ereignisses eines Terminus bedienen, der einen größtmöglichen Umfang unserer Begriffe von „Musik", „musikalisch" unter gleichzeitiger Erweiterung ihres Inhalts garantiert.

Versuchen wir also zunächst klarzulegen, welchen Gegenstandsbereich Nicolai Hartmann meint, wenn er von „objektiviertem Geist" spricht, und sodann, ob in diesem Gegenstandsbereich Musik in allen ihren Formen und Manifestationen auch vollständig enthalten ist.

Anmerkungen

1 Nicolai Hartmann, Ästhetik, Berlin 1953, S.116 Anm.

2 Nicolai Hartmann, Zur Grundlegung der Ontologie, 4.Aufl. Berlin 1965, S.67f. (Kap. 8b).

3 Nicolai Hartmann, Das Problem des geistigen Seins, 3. Aufl. Berlin 1962, S.434 (Kap. 47d).

4 Igor Strawinsky, Musikalische Poetik (1939), übers. v. H. Strobel, Mainz 1960, S.17.

5 Siehe oben, 1.Kapitel, S.26.

6 Auf den Gestaltbegriff gerade dieses Autors wird im 2.Kapitel noch ausfürhlich Bezug genommen; vgl. unten, S.103-112.

6. *Der Begriff des objektivierten Geistes bei Nicolai Hartmann. Zum Verhältnis zwischen Objektivierendem und Objektiviertem.*

Auf eine einfache Formel gebracht, bezeichnet der Terminus „objektivierter Geist"[1] die Gesamtheit der Gegenstände, die zwar Gegenstände im Sinne von positiv beschreibbaren realen Naturgegenständen sind, die aber über ihre positive Beschreib- und Erforschbarkeit hinaus auch noch „verstanden" werden können, da sie gemäß einer bestimmten Absicht, einem Zweck, eben einem Wollen, durch einen oder mehrere Menschen hergestellt wurden. Somit sind alle „Artefakte" insofern Objektivationen, als sie das, was sie sind, gemäß einem Plan, einem Entwurf, einem Zweck sind, insofern sie eben als solche „gewollt" sind.

Damit ist die Doppelnatur des Objektivationsgebildes betont, seine Analysierbarkeit sowohl als naturaler wie auch als in irgendeiner bestimmten Weise geistig bestimmter Gegenstand. Hartmann spricht daher von „Schichtung" oder von „Vordergrund und Hintergrund"[2] der Objektivationsgebilde. - Im materiell gegebenen Vordergrund *erscheint* der Sinn, der Gehalt des Objektivationsgebildes. Der Vordergrund bildet das „ontische Fundament" für den Hintergrund. Dieser letztere wird durch Akte des „Verstehens" oder des „künstlerischen Schauens" rezipiert, jener wird sinnlich wahrgenommen. Aber gerade dies, daß ein geistiger Gehalt des sinnlich wahrnehmbaren Fundaments bedarf, um mitteilbar zu sein, ist der Grund für die Unmittelbarkeit der Mitteilung; der Gehalt, die „Aussage", der Hintergrund, wird aufgrund der sinnlichen Wahrnehmbarkeit des Vordergrunds vermittelt.

Der Korrelation, die mit Bezug auf das Objektivationsgebilde zwischen diesen beiden Schichten besteht, entspricht eine methodologische Korrelation zwischen „Objekt" und „Subjekt": wenn wir also von nun an Musik als hörbare Objektivation bezeichnen, so meinen wir dieses auf ihrer zweischichtigen Seinsweise beruhende Korrelationsverhältnis zwischen dem, was als Musik bezeichnet wird, und dem, der es als Musik bezeichnet. Dabei wollen wir uns am Hartmannschen Bild der Schichtung des Gegenstandes selbst nicht stören; es soll uns nur als Ausdruck der beiden Instanzen dienen, die dem Begriff des Musikalischen, des puren Rhythmus', der puren Melodie, ja des puren musikalischen „Klangs"[3] schon als Bedingungsgefüge zugrundeliegen.

Zum präzisen Verständnis dessen, was Hartmann als „Schicht" bezeichnet, sei hier der Verweis auf eine Kritik am Hartmannschen Schichtbegriff eingefügt. - Wenn Roman Ingarden - wiederum im Zusammenhang einer kunstspezifischen Untersuchung - auf eine Inkonsistenz des Hartmannschen Schichtenbegriffs hinweist[4], so ist bei näherer Betrachtung dieser Kritik leicht zu sehen, daß Ingarden ebendiesen Schichtenbegriff wesentlich differenzierter interpretiert, als wir das bis hierhin getan haben. Ingarden behauptet, Hartmann vermenge in seinem Begriff der „Schichten" eines Kunstwerks zwei verschiedene Dinge. Einmal gebrauche er den Terminus „Schicht" für einen im Kunstwerk auftretenden „Grundfaktor", der sich aus homogenen Elementen zusammensetzt, die sich untereinander zu „Gebilden höherer Stufe vereinigen", der aber „seine relative Selbständigkeit und Abgrenzung" nicht verliert und deshalb stets „selbst sichtbar" bleibt; obschon er, sich mit anderen „Grundfaktoren" vereinigend, zum Ganzen des Werkes gehört. Der andere Schichtenbegriff, den Hartmann verwende, kreuze sich mit dem ersten; „Schicht" meine hier eine Gegenständlichkeit bestimmten Typs, die für eine Gegenständlichkeit anderen Typs die Funktion entweder des „ontischen Fundaments" oder des „intentionalen Bestimmens" ausübe. Unter der letzteren Funktion versteht Ingarden auch die des „Bedeutens", des „Darstellens", des „Bezeichnens" und ähnliches. - Der erste Schichtenbegriff ist der, den Ingarden selbst mit dem Terminus „Schicht" bezeichnet. In diesem Sinn spricht er von „Schichten" z.B. des literarischen Kunstwerks: hier formen sich Laute zu Worten, Worte zu Sätzen und Satzgefügen. Von dieser „Schicht" aber sei zu unterscheiden die andere der gemeinten Gegenstände, die in den Bedeutungen der Worte ihre Entsprechung finden. - Der Ansatzpunkt seiner Kritik an Hartmanns „mehrdeutigem" Schichtenbegriff ist die These, das Musikwerk sei nicht - wie das literarische Werk - mehrschichtig („Schicht" immer im ersten, Ingardenschen Sinn), da in ihm nicht zwischen einer Schicht der Laute und einer der Bedeutungen unterschieden werden könne: „ das Musikwerk enthält k e i n e Schicht s p r a c h l i c h e r B e d e u t u n g s einheiten in sich. Infolgedessen können in ihm auch keine satzmäßig entworfenen Sachverhalte und keine durch die letzteren dargestellten Gegenständlichkeiten als seine Elemente auftreten."[5] - Wir brauchen diesen Einwand - und auch die Ingardensche Einschränkung bezüglich der Musikwerke, die, wie das Lied, mit literarischen Texten verbunden sind - hier nicht weiter zu verfolgen, da er erst im Zusammenhang mit der Betrachtung des Verhältnisses von Sprache und Musik, bei der Frage also nach der möglichen Inhaltsbestimmtheit musikalischen Materials, in den Vordergrund zu rücken hat. Für unseren jetzigen Zusammenhang aber ist von Wichtigkeit, daß wir den Hartmannschen Terminus der „Schichtung" von Objektivationsgebilden nur im zweiten Sinn, der Bezeichnung also von Vorder- und Hintergrund des Objektivationsgebildes, von materiellem Träger und geistigem „Gehalt" also, verstehen. Die nähere Betrachtung der Hartmannschen Lehre ergibt allerdings, daß der Ingardensche Schichtbegriff bei Hartmann dort seine Entsprechung findet, wo dieser (mit Bezug auf die Kunst) von - abermals - Schichten des „Hintergrundes" selbst spricht.

Die Zweischichtigkeit von Objektivationsgebilden bedeutet bis jetzt nur dies: Objektivationen haben hinsichtlich ihrer naturalen Seite - wie alles Reale - zu jeder Zeit ihre jeweilige Stelle im Raum; sie sind individuell. Hinsichtlich ihrer geistigen Seite müssen sie immer aufs neue „verstanden" sein, sollen sie, ihrer realen Geistbestimmtheit nach aus dem Modus purer Möglichkeit heraustretend, auch in der Realität „wirken". Damit ist aber auch ihre Individualität, ihr jeweiliges und durch immer neues „Verständnis" aufs neue aktualisiertes *geistiges Sein* betont; als Objektivationen eines personalen, tätigen Geistes sind sie geschichtlich.

Bedenken wir im Zusammenhang mit dieser letzteren Überlegung, daß das Wort „Objektivation" sowohl die vergegenständlichende Tätigkeit wie auch das mit solcher Tätigkeit Vergegenständlichte, den objektivierenden Vollzug also wie auch dessen Resultat meinen kann, so zeigt sich, daß es in dieser Zweideutigkeit eine wichtige Eigenart der als „objektivierter Geist" bezeichneten Gegenständlichkeit unterstreicht[6]. Für die Analyse nämlich der Eigenart und Struktur dieses Gegenstandstyps ist es zunächst einmal völlig unerheblich, ob ein Naturgegenstand so *geformt* wurde, daß er als Träger der Absichten seines Herstellers dienen konnte, oder ob er sich bereits in dieser Verfassung befand, als er *vorgefunden* wurde. Allein der Einfall z.B., einen Bogen einmal ohne Pfeil und nicht zum Jagen zu benutzen, indem man ihn zum Zupfinstrument „macht" (besser: zweckentfremdet), ändert den geistigen „Hintergrund" dieses Artefakts, ohne doch dessen physische Beschaffenheit anzutasten. Und weiter noch: der Artillerist, der einen Pappelbaum dazu „bestimmt", ihm als optische Hilfe zur Berechnung seiner Schußweiten zu dienen, macht diesen zu „seinem" Gegenstand; jeder anderen Person wäre diese „Bedeutung" des Baums erst zu erklären, jede andere Person wäre erst „einzuweihen". So zeigt sich, daß die Möglichkeit, uns zugängliche Naturgegenstände oder Artefakte zu unseren eigenen Objektivationen zu machen, indem wir ihnen einen, nur auf sie bezogenen, geistigen Gehalt „zudenken", von der grundsätzlichen, materiellen Beschaffenheit dieser Gegenstände her kaum eingeschränkt werden kann; nehmen wir die Tätigkeit unserer zweck- und absichtsfrei sich entfaltenden Phantasie noch mit hinzu, so zeigt sich, daß diese Möglichkeit ohne jede Schranke ist. Auch dann, wenn wir uns z.B. Wolkenbildungen zum Anlaß unserer eigenen Phantasievorstellungen machen, lassen wir unsere eigenen Vorstellungen *zum Objekt werden*. Wir ordnen die ursprünglich unseren Sinnen gegebenen Objekte (die Wolken) unserer schöpferischen Vorstellung unter, und, haben wir dies auf bestimmte Weise getan, so können wir auf unser Resultat verweisen: unsere Objektivationen sind mitteilbar geworden, sie können weitergegeben, tradiert werden.

Es sei allerdings schon an dieser Stelle auf eine Schwierigkeit hingewiesen, die sich mit einer derartigen Interpretation des Objektivationsbegriffs erhebt: sollte wirklich so leicht jene Grenze zu verwischen sein, die zwischen mühsam hergestellten Artefakten jeglicher Art und einem simplen, vorgefundenen und in keiner Weise „bearbeiteten" Naturgegenstand besteht? Zweifellos sind noch weitere Unterscheidungen zu treffen, wenn man die Formel vom Gegenstand, der den „Geist objektiviert", ersetzt durch die vom Geist, der „sich in Gegenstände objektiviert", - eine Unterscheidung, deren Berücksichtigung auch eine Trennung zwischen dem Hartmannschen und dem hier „erweiterten" Objektivationsbegriff zuläßt[7].

Als „Gesetz der Objektivation" formuliert Hartmann in seiner „Ästhetik" zwei Bedingungen: die Objektivation muß erstens in eine „reale, sinnliche Materie" hineingeformt sein, und sie bedarf zweitens stets des schauenden, verstehenden oder wiedererkennenden Bewußtseins des personalen wie des objektiven Geistes, dem sie, vermittelt durch das geschaffene Realgebilde, erscheinen kann. Im Verstehen wird sie lebendig gemacht: ihr Leben ist kein eigenes, sondern „geliehenes" Leben[8]. Alle drei Formen geistigen Seins wirken im „Verstehen" des Objektivationsgebildes zusammen; eine wichtige Frage also haben wir uns vorzulegen, die nämlich nach dem Verhältnis dieser Formen zueinander in solchem Verstehensprozeß. Zunächst einmal spricht Hartmann ja von verschiedenen, voneinander trennbaren Bereichen geistigen Seins[9]. So könnte mit „personalem", manchmal auch „subjektivem" Geist der geistige „Teil" des lebenden Subjekts gemeint sein, der Mensch also hinsichtlich seines Erkenntnisvermögens, seiner Freiheit und seiner Gefühle. Mit „objektivem Geist" wäre der Gehalt dessen bezeichnet, was auch „Geist der Geschichte" oder „geschichtlicher Geist" genannt wird: solches also wie Geistesströmungen, allgemein verbreitete Auffassungen, die „Moral" und der Wissensstand einer Epoche, die Ideen einer großen Revolution, die Sprache eines Volkes, ein „Stil" innerhalb der Kunstgeschichte, - überindividueller Geist also, der gleichwohl in seiner Gegenwärtigkeit an einen lebendigen, in seiner Geschichtlichkeit an einen materialen Träger gebunden ist. Der „objektivierte" Geist schließlich als die Form geistigen Seins, um die es uns in diesem Zusammenhang eigentlich geht, wäre bezeichnet als die Geistesleistung, die in einem erfahrbaren Material verwirklicht wurde, die aus purer Vorstellung, purem Plan oder Entwurf eines Denkenden durch dessen Tätigkeit in den „Modus der Äußerlichkeit" trat und somit erfahrbar, überlieferbar, verstehbar wurde.

Trifft diese erste, noch vorläufige Interpretation zu, so ist aber zunächst einmal zu fragen, warum Hartmann soviel Mühe darauf verwendet, immer wieder zu betonen, daß es sich bei diesen drei Grundformen des Auftretens von Geist nur um drei verschiedene Aspekte des einen Menschengeists handele, keineswegs aber um voneinander ablösbare, gegen sich gleichgültige Seinsbereiche. Für ihn handelt es sich bei aller methodischen Trennbarkeit um ein Beziehungsgefüge dreier je verschieden strukturierter Grundmomente geistbestimmten Seins. So wäre der überindividuelle und lebende objektive Geist der Geschichte nicht ohne Subjekte - den personalen Geist - denkbar, die „ihn" erlernen, weiterbilden und tradieren; solche Tradition hinwiederum ist aber nur in Objektivationen möglich, die mitteilbar sind und möglicherweise ein Menschenleben überdauern. Personaler Geist bedarf zur Verständigung ebenfalls des objektiven Geistes (etwa eines Sprachstands) wie auch des objektivierten (des sinnvollen, verständigungsbestimmten Gebrauchs der Stimme, der Schrift o.ä.). Objektivierter Geist wird nur als verstandener real: eine unentzifferte Schrift ist ihrem Geiste (und das heißt hier: ihrem Verständigungswert) nach - als „Schrift" eben - genauso wenig existent wie die in einer Muschel verborgene Perle vor ihrer Entdeckung ihrem Wert nach. Der objektivierte Geist bedarf mithin zu seiner Realität, zu seiner Aktualität der tätigen, ihn durch ihr „Verstehen" aus bloßer Materialität zur geistigen Äußerung erhebenden menschlichen Subjektivität. Seiner Realität nach betrachtet besteht der objektivierte Geist nach Hartmann innerhalb eines „dreigliedrigen Verhältnisses", dessen Glieder (geäußerter Gehalt, materielle Gestalt, verstehender Geist) korrelativ zueinander stehen: so ist keine musikalische Vorstellung z.B. ohne eine Materialisierung, eine Realisierung oder Aufführung *hörbar*; keine bloße, nicht geäußerte Vorstellung eines Hörbaren ist in diesem Sinne „verstehbar", und keine erfahrbare Äußerung kann ohne ihr - zumindest potentielles - Verstandensein als real, als objektivierter *Geist*, bezeichnet werden.

Gerade für den Bereich der Musik ist die zuletzt angedeutete, aus dem dreigliedrigen Korrelationsverhältnis sich ergebende, Konsequenz leichter nachzuvollziehen als für das Feld der Literatur oder der bildenden Künste[10]. Fällt es jedoch noch vergleichsweise wenig schwer, das Verständnis einer „toten" Sprache als unerläßliche Bedingung dafür anzusehen, daß man sie als Form geistiger „Äußerung", als Form von Mitteilung bezeichnen kann, so haben wir doch Schwierigkeiten, mit derselben Konsequenz von einem Bild oder einer darstellenden Plastik zu sprechen. Der Grund für diese Schwierigkeit liegt auf der Hand: man kann sich eben einerseits ein gegenständlich darstellendes Bildwerk, das man nicht „auf den ersten Blick" versteht, nur schwer vorstellen und andererseits wäre ein allen Betrachteraugen entzogenes, noch nie gesehenes Original etwa von Rembrandt doch auch in seiner Verborgenheit eben dieses Kunstwerk, das es „ist"; gesehen oder ungesehen, verstanden oder nicht verstanden, mit oder ohne Expertise hätte es doch seinen „ewigen" Wert, seine künstlerische Qualität; - diese Auffassung jedenfalls legt unser Wissen um die durch ihre Materialisierung bestehende Dauerhaftigkeit der „Werke" der bildenden Künste nahe. Für die „transitorischen" Gattungen rückt dagegen eher das Verhältnis des notwendigen Wechselbezugs zwischen Gegenstand und Rezipienten in den Vordergrund. Schon für den hörbaren Gegenstand, dessen spezifische Bestimmtheit in den Relationen und Beziehungen zwischen seinen hörbaren Gliederungselementen besteht, fällt dessen „Relationscharakter" ins Auge; - und es wäre gut denkbar, daß sich die Ergebnisse der Analyse des musikalischen Gegenstands, darauf die des musikalischen „Werks" und schließlich die seiner ästhetischen „Qualitäten" - mutatis mutandis - auf die anderen Kunstgattungen übertragen ließen[11]: auch von der „Venus von Milo" könnte gelten, daß auch sie als Kunstwerk, als spezifisch ästhetischer „Ausdruck" nur vorhanden ist, sofern sie „verstanden", zumindest aber in spezifischer Form „erlebt" ist. Bedingungslos „vorhanden" - im Sinne subjektsunabhängigen Existierens - ist sicher ihre „Materialschicht", und dies gilt für die flüchtigere des hörbaren objektivierten Geistes in gleicher Weise.

Anmerkungen

1 Obwohl die terminologische Trennung zwischen „objektivierter Geist" (als Bezeichnung für das Produkt) und „Objektivation" (als Bezeichnung für die geistige Tätigkeit des Produzierens von objektiviertem Geist) zweifellos ihren wichtigen Sinn darin hat, die Verschiedenheit dieser Korrelate zu kennzeichnen, ist doch auch der Wortgebrauch zu begründen, nach dem „Objektivation" s o w o h l als Verbalabstraktum w i e a u c h als Substantiv verstanden werden kann (vgl. unten, 1.Kapitel, S. f.).

2 Diese Differenz zwischen Vordergrund und Hintergrund wird aus Hartmanns K u n s t theorie übernommen; allerdings für eine Unterscheidung, die - als (trennende) Unterscheidung und nicht als Ausdruck einer bestimmten Relation zwischen den zu unterscheidenden Instanzen - jedoch nicht kunstspezifisch ist. Hartmann sieht die wesentlichen Unterscheidungsmerkmale zwischen nicht-kunstbestimmter Objektivation und Kunstgegenstand im besonderen Verhältnis der beiden Schichten des künstlerischen Objektivationsgebildes. - Im vorliegenden Zusammenhang allerdings genügt der Hinweis auf die doppelte „Seinsweise" von Objektivationsgebilden.

3 Vgl. oben, 1.Kapitel, S.41f.

4 Roman Ingarden, Untersuchungen zur Ontologie der Kunst: Musikwerk - Bild - Architektur - Film, Tübingen 1962, S.31f.

5 Ebd., S.32.

6 Vgl. oben, 1.Kapitel, S.45, Anm. 1.

7 Vgl. unten, 1.Kapitel, S.50ff., wo auch ausführlich auf die Erweiterung des Hartmannschen Objektivationsbegriffs durch Hariolf Oberer Bezug genommen wird.

8 Nicolai Hartmann, Ästhetik, S.48 (Kap. 5).

9 Nicolai Hartmann, Das Problem des geistigen Seins, S.71 (Kap. 4c).

10 Vgl. zu diesem Zusammenhang oben, Einleitung, S.21f.

11 Vgl. oben, Einleitung, S.22.

7. *Musik als hörbarer Gegenstand oder als vorstellungsmäßige Leistung des Rezipienten. Zur Unterscheidung von äußerer und innerer Objektivation.*

Die Entfaltung dieser Problematik des An- oder Für-sich-Seins von Objektivationsgebilden führt nur scheinbar von unserem Zusammenhang ab, der in der Frage nach Hartmanns Auffassung zur Abgrenzbarkeit von objektiviertem Geist gegen anderes Reales besteht. Soviel konnten wir bis jetzt sehen: in Korrelation stehen sicher die als Äußerung geplante und hergestellte materielle Gestalt und der durch sie und in ihr geäußerte Gehalt. Ob das dritte Glied mit ebendemselben Ausschließlichkeitsanspruch korrelativ zu den anderen steht, scheint, für den Anfang zumindest, jedenfalls schwieriger zu entscheiden[1]. - Betrachten wir also zunächst noch einmal den „zweischichtigen" Aufbau von Objektivationsgebilden, und sehen wir zu, ob sich so ein gesicherter Ausgangspunkt (für eine definitive Bestimmung des „objektivierten Geistes") erreichen läßt.

Was Hartmann als die beiden Schichten unterscheidet, läßt sich in mannigfachen Begriffspaaren denken: Vorder- und Hintergrund, erfahrbare und verstehbare Komponente, Seinsfundament und Sinn, Bedeutungsträger und Bedeutung, Material und Äußerung, Gestalt und Gehalt. Entscheidend ist immer, daß die naturale Komponente, das Material, im Hinblick auf eine bewußte Äußerung irgendeiner Vorstellung angefertigt, geformt, gestaltet wurde und daß - auf der anderen Seite - in dieser Anfertigung, Formung, Gestaltung der beabsichtigte geistige Gehalt zur Äußerung, zur Materialisation kam. In diesem Sinne kann man sagen, daß Hartmann unter dem Terminus „Objektivationsgebilde" alle Kultur- und Zivilisationsgegenstände erfaßt, die zwecktechnisch (z.B. Werkzeuge), primär verständigungsbestimmt (Bedeutungsträger) oder primär ästhetisch bestimmt (Kunst) in ihrer Bezogenheit auf den Menschen verstanden werden können[2].

In dieser Formulierung wird der Ausdruck „Kultur- und Zivilisationsgegenstände" dem ersten Aspekt des „dreigliedrigen Verhältnisses" gerecht, dem sich in erfahrbarem Material ausdrückende Subjekt. Dem zweiten Glied, dem geistigen Gehalt, werden die Umschreibungen dessen gerecht, *wie* der jeweilige Gegenstand erfaßt werden kann: als zweck-, verständigungs- oder kunstbestimmt. Und dem dritten Teil des Verhältnisses wird der Ausdruck „in ihrer Bezogenheit auf den Menschen verstanden werden können" gerecht: hier ist das verstehende, rezipierende, „nachvollziehende" Subjekt gemeint, das allein dem Objektivationsgebilde zu geistiger Realität zu verhelfen vermag.

Nun wurde bereits oben[3] zu zeigen versucht, wie wenig grundsätzlich und wie zweifelhaft die Unterscheidung von Artefakten und puren Naturalien ausläuft, wenn als Prinzip dieser Unterscheidung die menschliche Tätigkeit - im Sinne nicht nur des gedanklichen „Ansatzes", sondern auch des Herstellens oder Bearbeitens - fungiert. So ergab sich der Hinweis darauf, wie schon ein Gedanke, die Bewußtheit der Möglichkeit sinnvollen Gebrauchs schon „vorhandener" Gegenstände, diese in den Rang von Objektivationsgebilden erheben kann, - und das heißt, sie als Äußerung vom Geiste ihres „Schöpfers" verstehbar zu machen imstande ist. Das Problem, das in der Klärung dessen besteht, was hier unter „Äußerung" und „Verstehen" zu fassen ist, führt auf die Frage, inwieweit es wirklich für die *geistige* Bestimmtheit eines Erfahrungsgegenstandes, eines materiell, zeitlich und räumlich bestimmbaren und daher beobachtbaren Objekts, von so grundsätzlicher Bedeutsamkeit ist, ob er von Menschenhand hergestellt bzw. äußerlich modifiziert wurde. Man denke nur an das Beispiel eines Erfinders, dessen Pläne - sie mögen schriftlich niedergelegt oder auch nur im Gespräch weitergegeben worden sein - erst nach seinem Tod konkretisiert werden. Der Einwand, auch in diesem Falle bedürfe der Einfall, der pure Gedanke, der Plan des Erfinders also, zumindest einer wie auch immer gearteten Materialisierung, um überhaupt in den Modus der Äußerung zu treten, betont geradezu die durchaus untergeordnete Rolle, die die materielle Beschaffenheit des Trägers solcher Äußerung *dem Objektivationsgebilde selbst gegenüber* spielt. Gewiß darf nicht verkannt werden, daß nur aufgrund der materialisierten Form der - in diesem Beispiel vielleicht als „doppelte" zu kennzeichnenden - „Objektivation" der Plan, der „Gedanke", fixiert und damit mitteilbar wird; die Originalität des Objektivationsgegenstandes jedoch, seine geistige „Qualität", ist hier nicht durch den Grad seiner materiellen Realisierung notwendig bedingt; die eigentliche „Objektivations*leistung*" geht dieser voraus. Gerade wenn man bedenkt, daß Hartmann die Möglichkeit bloßer „*Umgestaltung* vorhandener Naturbestände" im Hinblick auf die Geistbestimmtheit der Objektivationsgebilde durchaus als „echte Hervorbringung", ja „Schöpfung" ausdrücklich eingeräumt hat[4] ist schwer zu verstehen, daß dem Aspekt der puren Realisierung im Objektivationstheorem Hartmanns gleichwohl so große Bedeutung beigemessen wird; es ist nicht leicht einzusehen, warum Hartmann von seinem - schon angeführten[5] - Ergebnis, auch beim objektivierten Geist handele es sich nur um eine von allen anderen unabtrennbare „Form" oder Erscheinungsweise des „einen" Geistes[6], selbst immer wieder abweicht, zugunsten einer als „ontologisch" bezeichneten Betrachtungsweise von Weltgegenständen.

Es mag sein, daß die Wurzel dieser Inkonsequenz in seinem Lehrstück der ontisch primären und sekundären Sphäre liegt; ihre Folge für Hartmanns Begriff des objektivierten Geistes besteht - wie Oberer nachweist[7] - zumindest darin, daß dieser Begriff durch Hartmann selbst in einer „eigentümlichen Verengung" dargestellt wird. Von seiner Auffassung, alles subjektsbedingte Konstatierbare als ontisch „Sekundäres" betrachten zu müssen, genötigt, dieses methodische Prinzip auch im Objektivationsbereich anzuwenden, ist es ihm nicht mehr möglich, eine Unterscheidung nach dem Modus solcher Objektivationsgebilde - in äußere und innere - zu treffen. Der gegenständliche Gedanke selbst ist aufgrund seiner realen, auf ein bestimmtes Material bezogenen, Beschaffenheit selbst schon „Objektivation". Oberer geht sogar noch weiter, indem er in jeglichem Gedanken überhaupt das Prinzip „Gegenständlichkeit", das Prinzip fundierten, materialbezogenen Gehalts verwirklicht sieht: „ Die Fundierung des Gedankens ist Bedingung seiner Vergegenständlichung. Fundierung und Vergegenständlichung des Gedankens aber sind Bedingungen seines spezifischen [...] Geäußertwerdens. Nur deshalb kann der Gedanke *geäußert* werden, weil er immer schon fundiert und schon *als* fundierter gedacht ist. Im Denken ist die Fundierung des Gedankens selbst noch produziert, in der geistbestimmten Äußerung als produzierte manifestiert. *Das Denken ist also selbst schon immer, auch vor seiner Äußerung, 'Objektivation'; es ist 'innere Objektivation'.*"[8]

Damit stellt sich der - ursprünglich aus theoretischem Interesse an der Musik erfolgte - Anschluß an die Hartmannsche Terminologie (und damit an seine Theorie) als viel weiter tragend dar, als wir ihn anfangs verstanden. Ja, es zeigt sich, daß sich der modale Unterschied zwischen einem Begriff nur „gedachter" (oder vorgestellter) und „wirklicher" (wahrnehmbarer) Musik, daß sich unser Ausgangsproblem[9] bezüglich der allerersten Frage „Was ist Musik? " in einem solchen Begriff geistiger Tätigkeit geradezu „verliert". Musik ist „Objektivation", - wenn wir diesen Terminus so verstehen, daß er sowohl das Konkretum hörbarer Äußerung bezeichnet wie auch dessen Prinzip. Will Musik (im Sinne des „dreigliedrigen Verhältnisses") „vorhanden" sein, so muß sie den Keim ihrer „Verstehbarkeit" in sich tragen, mag dies nun durch eine Leistung des Komponisten selbst oder auch „nur" des Hörers bewirkt werden.

Anmerkungen

1 Diese Entscheidung betrifft auch die Bedeutung des „Stils" für die Gegebenheit musikalischer Kunstwerke. Vgl. dazu unten, 3.Kapitel, S.178f.

2 Vgl. hierzu und zum Folgenden - soweit es die kritische Betrachtung und die Erweiterung des Hartmannschen Objektivationsbegriff betrifft -: Hariolf Oberer, Vom Problem des objektivierten Geistes. Ein Beitrag zur Theorie der konkreten Subjektivität im Ausgang von Nicolai Hartmann, Köln 1965; hier: S.19.

3 Vgl. oben, 1.Kapitel, S.48f.

4 Vgl. dazu Hariolf Oberer, a.a.O., S.30.

5 Vgl. oben, 1.Kapitel, S.47f.

6 Nicolai Hartmann, Das Problem des geistigen Seins, S.72f.: „Selbstverständlich gibt es nicht dreierlei Geist nebeneinander, oder gar unabhängig voneinander. Es gibt nur das eine, einheitliche geistige Sein, ungeteilt und unteilbar. [...] Es handelt sich nicht um Teile eines Ganzen oder Glieder eines Gefüges [...] . Eher paßt schon das Bild von den 'verschiedenen Seiten' eines und desselben Gebildes. [...] Es sind drei Grundkategorien desselben geistigen Seins. Und das ist es, was mit dem Asudruck der 'Seinsformen' gemeint ist".

7 Vgl. Hariolf Oberer, a.a.O., S.81ff., insbesondere hinsichtlich der Schwierigkeiten, die Hartmann aus diesem Lehrstück mit Bezug auf das ästhetische Objekt, das ja nicht notwendig Objektivationsgebilde sein muß (vgl. N. Hartmann, Ästhetik, z.B. S.83) entstehen.

8 Hariolf Oberer, a.a.O., S.152.

9 Vgl. 1.Kapitel, S.25f.

8. *Zusammenfassung des im zweiten Definitionsschritt gewonnenen Ergebnisses. Anwendung auf noch offene Fragen.*

Diesen Definitionsschritt zur Bestimmung des „Musikalischen" abschließend, kehren wir zurück zum anfänglichen Überlegungsgang, und fassen in folgender Weise zusammen: Akustische Gegenstände, die so konzipiert wurden, daß sie - ihrer „Intention" nach - eben jenes Vermögen menschlicher „Produktion" ansprechen, das Vermögen also, Verschiedenes als eben nicht nur Verschiedenes, sondern als in Beziehung zueinander Stehendes zu hören, sind im strengen Sinn eventuell auch Musik. Sie sind durch den schöpferischen Geist des Komponisten ihrer „intentionalen Gegenständlichkeit" nach, durch die adäquate oder weniger adäquate Realisierung durch den Interpreten ihrer „Wirklichkeit" nach - objektivierter Geist; Geist eben, der zum Objekt, zum intendierten Gegenstand wurde, - sei es nun als Partitur, als Schallkonserve oder nur als flüchtige Aufführung. Inwieweit die Intention des Komponisten, inwieweit die Ausführung des Interpreten, inwieweit schließlich die Bewußtseinsinhalte des Hörers das musikalische „Werk" nun eigentlich ausmachen - ein Problem großer Tragweite, wenn etwa von „werktreuer" Interpretation die Rede ist -, dieses sind Fragen, die eines eigenen Überlegungsgangs bedürfen; ihnen wird im zweiten Kapitel dieser Untersuchung Rechnung getragen. Für unseren Zusammenhang ist entscheidend, daß akustische Momente, die so „gemacht"[1] sind, daß sie den Bedingungen der Korrelation „Materialschicht – Gehalt" genügen, möglicherweise Musik sind; immerhin ist eine beziehungsstiftende Subjektsleistung unerläßlich für ein „adäquates Erfassen" von komponierter Musik, ja für den Begriff musikalischer Gegenständlichkeit überhaupt[2].

Kommen wir abschließend noch einmal auf die oben[3] zitierten Verfechter der beiden Extreme zurück, von denen dem einen die Musik Lärm, dem anderen der Lärm Musik war! Es sieht so aus, als sei der scheinbare Widerspruch aufgehoben: War es ersterem nicht möglich, musikalisch gestaltete akustische Zusammenhänge als solche, „adäquat", nachgestaltend zu rezipieren, so behauptete der andere, schlechthin alles Hörbare so hören zu können, als *wäre* es gestaltet. Hörte der eine in der Ordnung das Chaos, so hörte der andere im Chaos die Ordnung. Es ist eben nur eine von zwei möglichen Seiten, das Rattern von Eisenbahnrädern als ein solches zu erfassen; die andere ist, es so zu hören, als sei es Rhythmus, intendierte Ordnung; - es ist eben das Vernehmen des Posthorns nicht notwendig mit der Vorstellung verbunden, daß nun die Post komme, sondern es gibt auch die Möglichkeit, von der Post absehend ein nur noch „musikalisches" Ereignis übrig zu behalten. - Ähnlich liegt auch der Fall mit den Vogelstimmen. Wenn ein Biologe sich die Vogelrufe notiert, so nur, um sie in ihrer naturalen Bedingtheit zu begreifen und zu bestimmen, - um etwa als Gesetz formulieren zu können, daß zu bestimmten Tageszeiten in bestimmten Jahreszeiten die Spezies „x" den Ruf „y" ausstößt, um ihr Revier akustisch zu markieren. Wenn dagegen ein Komponist *denselben* Vogelruf aufzeichnet, so nur, indem er ihn als nicht unter naturalen Bedingungen „verursacht" begreift, sondern um ihn so zu hören, *als ob* er als musikalische „Objektivation" intendiert wäre. In diesem letzteren Fall ist auch „Geist" im Spiel, allerdings nur der Geist des Hörenden; das Gehörte wird - wenn man so sagen darf - nach innen, eben als musikalischer „Gedanke" objektiviert. Es ist mithin bei der Analyse des durch das Prinzip der Gestaltproduktion bedingten Begriffe des musikalischen „Werks" zu erwägen, ob nicht die Vorgänge bei der Konzeption einer Komposition einerseits und die mit der hörenden Rezeption sich vollziehende Gestaltproduktion andererseits strukturell identisch sind, oder ob sie es nicht sogar sein müssen; wären sie es, so könnte, so müßte mit Bezug auf jedes adäquate Hören von echtem Nachschaffen, ja sogar von Nachkomposition die Rede sein.

Anmerkungen

1 Die Anführungszeichen weisen darauf hin, daß hier - im Sinne des erweiterten Objektivationsbegriffs - auch „vorgestellt" bzw. „gedacht" gemeint ist.

2 Vgl. oben, 1.Kapitel, S.43ff.

3 Vgl. oben, 1.Kapitel, S.42.

9. *Musik als Träger von Bedeutung. Methodische Ansatzpunkte zu ihrer Bestimmung als spezifischen Mediums.*

Bis hierhin haben wir uns unsere ersten beiden Definitionsstücke klar gemacht: Musik ist im Akustischen ein bestimmter Bereich objektivierten Geistes. Nun gibt es aber hörbare Bereiche echter vergegenständlichender Geistesleistung, die zweifellos von Musik verschieden sind; da ist zunächst der ganze Zusammenhang der gesprochenen Sprache, der „Laute" wie Konsonanten und Vokale; da ist aber auch das schon als Beispiel für nicht-musikalische hörbare Artefakte angeführte Signal, etwa einer Autohupe; da gibt es Sendezeichen von Rundfunkanstalten, hörbare sprachähnliche Zeichensysteme, wie das Morsealphabet, und viele andere hörbare Gegenstände, an denen zwar ebenfalls eine Schicht materieller Träger und eine Schicht bedeutungshaften „Gehalts" zu unterscheiden ist, die aber von „Musik" unterschieden werden müssen.

Ist es noch verhältnismäßig leicht einzusehen, daß Musik hörbares Ereignis ist, oder doch zumindest als solches gedacht oder vorgestellt sein muß; fällt es auch nicht allzuschwer zuzugeben, daß sie immer etwas ist, was von einem mit geistiger Spontaneität begabten Wesen entweder nach außen oder nach innen - eben nur vorstellungsweise - „produziert" wird, daß sie also notwendigerweise als äußere oder innere „Objektivation" eines tätigen Geistes anzusehen ist, so bleibt die dritte notwendige Unterscheidung, zu deren Bewältigung nun überzugehen ist, doch keineswegs überflüssig und zunächst auch vergleichsweise schwierig. - Wieder wollen wir es so halten, daß wir uns zunächst über diese Schwierigkeiten in ihrem vollen Ausmaß Rechenschaft geben, um danach zu sehen, wie wir aus ihnen herauskommen.

Musik ist hörbarer objektivierter Geist, - aber das Morsealphabet, gesprochene Sprache überhaupt, auch das von Ingenieuren erdachte Pfeifen der Lokomotive oder das Sendezeichen einer Rundfunkanstalt - diese hörbaren Gegenstände sind ebenfalls Produkte vergegenständlichenden Geistes, und sie sind doch nicht Musik. - Es läge sicher zunächst einmal nahe, sich sozusagen aus der Affäre zu ziehen und zu sagen, Musik bedeute eben nichts von ihr Verschiedenes, während doch z.B. jedes sprachliche Wort über einen gedachten und von ihm selbst verschiedenen Begriff auf die mit ihm gemeinte Tatsache, die ebenfalls von ihm selbst zu unterscheiden ist, verweist (wie z.B. die Worte „Regen", „pioggia", „rain" auf die gelegentlich vom Himmel fallenden Wassertropfen). Auch das rhythmisch bestimmte Morsezeichen verweist auf einen ganz und gar nicht rhythmisch bestimmten Buchstaben; die Autohupe bzw. die Lokomotivpfeife auf Standort, Geschwindigkeit, Anwesenheit oder Gefährlichkeit eines Fahrzeugs; das Sendezeichen auf eine Wellenlänge, eine Stadt, ein bestimmtes Programm usw. - Dieser naheliegende Gedanke ist auch hin und wieder geäußert worden: so wäre hier der gewiß auch als Theoretiker ernstzunehmende Strawinsky zu zitieren, der mit der apodiktischen These, Musik bedeute nichts als Musik[1], jenen entscheidenden Unterschied der Musik gegenüber allen anderen akustischen Objektivationsgebilden formuliert zu haben glaubte. Aber gerade mit Bezug auf Strawinskys eigene Werke ergäben sich sogleich verschiedene Fragen, die diese so vernünftig und einfach scheinende Differenzierung in ernsthaften

Zweifel ziehen. Legt die „Zirkuspolka für einen jungen Elephanten" nicht eine durch Musik verursachte aber eben doch außermusikalische Assoziation zumindest nahe? Bezieht sich das musikalische Material der „Pulcinella-Suite" nicht auf Pergolesi und damit auch auf dessen Zeit? Bedeutet ein plötzlich aufblitzendes Rossini-Zitat im „Jeu des cartes" (aus dem „Barbier von Sevilla") wirklich nichts Außermusikalisches? Wieso kann es dann derart komisch wirken? Warum läßt sich umgekehrt kaum behaupten, daß in der „Psalmensinfonie" oder im „Sacre du printemps" ein komischer Einfall den anderen jage? - Die Antwort auf all diese Fragen kann nur darin bestehen, daß der Musik die Funktion des Vermeinens, des Verweisens auf anderes, nicht Musikalisches, die Funktion der „Bedeutung" rundweg abzusprechen, einfach Unsinn wäre. Dann aber stellt sich wieder die Ausgangsfrage: Gibt es eine prinzipielle Differenz zwischen musikalischer und sprachlicher oder zeichenhafter Verweisungs- oder Bedeutungsfunktion, und auf welche Weise ist sie zu bestimmen?

Sicher besteht der erste Schritt zur Lösung dieses Problems darin, zunächst einmal zu betrachten, auf was Musik überhaupt verweisen kann, und danach zu prüfen, ob es unter den verschiedenen Typen des musikalischen Vermeinens nicht doch etwa auch solche gibt, die als für die Musik spezifisch angesehen werden können. Ausgangspunkt der Analyse ist bei diesem Weg die Betrachtung der Musik als eines Mediums, innerhalb dessen zwischen Bedeutungsträger, Bedeutetem und bedeuteter „Tatsache", sowie der Bedeutung selbst unterschieden werden kann.

Schon auf den ersten Blick ergibt sich eine überraschende Fülle dessen, auf das mit musikalischen Mitteln Bezug genommen werden kann. Sicher steht hier im Vordergrund die „Gattung" der Programmmusik, innerhalb deren Musikstücke mit dem erklärten Bezug auf Gegenstände des verschiedensten Typs vorliegen: auf akustische Vorgänge („Posthornserenade"), literarische Stoffe („Romeo und Julia"), Personen („Kreisleriana"), Landschaften („Aus Böhmens Hain und Flur"), historische Begebenheiten („Wellingtons Sieg bei Victoria") oder auch - autobiographisch - auf den Komponisten selbst („Aus meinem Leben", „Intime Briefe"). Die Abgrenzung zum Typ der - etwa von Richard Strauß oder Igor Strawinsky der puren „Programmusik" übergeordneten - „Tondichtung" oder „musikalische Poesie" („Don Juan", „Le sacre du printemps") ist manchmal schwierig, ebenso wie die zu dem sich daran anschließenden „Charakterstück" („Kinderszenen", „Am Kamin" u.ä.). Zu nennen sind weiter die Lieder, Opern, Balladen, Melodramen - Textvertonungen also in schier unübersehbarer Fülle - die große Tradition geistlicher Musik, aber auch der Tanz, die Suite, die Tafelmusik, die Etüde, das Lehrstück oder die „vaterländische Komposition"; es gab Revolutionsmusik und Friedensmusik, es gab Freimaurermusiken, musikalischen Ausdruck ethischer Inhalte, mystischer Visionen, philosophischer Gedanken[2], ja sogar die geheimnisvolle „Unverständlichkeit" selbst wurde musikalisch thematisiert: in Tschaikowskys sechster Sinfonie, deren Geheimnis, wie der Komponist gesagt hat, wohl niemand je ergründen werde.

Es scheint fast so, als wäre angesichts einer derart ungegliederten Fülle und angesichts der Heterogenität dieser Vielfalt die so einfach scheinende Unterscheidung zwischen „absoluter" und „Programmusik"[3] schon im Grundsätzlichen alles andere als selbstverständlich; selbst Beethovens Streichquartette verlangen zumindest die musikalische Wiedergabe von über die Musik hinausgehenden Emotionen - sowohl im Rahmen des durchaus Konventionellen („La malinconia", „Adagio molto e mesto", „con molto sentimento d'affetto") wie auch in doch recht neuer Weise: „beklemmt", „neue Kraft fühlend", „heitere Empfindungen bei der Ankunft auf dem Lande"). Gleichwohl soll hier, schon aus der Notwendigkeit heraus, einen gewissen Grad von Klarheit und Eindeutigkeit der verwandten Termini zu sichern, wenigstens der Ansatz zu einer Gliederung der Typen möglicher musikalischer Verweisung versucht werden.

Anmerkungen

1 Vgl. Igor Strawinsky, Musikalische Poetik (1939), übers. v. H. Strobel, Mainz 1960, S.51f.

2 Programme oder Thematiken wie „Durch Nacht zum Licht", „Der Sieg der Wahrheit", „Poème d'extase" u.ä. gehören hierher.

3 Walter Wiora hat 1963 (Zwischen absoluter und Programmusik, in: Festschrift Friedrich Blume zum 70. Geburtstag, Kassel/Basel 1963, S.381-388) die Zweifelhaftigkeit dieser Unterscheidung eindringlich hervorgehoben und belegt.

10. *Typen des bedeutungshaften „Verweises" mit musikalischen Mitteln. Differenzierung der Typen des „Inhalts" von Musik.*

Wenn Musik als „Medium" bezeichnet wird, so heißt das zunächst einmal, daß ihr als Verständigungsträger „Bedeutung", „Sinn" oder „Inhalt" in grundsätzlicher Weise zugesprochen werden kann, und das heißt - grob gesprochen -, mit Musik kann etwas vermeint werden, das über das, was man hört, hinausgeht. Bevor wir nun die Relation betrachten, die zwischen musikalischer „Bedeutung" und musikalischem „Sinn" besteht, wollen wir zunächst versuchen, die verschiedenen Verweisungstypen zu kennzeichnen, deren sich der Komponist für seine Aussage bedienen kann. Danach sollen die verschiedenen *Relationen* zwischen dem jeweils Vermeinten und seinem musikalischen Korrelat gegeneinander abgegrenzt werden. Ziel dieser Aufgliederung und Analyse ist die Bestimmung dessen, was die Musik von allen anderen hörbaren Medien der Verständigung spezifisch unterscheidet; somit bestünde das Ergebnis in der Bestimmung einer spezifisch musikalischen Form der „Bedeutung" und des musikalischen „Sinns".

a. *Ausdruck*

Schon am Beispiel der Hegelschen Musikästhetik[1] war zu sehen, wie tief die Auffassung, die Musik sei die „Sprache" der Gefühle und diene dem Ausdruck der „subjektiven Innerlichkeit", sie könne keine andere Bestimmung haben, als ihrerseits wieder Affekte auszulösen, und fange da an, wo die Sprache aufhöre, in der Musiktheorie nicht nur des 19. Jahrhunderts verwurzelt war. Seit der Popularphilosophie schon der „Aufklärung" war die Musiktheorie stets eine Disziplin der „Affektenlehre" gewesen, und für die kompositorische Praxis sind - auch darauf wurde schon hingewiesen - ursprüngliche „Emotionsangaben" (wie „allegro", „espressivo", „affettuoso") fast schon nicht mehr aus dem klassischen Notationsvokabular, der kompositorischen Terminologie also, wegzudenkende Faktoren. So selbstverständlich war und ist die Aufforderung zur Wiedergabe von Emotionen dem Komponisten, daß bei einigen dieser immer wieder verwendeten Bezeichnungen schon relativ früh von der ursprünglichen Wortbedeutung nur mehr eine Angabe etwa des zu wählenden Tempos („allegro" z.B. für „schnell") oder auch der Lautstärke (z.B. „espressivo" für „relativ laut, solistisch intensiv") übrig blieb. Wir sehen also, daß nicht nur die textgebundene Musik, sondern auch gerade die „absolute" seit je - wie von selbst - dem Ausdruck von Gefühlen diente. Sicher ist uns daher auch die naiv-unreflektierte Zuordnung des Gegensatzes „froh–traurig" für die „Tongeschlechter" - die übrigens recht gut mit den Wortbedeutungen von „durus" und „mollis" in Einklang zu bringen ist - zu der Alternative also zwischen großer und kleiner Terz als erstem Intervall des Akkords auf dem Grundton so selbstverständlich. Das Reservoir musikalischer Mittel - zumindest der klassisch-romantischen Epoche - ist mit Bezug auf praktisch jeden „Parameter" auf emotionale Reaktionen auch des Hörers zu beziehen: lustige Stücke sind meist schnell und stehen meist in „Dur"; traurige Stücke sind meist langsam und stehen meist in „Moll". Frohes, Heroisches, Sieghaftes schließt meist laut; Verzagtes, Melancholisches, Trübsinniges meist leise.

Sicher handelt es sich hier um höchst oberflächliche und naive Zuordnungen, und es lohnt auch nicht, die Beziehbarkeit musikalischer Mittel auf „Ausdrucksqualitäten", bestimmte Affekte oder emotionale Reaktionen im Zuhörer hier einer - möglicherweise aufgezwungenen - Systematisierung zu unterwerfen, zumal überdies noch gar nicht ausgemacht ist, welche Rolle in diesem Bereich die geschichtliche Kontinuität spielt, in der alle Musikwerke als Konkretionen menschlichen sich verständigenden Geistes stehen; festzuhalten aber ist auf jeden Fall dies, daß vermittels der Musik Emotionen ausdrückbar sind und auch immer ausgedrückt wurden. - Einem möglichen Irrtum allerdings sei noch vorgebeugt. Mit keinem Wort sollte hier etwa behauptet werden, daß die grundsätzliche Möglichkeit des Komponisten, Gefühltem, emotional Erlebtem, eigenen, inneren Bewußtseinslagen musikalischen „Ausdruck" zu verleihen, nun auch schon bedeutete, ein Komponist eines tragischen Stücks habe jene „komponierte" Tragik selbst als Erfahrung gleichsam durchmachen müssen, oder aber der Komponist eines heiteren Werks habe gar bei der Konzeption desselben auch selbst heiter gestimmt zu sein. Es ging hier stets nur um die Feststellung, daß einerseits musikalischer Ausdruck *möglich* sei, und andererseits um eine Festlegung dessen, was unter diesem Terminus zu verstehen ist: als „Ausdruck" in der Musik bezeichnen wir den musikalischen Verweis auf innere Zustände, zumeist Gefühle.

b. *Darstellung*

Es ist sicher die Grenze zwischen einer soeben als inneren Zustand gekennzeichneten psychischen Gegebenheit und der künstlerischen „Aussage" mit Bezug auf einen äußeren Tatbestand kaum jemals scharf zu ziehen. Gleichwohl gibt es auch Musik, die - der Absicht des Komponisten nach - mit dem Anspruch auftritt, so komponiert zu sein, daß man in ihr gewisse äußere Tatbestände gleichsam „wiederfinden" könne. Wenn Kuhnau z.B. Goliaths Fall durch eine von hohen in tiefe Lagen des Cembalos mit steigernder Geschwindigkeit sich fortsetzende Passage akustisch gleichsam zu „veranschaulichen" sucht; wenn Bach z.B. in der „Johannes-Passion" den Evangelisten das Wort „gekreuzigt" mehrmals als ein Melisma singen läßt, das auf- und absteigend das Kreuz gleichsam in einem Bogen umspannt; wenn das „Et resurrexit" nahezu jeder Messe stets in aufsteigender melodischer Linie zu singen ist, das „In pulverem mortis deduxisti me" in Pendereckis „Lukas-Passion" z.B. dagegen als eine in die tiefsten Baßlagen „hinabgeführte" Melodie komponiert ist, - so wird stets auf eine „objektiv" vorhandene, äußere Bewegung, einen Gegenstand oder eine Tatsache Bezug genommen, die einerseits nicht selbst musikalisch ist, andererseits aber auch nicht unbedingt „Ausdruck" von Gefühlen oder inneren Zuständen zu sein braucht.

So „entspricht" das Flötenduett in Smetanas Komposition „Die Moldau" „deren" zwei Quellflüssen; der - als Rhythmus - hinkende „Galopp der Rosinante" in Telemanns „Don Quichote-Suite" der Gangart des literarischen Vorbilds; und die - das schmelzende Violinsolo jedesmal störenden - Forte-Einwürfe der Bratschen im „Pastorale " des Vivaldischen „Frühling" dem Bellen des „treuen Hundes" jenes singenden Hirten, wie das zugrundeliegende Sonett verrät. Es ließe sich auch hier sowohl eine Unzahl von weiteren Beispielen finden, als auch Ansatzpunkte zu einer möglichen weiteren Typisierung erschließen (z.B. darstellende Nachahmung von Naturlauten, dann von hörbaren Signalen, dann von Sprachlichem, dann von Nicht-akustischem, dann die Entsprechung von räumlicher und musikalischer Auf- und Abwärtsbewegung usw.). Jedoch mag man mit Recht am Sinn solcher Typisierung zweifeln, wenn eben nicht das spezielle kunsthistorische Interesse, das man in diesem Zusammenhang sogar als „ikonographisches" bezeichnen könnte, im Vordergrund steht.

Wieder heißt unser Ergebnis auch hier: die Darstellung äußerer Tatsachen jeglicher Art mit musikalischen Mitteln ist - in einem gewissen Grad - jedenfalls möglich und wurde verwandt - oder: unter dem Terminus „Darstellung" wollen wir diesen Typ des Vermeinens musikalischer Zusammenhänge auf nicht-musikalische äußere Gegebenheiten hin verstehen.

c. *Fremdzitat*

Ein weiterer Typ musikalischen Verweises wurde schon erwähnt; seine Analyse verschärft die Problemstellung, von der diese Gliederung der zu unterscheidenden Typen des Vermeinens innerhalb des Mediums Musik ausging. Betrachten wir also zunächst die Form des „Zitats", die im oben angeführten Sinn als „Fremdzitat" vorlag[2] (Strawinsky zitiert in seinem „Jeu des cartes" Rossinis „Barbier von Sevilla"). - Unter den im Zusammenhang mit der Bedeutungsfunktion musikalischer „Darstellung" soeben betrachteten Tatsachen sind sicher - da auch historische Begebenheiten dort nicht auszuschließen waren - auch die in bestimmter Weise „ausgezeichneten" Tatsachen der bereits vorhandenen Musikwerke innerhalb der historischen musikalischen „Wirklichkeit", der „Tradition" also, enthalten. Auf sie kann - im Vergleich mit anderen akustischen Gegebenheiten - sogar relativ „reibungslos" Bezug genommen werden, da sie sich im selben Medium wie die verweisende Musik selbst darbieten. Absichtlich betrachten wir hier zunächst nur den Typ des „Fremdzitats", des musikalischen Bezugs auf vom verweisenden Musikstück verschiedene Werke anderer Komponisten.

Wieder sind die kompositorischen Möglichkeiten solchen zitierenden Rückbezugs überaus vielfältig. Von der puren Wiederholung, bzw. Übernahme, deren Abgrenzung gegen die bewußte oder unbewußte Verwendung fremden geistigen „Eigentums" - oft kenntlich am Fehlen der Anführungszeichen - meist schwierig sein mag, über die musikalische Bearbeitung eines gegebenen Themas, das meist zu Beginn zunächst einmal „zitiert" wird („Diabelli-Variationen"), bzw. die „Umgestaltung" vorhandenen musikalischen Materials (Silchers Lieder auf Musik aus Beethovens Klaviersonaten und Sinfonien), bis zum versteckten, „geistvollen" Hinweis auf nur dem „Kenner" sich erschließende Hintergründe der musikalischen „Geistesgeschichte" (etwa Dieter Schnebels ironisierende Notation der Kuhglockenpartie in seiner „Glossolalie"[3]) reicht die Palette des sich der Möglichkeit der Zitation bedienenden Komponisten. Man sieht, daß mit diesem musikalischen Mittel durchaus nicht bloß auf frühere oder zeitgenössische „Werke" Bezug genommen werden kann, sondern auch auf geistesgeschichtlich „Hintergründiges". So „bedeutet" die so mannigfache Verwendung des Motivs B-A-C-H in den meisten Fällen (wie z.B. auch in der Lukas-Passion Pendereckis, wo das Motiv den Schluß des - übrigens dodekaphonischen - „Hauptthemas" bildet) eben doch weniger die Person oder die Werke des großen Thomaskantors als eine Chiffre für eine geistig-geistliche Haltung oder Perspektive, die die gedankliche und möglicherweise auch emotionale Verbindung zur großen Tradition christlich-religiöser Kunst herzustellen imstande sein soll. Diese kompositorische Absicht ist - trotz gewisser äußerlicher Ähnlichkeiten - mit z.B. dem Versuch Schostakowitschs, viele seiner Werke - deutlich hörbar oder auch versteckt - musikalich zu „signieren" (durch die den Initialen seines Vor- und Zunamens „entsprechenden" Töne D-Es (für S)-C-H gewiß nicht zu vergleichen; - eher schon könnte hier als Parallele zu B-A-C-H das „rätselhafte" H-E-A-Es des „erfundenen" Adrian Leverkühn herangezogen werden, das etwa „auch" Ernst Křenek verwandt hat.

Man sieht jedoch gerade an der auch hier bestehenden Möglichkeit der Reihung dieser sicher in gewisser Weise zusammengehörigen Beispiele, wie leicht die Grenze zum allenfalls noch aenigmatischen „Spiel" mit den ersten acht Buchstaben des Alphabets überschritten wird, das mit musikalischem, gar zitathaftem Bezug so gut wie nichts mehr gemein hat. Es ist eben purer Zufall, daß Schumann den Namen Abegg in Noten „übertragen" konnte, und das kollektiv verarbeitete Motiv F-A-E steht mit dem Motto dieser Violinsonate - „Frei aber einsam" - vielleicht in bedeutsamer musikalisch-künstlerischer Verbindung; - mit den Anfangsbuchstaben der drei deutschen Worte hat es jedenfalls musikalisch nichts zu tun. Obwohl zu sehen ist, daß diese Buchstabenspiele vom Gedankengang - der Charakterisierung des Fremdzitats - eher wegführen, läßt sich jedoch auch für diesen Zusammenhang ein positives Resultat aus ihrer Betrachtung ableiten: das musikalische Zitat erfolgt eben mit musikalischen - und nicht mit sprachlichen - Mitteln: es erfolgt durch Wiederholung, durch „Anspielung". Ja, dem Komponisten ergibt sich sogar die Möglichkeit des Gebrauchs musikalischer Anführungszeichen: „ Archaismen" der Harmonik, des „Satzes" oder des Metrums, „anachronistische" oder historisierende Instrumentation, ja selbst die Verwendung der Notation in alten bzw. originalen Schlüsseln - wie z.B. in einigen nahezu völlig aus Zitaten bestehenden Stücken Bernd Alois Zimmermanns - ist hier nicht auszuschließen.

Wieder sehen wir, wie vielfältig und heterogen die kompositorischen Möglichkeiten auch für diesen Verweisungstyp sind, und wieder wird offenbar, wie unwiderstehlich die inhaltliche Fülle der musikalischen „Mittel" solchen Bezugs sich einer in grundsätzlicher Weise systematisierenden Kategorisierung entzieht. Wie z.B. steht es mit Bearbeitungen oder gar Übernahmen von Volksliedhaftem; kann man wirklich den „Volkston" mancher Stücke als durch „Zitation" bedingt verstehen? Und wie verhält es sich mit dem Unterschied zwischen Fremdzitat und dem Typ, den die Musikwissenschaft als „Parodie" bezeichnet? Ist es hier von Belang, ob ein Komponist Eigenes „parodiert" (wie z.B. Bach oft in seinen Vokalwerken) oder Musik anderer Komponisten (wie z.B. Silcher die schon erwähnten Lieder)? Mit diesem Übergang auf den musikalischen Bezug zu den eigenen Werken des Autors gewinnt der Terminus „Fremdzitat" an Präzision, da nun eine Unterscheidung geradezu auf Klärung dringt: worauf bezieht sich diese „Fremdheit" - was im Fremdzitat ist wem „fremd"? Sind die musikalischen Elemente, die über den zitierten Zusammenhang hinausgehen, diesem selbst fremd oder ist die zitierte Musik dem Autor insofern „fremd", als er sie nicht erfunden hat? In der Antwort auf diese Fragen ist die Bestimmung des Nicht-

Fremden enthalten; sie erfolgt im Zusammenhang mit der Erörterung des „Selbstzitats".

d.*Selbstzitat*

Die erste dieser soeben formulierten Fragen ist gewiß leicht zu beantworten; es liegt schon im ursprünglichen Sinn des Wortes „Zitat", daß dem zitierten Zusammenhang „Fremdes" von außen an ihn herangetragen wird: im Zitat wird etwas „herangezogen", „herbeizitiert". Somit wäre die Bildung „Fremdzitat" schlicht pleonastisch, wollte man mit ihr nicht mehr charakterisieren als die Heterogenität des Zitierenden und des zitierten Zusammenhangs. Und somit ist auch der Terminus „Selbstzitat" weiter präzisiert: Gerade mit Bezug auf die - besonders unter ästhetischem Aspekt - so entscheidende Dimension der „Originalität", der geistigen Autorschaft, der „Authentizität" - erlangt die Unterscheidung zwischen Eigenem und Fremdem höchste Bedeutsamkeit[4]. Unter „Selbstzitat" wollen wir also die Form der Zitation verstehen, mit der der Autor auf eigene, etwa früher schon veröffentlichte Werke oder Musikstücke „anspielt".

Nun ergibt sich bei der Betrachtung dieses Typs musikalischer Verweisung die Möglichkeit, noch einen Schritt weiter zu differenzieren. Sozusagen „klar" liegt der Fall etwa in Benjamin Brittens „Simple Symphony", die musikalisches Material aus der Jugendzeit des Komponisten auf eine Weise kompositorisch verarbeitet, die jugendlichen Zuhörern oder auch Spielern gemäß ist. Weniger schwierig scheint auch der Fall des großen d-moll-Quartetts von Schubert, dessen vier Sätze sich um das „Zentrum" des kurzen, aber höchst eindrucksvollen, Liedes „Der Tod und das Mädchen" gruppieren, wie, um den musikalischen Gehalt dieses Stücks gleichsam zu „entfalten". Wie aber steht es diesen Beispielen gegenüber mit jenem Bezug, der die letzten Streichquartette Beethovens untereinander verknüpft[5]? Hier wird ein viertöniges Motiv in allen diesen Werken nicht nur kaleidoskopartig verändert und „beleuchtet", sondern es wird auch zur „Ableitung" praktisch des gesamten thematischen Materials benutzt. Kann das mächtige Einleitungsunisono, das in der „Großen Fuge" op. 133 ebendieses viertönige Motiv vorstellt, als „Zitat" aus dem Zusammenhang des Quartetts op. 132 bezeichnet werden, mithin als „von außen" an dieses Werk herangetragener selbständiger Zusammenhang also, der zur Herstellung einer gedanklichen „Brücke" zum zitierten Werk dient? Ja, kann ein Zitat immer noch „Zitat" genannt werden, wenn aus ihm das Stück, in dem es „angeführt" wird, gewissermaßen „in Gänze" gemacht ist? Wir halten als vorläufige Antwort fest, daß zwar ein ohne Schwierigkeiten zu verfolgender musikalischer Bezug in diesen Fällen hergestellt wird, dieser aber nicht *nur* als „zitathafter" Bezug bezeichnet werden kann.

Aber noch bei einem anderen Typ zitathafter Art steht es nicht weniger schwierig um die Entscheidung, ob er überhaupt „Zitat" genannt zu werden verdient. Wenn etwa Dvořak in der Coda des letzten Satzes seines Cellokonzerts noch einmal Themen und Motive aus den vorausgegangenen Sätzen Revue passieren läßt; wenn Mendelssohn sein a-moll-Quartett mit der gleichen langsamen Episode schließen läßt, die es auch eröffnet hatte; wenn Tschaikowsky in seiner vierten Sinfonie die Blechbläserfanfaren des Kopfsatzes im Finale wiederholt, um sie dabei in „ein anderes Licht" zu stellen, - in allen diesen Fällen handelt es sich sicher um Anspielungen oder Verweise, doch scheinen sie dem verweisenden Zusammenhang doch gewissermaßen zu wenig „fremd", als daß sie „bloß" als „Selbstzitate" aufzufassen wären. Bezeichnenderweise sieht auch die musikwissenschaftliche Terminologie für diesen musikalischen Bezugstyp den Ausdruck „Reminiszenz" vor, denn an irgendeiner Stelle des musikalischen Bezugs von Musik auf Musik verliert der Begriff des „Zitats" seine Zuständigkeit, sollte man nicht auch z.B. die Reprise oder die rondomäßig unterbrochene Themenwiederholung, ja sogar jegliche - möglicherweise gar innerhalb einer einzigen Melodie - auftretende Motivwiederholung als „Zitat" bezeichnen.

Wir sehen, daß mit zunehmender Nähe des Zitierten zum Zitierenden der *Zitat*charakter an Bedeutung verliert. Schon die beziehungsvolle Wiederholung eigenen - oder auch fremden - musikalischen Materials, *um dieses in neuer, eigenständiger Weise zu verarbeiten*, verdiente die Bezeichnung „Zitation" nicht mehr im eigentlichen Sinn des Worts, und die Reminiszenz endlich als Typ des musikalischen Verweises *innerhalb desselben* Werks oder Zusammenhangs steht endgültig jenseits der Grenze zwischen „gewußtem" und „gehörtem" Bezug. - Dies sei anhand des musikalischen Bezugs eines hörbaren Elements auf andere hörbare Elemente, der sich *innerhalb desselben Musikstücks* abspielt, erläutert. Bis auf Weiteres kennzeichnen wir diesen Verweisungstyp im Gegensatz zur zitatmäßigen Überschreitung des musikalischen Zusammenhangs, innerhalb dessen zitiert wird, als „internen" musikalischen Bezug.

e. *Interner musikalischer Bezug*

Bei der Kennzeichnung dieses Typs von musikalischem Bezug eines gemeinsamen musikalischen Kontextes von Vermeinendem und Vermeintem ergibt sich zum ersten Mal eine klare und unter jeder Bedingung zu rechtfertigende - prinzipielle - Abgrenzbarkeit gegen alle anderen Typen musikalischer Verweisung. Wir machten uns bei jedem neuen Schritt unserer typenmäßigen Differenzierung aufs neue bewußt, daß es sich stets um graduelle Unterschiede zwischen den einzelnen Typen handelte und daß alle soeben getroffenen Trennungen angesichts der Vielfalt möglicher Überschneidungen zwar denkbar und zur positiv-wissenschaftlichen Beschreibung sogar unerläßlich sein mögen, daß sie aber doch alles andere als grundsätzlich - im Sinne von prinzipiellen oder gar sich gegenseitig ausschließenden „Gegensätzen" - sind. Musikalischer Ausdruck und musikalische Darstellung mögen ebenso leicht ineinander übergehen wie musikalische Darstellung und die Zitation auf uns gekommener Werke; zwischen Selbstzitat und musikalischer Umgestaltung besteht ein „fließender" Übergang ebenso wie zwischen Reminiszenz - die, um es nochmals ausdrücklich zu betonen, nicht als „Zitat" bezeichnet wird - und Reprise. *Kein* Übergang aber ist denkbar zwischen solchen Verweisungsbeziehungen, die sich *innerhalb* eines musikalischen Zusammenhangs ergeben, und solchen, die *über ihn hinausgehen*; - die eine Bestimmung steht im kontradiktorischen Gegensatz zur anderen; was also über einen musikalischen Zusammenhang hinausweist, ist eben stets von dem zu unterscheiden, was *innerhalb* desselben - durch Rückbezug - Beziehungen herstellt. Es sind dies stets Beziehungen, die, unter der Voraussetzung, daß ein Musikstück von Anfang bis Ende erklingt, sämtlich zu „hören" sind - zu hören natürlich nur im Sinn des bewußten *Beziehens* von Gehörtem aufeinander. Alle über den rein musikalischen Zusammenhang hinausgehenden - im weitesten Sinne „externen" - Bezüge kann der Hörer nur nachvollziehen, wenn er die so vermeinten Stücke oder Gegenstände *kennt*. Dies gilt auch für den Verweisungstyp, der oben als „Darstellung" bezeichnet wurde. Kein Hörer würde ohne Kenntnis des programmatischen Titels in Smetanas sinfonischer Dichtung die Moldau „erkennen"; kein Hörer würde auch „hören" können, daß in Kuhnaus geistlicher Sonate David, der einen Stein schleudert und damit Goliath zu Fall bringt, mit musikalischen Mitteln „dargestellt" ist, wenn er nicht *wüßte*, daß der Komponist dies - durch entsprechende sprachliche Anmerkungen im Notentext - als die „Bedeutung" des musikalischen Zusammenhangs bezeichnet hat. - Von dieser Bedeutung also, die eben ein über den musikalischen Zusammenhang selbst hinausgehendes „Verweisen" voraussetzt, ist der Typ der streng „musikalischen" Beziehung in prinzipieller Weise unterschieden: vermittels ihrer wird innerhalb eines musikalischen Zusammenhangs ein - musikalischer - Bezug hergestellt. Wir kennzeichneten diesen Bezug als „internen", als Typ des Hinweises also nicht auf (dem vorliegenden musikalischen Zusammenhang heterogene) „Tatsachen" im Sinne eines die verweisende Musik überschreitenden Verweises, sondern auf Elemente und Beziehungen innerhalb dieses Zusammenhangs selbst. Nur dieser - für das Erfassen von Musik konstitutive - Bezug ausschließlich der musikalischen Elemente und Beziehungen *aufeinander* kann - im strengen Sinn des Worts - *musikalisch* genannt werden.

Damit aber erhebt sich das Problem, unter welchen Oberbegriff die angeführten anderen Bezugstypen zu bringen sind, die eben nicht als - im strengen Sinn - *musikalische* Beziehungen bezeichnet werden können. - Wir gehen zwecks Lösung dieses Problems von einem Vergleich zwischen Musik und Sprache (bzw. sprachlich definierter Zeichensysteme) aus, um zunächst aufgrund der Betrachtung der Momente, die zur prinzipiellen Trennung der beiden Medien *nicht* geeignet sind, den entscheidenden Unterschied zwischen ihnen *positiv* bestimmen zu können.

Anmerkungen

1 Siehe oben, 1.Kapitel, S.38ff.

2 Siehe oben, 1.Kapitel, S.56.

3 „Sinnloserweise" ähnelt die graphische Notation für diese Partie der des Gregorianischen Chorals (Mensuralnotation).

4 Vgl. unten, 2.Kapitel, S.92ff. und 3.Kapitel, S.146f.

5 Insbesondere die Quartette op. 130, 131, 132 und 133.

11. *Musik als „Tonsprache": Parallelen zwischen Sprache und Musik. Methodische Ansatzpunkte zur begrifflichen Trennung der beiden Medien.*

Wenn wir uns in die Betrachtung struktureller Ähnlichkeiten von Sprache und Musik vertiefen, so zeigen sich überraschend viele Ansatzpunkte für einen möglichen Vergleich: wir brauchen uns nicht einmal auf das Faktum textgebundener Musik zu konzentrieren, um zu sehen, wie nahe Musik und Sprache miteinander „verwandt" sind. Da haben wir zunächst diejenigen musikalischen Spielanweisungen, die - wie selbstverständlich - für die Ausführung des Interpreten, für die Wiedergabe von Musikalischem, einen „Sprachgestus" fordern: im 1965 entstandenen Streichquartett von Witold Lutosławski - und nicht nur dort - finden sich Anweisungen wie „eloquente"[1], „con eccitazione"[2], „quasi parlando"[3]. Die Selbstverständlichkeit, mit der der Komponist verlangt, sein Stück „sprachgemäß" zu interpretieren, zeigt uns, daß die Auffassung, Musik habe keine andere Bestimmung als Affekte auszulösen, und daher sei sie als „Sprache der Gefühle" schon hinreichend bestimmt, zwar als überwunden bezeichnet werden kann; als „*Tonsprache*" jedoch wird Musik allerdings immer noch - mit gewissem Recht - bezeichnet. Auch über die soeben belegte äußere Entsprechung hinaus gibt es viele weitere gute Gründe, Musik eine Tonsprache zu nennen. So treten zum oben explizierten Faktum der verschiedenen musikalischen Verweisungs- oder Bedeutungstypen eine Reihe von gewiß nicht nur äußerlichen Entsprechungen: musikalische Gedanken werden in einer Musik-Schrift festgehalten; notierte Musik wird durch die Musiker, die diese Schrift lesen können, „vorgelesen". Auch die spontane Äußerung, das natürliche „Sprechen" findet im Musikalischen seine Entsprechung in der Improvisation oder Fantasie; musikalische Äußerung ist also - wie sprachliche - nicht an deren Notation gebunden. Dem Dichter entspricht der Komponist, der Dichtung die Tondichtung, der literarischen Gattung oder Form die musikalische Gattung oder Form, der Grammatik die Kompositionsregeln, den sprachlichen Gedanken die musikalische Vorstellung, der Sprachlehre die Kompositionslehre und der Poetik die musikalische Ästhetik. Musik ist - wie Sprache - Mitteilung. Ist sie Mitteilung wie Sprache? Oder, weniger mißverständlich formuliert: Worin besteht der Unterschied zwischen musikalischer und sprachlicher Mitteilung? Nach welchen Bedingungen gestalten sich die sprachlichen, nach welchen die musikalischen Bedeutungsträger zu sprachlichem bzw. musikalischem „Sinn"? Zunächst einmal bietet sich wieder als ebenso einfache wie naheliegende Antwort der Hinweis auf die in Sprache[4] und Musik unterschiedliche Behandlung des akustischen Materials: die Musik habe eine festgefügte Ordnung von Tönen, Rhythmen, Metren, dynamischen Abstufungen, instrumentalen Möglichkeiten usf.; in der Sprache aber sei das nicht so, denn dort spielten diese - nach den Parametern von Frequenz, Dauer, Schalldruck usw. quantifizierbaren - Momente nur eine dem „Sinn" und der „Bedeutung" gegenüber untergeordnete Rolle. Daß diese Argumentation das Problem allerdings nur „verschiebt" - auf die Frage hin nämlich, was denn dann unter sprachlichem Sinn oder unter Wort„bedeutungen" im Unterschied von musikalischem Sinn oder der „Bedeutung" musikalischer „Einzelheiten" zu verstehen sei -, ist nicht der einzige gegen eine solche Auffassung zu entwickelnde Vorbehalt. Auch in der Musik mag die Tonhöhe, der Rhythmus, die Dynamik oder die Klangfarbe eine durchaus untergeordnete Rolle spielen, während auch in der

Sprache die Tonhöhe, der Sprechrhythmus, die Lautstärke, ja sogar die Sprach-„färbung" eine bedeutungskonstitutive Funktion erhalten kann.

Bevor dies an einigen Beispielen aus den Bereichen der Sprache und der Musik erläutert wird, soll allerdings noch eine Auffassung kurz referiert werden, die den hier kritisierten Standpunkt vertritt. Schon um der genaueren Darstellung des Differenzpunktes willen lohnt sich ein Blick auf die Untersuchung „Sinn, Bedeutung, Begriff, Definition. Ein Beitrag zur Frage der Sprachmelodie"[5] von Julius Stenzel. Ausgangspunkt des Autors ist die Frage nach dem Unterschied zwischen musikalischen Beziehungen (Melodie, Rhythmus) und deren Wiederkehr im Bereich sprachlicher Äußerung („Modulation", „Lautung"). Wieder wird auch in dieser Untersuchung die Überzeugung vertreten, eine prinzipielle spezifische Bestimmung, die es ermögliche, Sprache von Musik zu trennen, sei aus der Analyse dessen zu erreichen, was als hörbare Gegebenheit vorliegt; allerdings nunmehr unter ständigem Bezug der Ergebnisse dieser Analyse auf ihren Stellenwert innerhalb des betrachteten Mediums. Der Autor wählt aus den Parametern, nach denen akustisches Material meßbar ist, zunächst den der Dauer und den der Frequenz, und er betrachtet dann die Relavanz der aufgrund der diesen Parametern entsprechenden Empfindungen „produzierten" Beziehungen (rhythmisch gegliederte „Melodien") mit Bezug auf den sprachlichen und musikalischen „Sinn". Sein Ergebnis - der „entscheidende Unterschied" zwischen sprachlicher und musikalischer Melodie - ist, kurz gesagt: Rhythmus und Tonhöhe sind mit Bezug auf den sprachlichen Sinn weitgehend irrelevant, mit Bezug auf den musikalischen Zusammenhang jedoch konstitutiv. - Als diesen „entscheidenden Unterschied" zwischen musikalischer Melodie und Sprachmelodie bezeichnet Stenzel „die feste Ordnung der Tonstufen und Rhythmen in der Musik" gegenüber der mehr zufälligen, relativen Erhöhung und Senkung der „mehr gleitenden" Sprachmelodie einerseits und des sogar bei „gebundener Rede" freien Rhythmus andererseits, der den strengen, „durchgängigen" Rhythmus in der Musik ablöst, da „das Ausgedrückte, der Sinn [...] hier als höhere Instanz" walte[6]. - Im Bereich des Dynamischen stelle sich dagegen die Sachlage anders dar: „auch in der Musik spielt das Stärker und Schwächer nur in relativem Maße eine Rolle", wohingegen die Klangfarbe (Instrumentation) - für die Sprache eher akzidentell - für die Musik allerdings „unmittelbar im Dienste des A u s d r u c k s" stehe. - Als Ergebnis hält Stenzel fest: „Zur Musik gehört demnach vor allem wesensmäßig das Reich der in einer eigenen Gesetzlichkeit sich ordnenden, n a c h f e s t e n I n t e r v a l l e n u n d f e s t e n r h y t h m i s c h e n G e b i l d e n g e g l i e d e r t e n T ö n e."[7] - Wiederum wird hier die spezifische Differenz der Musik in einer Eigenschaft des Gehörten selbst gesucht und damit werden dann dessen „eigene Gesetzlichkeiten" zum eigentlichen Problem der Musiktheorie.

Es zeigt sich anhand der Betrachtung einiger - z.T. zugegebenermaßen als „Grenzfälle" zu bezeichnender - Beispiele aus den Bereichen der Musik und der Sprache, daß keines der auf die Melodie, den Rhythmus oder die Klangfarbe bezogenen Prinzipien der Unterscheidung zwischen Musik und Sprache wirklich tragfähig ist. So ist hinsichtlich der „Melodie" und des „Rhythmus" - wenn von hörbarer Sprache überhaupt die Rede ist - beispielsweise zu berücksichtigen, daß auch Tonhöhe und Satzpause zum Träger sprachlichen Sinns werden können, daß man also zumindest zwischen zwei Arten von Sprachmelodie zu differenzieren hätte: der - äußerlichen - „melodischen Färbung" etwa eines Dialekts oder einer fremden Sprache und einem schriftlich - durch Interpunktion - fixierbaren sinntragenden Tonfall. Als Beispiele bieten sich hier an: „Du kommst" gegen „Du kommst?" oder auch die scherzhafte Verzerrung: „Der brave Mann denkt an sich; - selbst zuletzt!", die auf einer bloßen Veränderung des Satzrhythmus beruht. Und wie steht es um die soeben als bloß äußerliche gekennzeichnete „Färbung" eines Sprechens: einer Mundart, eines Akzents oder gar einer Fremdsprache? Es ist bezeichnend, daß sie nur dem unmittelbar auffällt, dem sie fremd ist, - sie hat eben auch nichts anderes auf sich als den Charakter des „Lauts", der für sich auch keine Bedeutung, keinen Sinn trägt, nur hinsichtlich von Sinn oder Bedeutung aber als „Laut" und damit als Sprachliches bezeichnet werden könnte.

Jedoch sehen wir zu, wie sich diese Verhältnisse im musikalischen Bereich darstellen! Wenn Janáček sich (sprachliche) Satzmelodien notiert, um sie später - in fast allen seiner Werke - als (musikalisches) Material zu verwenden, oder wenn Beethoven den Tonfall von Frage und bestätigender Antwort („Muß es sein? - Es muß sein!") zum Hauptthema des Finales des Streichquartetts op. 135 erhebt; ist in solchen Fällen die Grenze zwischen Musik und Sprache verwischt, liegt in solchen Fällen eine „*metabasis eis allo genos*" von musikalischen in sprachliche Bereiche also, vor, deren Ergebnisse der Vokalkomposition (Lied, Oper) vergleichbare Mischformen sind? Dies mag allenfalls noch der Fall sein, wenn etwa in Schönbergs „Pierrot lunaire" teils zu singende, teils zu sprechende Silben ihrer Tonhöhe nach nur noch näherungsweise notiert werden - aber auch dann besteht immer noch die Frage, ob hier nun Sprachliches in das Feld des Musikalischen hinüberspielt, oder ob in diesen Beispielen nicht gerade solche Elemente sprachlicher Äußerung im musikalischen Bereich verwendet werden, die eben eher als musikalisch denn als sprachlich bezeichnet werden sollten. Wie wenig grundsätzlich zwischen Sprachmelodie und Melodie im musikalischen Zusammenhang unterschieden werden kann, wenn *nur* die Melodie selbst betrachtet wird und nicht ihr Verhältnis zum Kontext entweder der Sprache oder der Musik, zum sprachlichen oder musikalischen *Zusammenhang* also, läßt sich mit dem Hinweis darauf belegen, daß nicht bloß in neuerer Musik die bloß approximative Notation von Tonhöhen auftritt, die die Entscheidung über die Frequenz dem Interpreten in einem gewissen Rahmen, zuweilen sogar gänzlich überläßt; denn hierhin gehört eigentlich auch das in seiner Geschwindigkeit nicht festgelegte „Glissando", das ja schon sehr alt ist.

Auch zum musikalischen Gebrauch des *Rhythmus* und zu dessen „Unterschiedenheit" gegenüber dem sprachlichen ist in diesem Zusammenhang noch einiges zu sagen. So ist - um von aleatorischen oder auf Improvisation gründenden Kompositionsverfahren gar nicht zu reden - hinzuweisen z.B. auf die Praxis des Rezitativs, die ja schon recht früh in den Bereich rein instrumentaler Komposition Eingang fand. Dort wurde sie als solche, teils aber auch als „fantasia", „cadenza", „a piacere" oder (für die Begleitstimmen) als „colla parte" bezeichnet. Es wäre also falsch oder zumindest ungenau, wenn man im „durchgängigen", auf ein Metrum bezogenen Rhythmus der Musik einen grundsätzlichen Unterschied zwischen Musik und Sprache sähe - ungenau sogar auch von der anderen Seite, der Sprache, her.

Zur Frage der sprachlichen Relevanz eines durchgängigen, festgehaltenen Sprachrhythmus genügt schon ein Vergleich zwischen zwei Prosatexten völlig unterschiedlichen Inhalts: man vergegenwärtige sich in diesem Zusammenhang einmal ein Textstück aus Goethes „Dichtung und Wahrheit" oder aus einer Stifterschen Novelle und halte etwa die Kleistsche „Anekdote aus dem Dreißigjährigen Krieg" daneben, um zu sehen, wie sehr es beim Sprechen des ersteren Textes auf gleichmäßig fließenden Sprachrhythmus „ankommt" und wie wenig adäquat derselbe dem Kleistschen Text wäre, ja wie entscheidend er den *Sinn* oder die Verstehbarkeit des Textes störte, ihn möglicherweise gar ins Parodistische, ins Lächerliche verkehrte. - Darüber hinaus ist aber auch noch der Aspekt zu berücksichtigen, daß es bei der Unterscheidung von Sprachlichem und Nichtsprachlichem dem Rhythmus nach möglicherweise nicht angeht, Sprache auf nur einen bestimmten Bereich (hier also den des hörbaren Sprechens) einzuschränken, denn unschwer ist auch ein Sprachsystem vorstellbar, welches geradezu auf dem „strengen Festhalten" an dem ihm zugrundeliegenden Rhythmus beruht (z.B. das Morsealphabet oder „Trommelsprachen"), oder auch auf der genauen Beachtung von Melodischem (wie z.B. die diakritische Funktion der vier Betonungen im Chinesischen). Und wie sieht es wieder im Bereich der Musik aus? Wie steht es hier um das geforderte „strenge Festhalten am durchgängigen Rhythmus"? Es genügt der Hinweis darauf, daß es seit eh und je Musik gab, deren Rhythmus ins Belieben des Musizierenden gestellt war. So ist z.B. eine große Zahl frühbarocker „Praeludien" oder „Fantasien", des älteren Couperin etwa oder von Froberger, als „pièces non mesurées" nur mit Bezug auf die Ton*höhen* notiert; rhythmische Gliederung und Wahl des Tempos bleiben unbestimmt[8]. Hinzuweisen ist in diesem Zusammenhang auch auf die sogenannten „kleinen Noten", deren Rhythmus zwar nicht gerade indifferent, aber doch frei zu gestalten ist: Vorschläge, Umspielungen, Läufe, Arpeggien bis hin zu umfangreichen „Kadenzen". - Weder mit Bezug auf die Melodie noch mit Bezug auf den Rhythmus, so können wir nach alledem feststellen, ist eine grundsätzliche Unterscheidung des sprachlichen „Substrats" vom musikalischen möglich, solange eben *nur* dieses „Substrat" zur Betrachtung steht[9].

Aufs neue erhebt sich damit die Frage nach der Relation, die zwischen diesem hörbaren musikalischen Substrat und dem musikalischen Bezug des „internen" Verweises des einen Elements auf das andere besteht, die Frage nach dem also, was auf vorläufige und noch nicht näher begründete Weise oben „musikalische Bedeutung" genannt worden ist. - Wir haben im Zusammenhang der Explikation des Hartmannschen Terminus' „objektivierter Geist" eine „Material"-schicht und eine „Bedeutungs"- oder „Gehalts"schicht unterschieden. Bei der typenmäßigen Differenzierung der verschiedenen möglichen Bedeutungsfunktionen, die mit musikalischen Mitteln zu realisieren sind, ergab sich als letzter ein Typ, der die strenge wechselseitige Bezogenheit dessen, was hörend erlebt wird, und dessen, worauf es sich bezieht, voraussetzt.

Nehmen wir hier - um einen schon früher[10] angedeuteten Gedankengang wieder aufzunehmen - das Beispiel einer simplen rhythmischen Gegebenheit, so sehen wir, daß wir, um überhaupt von einer rhythmischen Struktur sprechen zu können, einen erlebnishaften „Vollzug" dieser Struktur als unerläßliche Bedingung für den Gegenstandstyp „Rhythmus" voraussetzen; auch darauf wurde schon hingewiesen[11]. -

Mithin ist als „Material" des musikalisch „internen" Bezugs eine Schicht sinnlich gegebener Momente zu denken, die in strenger Korrelation zum sie verbindenden erlebenden Vollzug des verständigungsbetroffenen Rezipienten stehen, oder - um diesen Gedanken auch der sprachlichen Form nach an die Gestalttheorie Richard Hönigswalds anzuschließen[12] -: das Material der Musik muß den Bedingungen der Korrelation „Fundierung – Produktion" genügen.

Anmerkungen

1 Beginn (Violine I).

2 Nach Ziffer 9 (Violoncello).

3 Nach Ziffer 48 (Violine I).

4 Um möglichen Mißverständnissen vorzubeugen, sei hier noch einmal ausdrücklich betont, daß stets mit „Sprache" h ö r b a r e Sprache gemeint ist.

5 Darmstadt 1958.

6 Julius Stenzel, a.a.O., S.29.

7 Ebd., S.30.

8 Vgl. unten, 2.Kapitel, S.123.

9 Daß dieses Ergebnis über das der ersten Abschnitte dieses Kapitels hinausgeht, wo ja für das akustische Material der Musik ähnliches festgestellt wurde, zeigt sich an der inzwischen erreichten methodischen Differenzierung des „Materialbegriffs"; nicht nur mehr vom akustischen Material (Tonhöhe, Dauer) ist jetzt die Rede, sondern vom geformten bzw. erlebten „Substrat" (Melodie, Rhythmus).

10 Vgl. oben, 2.Kapitel, S.43.

11 Vgl. ebd.

12 Vgl. den folgenden Abschnitt, sowie 2.Kapitel, S.103-112.

12. *Sprachliche und „fundierte" Bedeutung. Gewußte und erlebte Beziehung.*

Gerade die zuletzt angedeutete Wechselbeziehung zwischen äußeren, sinnlich wahrnehmbaren Momenten und des sie zu einer Einheit zusammenschließenden beziehenden Erlebens dieser Momente ist für die spezifische Charakterisierung des im Akustischen sich entfaltenden Mediums Musik von höchster Bedeutsamkeit. Es scheint daher lohnend, die hier verwendeten Begriffe Produktion und Fundierung - als Wechselbegriffe, die für zwei Seiten *einer* Relation stehen - schon jetzt etwas genauer zu umreißen, bevor sich der Gedankengang der produzierten und fundierten extensiven *Ganzheit* der Gestalt zuwendet.

Es ist gerade die Analyse des Rhythmuserlebnisses besonders gut dazu geeignet, ebendieses Beziehungsgefüge - für den Begriff der Erlebnisgegenständlichkeit - aufzudecken; Richard Hönigswald hat mit seiner Abhandlung „Vom Problem des Rhythmus. Eine analytische Betrachtung über den Begriff der Psychologie"[1] eine ebenso ausführliche wie tiefgründige Darstellung und Analyse dieses Gegenstandstyps durchgeführt, und in ihr eindrucksvoll belegt, mit wie weitreichenden Konsequenzen die Erkenntnis der Struktur der Gegebenheitsweise von „Rhythmus" verbunden ist. Diese Untersuchung wird insbesondere im Zusammenhang mit der Darstellung und Würdigung des Hönigswaldschen Gestaltbegriffs noch näher zu betrachten sein[2]; hier selbst allerdings bedarf es - wie schon angedeutet - einer kurzen Darstellung des im Rhythmus sich vollziehenden Wechselverhältnisses von „Fundierung" und „Produktion".

Die gegenständliche Grundlage jeden Rhythmuserlebnisses ist eine Folge aufeinander beziehbarer sinnlicher Gegebenheiten, mögen diese nun optisch, akustisch, haptisch oder wie auch immer erfahrbar sein; diese Gegebenheiten nennt Hönigswald „fundierende Elemente". Die Erfahrung dieser Gegebenheiten selbst nun ist mit dem Erlebnis ihrer Zusammengehörigkeit, ihres Aufeinander-Bezogenseins, nicht identisch; von seiten des Erlebenden ist ein „Akt" erforderlich, der die einzelnen Gegebenheiten schrittweise zu jeweils einheitlichen, zusammengehörigen Gebilden *verbindet*; der Terminus für diesen Vollzug, der den Bestimmtheiten des erfahrbaren Gegenstandes wie denen des eigenen Erlebnisses zugleich Rechnung trägt, lautet bei Hönigswald *„Produktion"*[3]. In solcherart „produzierendem" Erleben gestaltet sich der Erlebnis*inhalt* zu einer Einheit mit dem Erlebnis*vollzug*: die Tatsache der Erlebten, so sagt Hönigswald, verschmilzt mit dem Erlebnis selbst[4].

Die auf diese Weise sowohl auf physischer Gegebenheit wie auf erlebendem, „gliederndem" Vollzug beruhende Gegenständlichkeit nennt Hönigswald *„Gestalt"*. Zu ihrer Bestimmung sind erforderlich der Begriff der „Fundierung" (der erfahrbaren materiellen Gegebenheit), der „Produktion" (des „gliedernden", zusammenschließenden Erlebens), der Extension (räumlicher oder zeitlicher Art) und der Ganzheit. Gerade an diesem zuletzt genannten Bestimmungsstück des Hönigswaldschen Gestaltsbegriffs entscheidet es sich für den vorliegenden Zusammenhang jedoch, daß für die Bestimmung dessen, was wir unter „musikalischem Rhythmus", „Melodie", und was schließlich unter „Musik", „musikalisch" zu verstehen haben, das, was Hönigswald als „Gestalt" bezeichnet, *noch* nicht vonnöten ist. Musik ist sicher „fundiert" (oder als „fundiert" vorgestellt, d.h. „fundierbar"); sicher ist sie auch „produziert", und auch auf ihre räumliche und zeitliche Extension ist schon hingewiesen worden; ein ihrem Begriffe nach notwendiger Ganzheitscharakter aber steht noch nicht zur Diskussion - auch Unvollständiges, Fragmentarisches, „Offenes", ja selbst Momenthaftes kann sicher musikalischen Charakters sein, und das heißt bis jetzt, den Bedingungen hörbarer Erfahrbarkeit und „beziehender" Gehörtheit gleichermaßen genügen. Gewiß, es darf in diesem Zusammenhang nicht übersehen werden, daß auch der Begriff des Fragments den des, wenn auch unvollständigen, „Ganzen" voraussetzt, daß sich eben Unvollständigkeit nur an der Idee der Vollständigkeit bestimmt. Mit der getroffenen Unterscheidung von ganzheitsbedingten und nicht ganzheitsbedingten musikalischen Erscheinungen soll dieser Zusammenhang weder eingeschränkt noch gar geleugnet werden: selbst unter der Annahme, daß „Ganzheit" gar unerläßliche Bedingung für das „produzierende" Erleben eines jeden Rezipienten wäre, müßte die Unterscheidung zwischen bloß „beziehendem" Erleben von Ganzheiten aufeinander und dem Erleben jenes Zusammenhangs immer noch getroffen werden, der unter dem Aspekt einer diesem Beziehen übergeordneten Ganzheit, welche das Prinzip für den „sinnvollen" Bezug der in ihr erlebten „Teilganzheiten" abgibt, „produziert" wird[5].

Stellen wir uns vor dem Hintergrund dieser Überlegungen nun die Frage, ob auch das sprachliche Wort eines in diesem Sinne „fundierenden" Substrats bedürfe! Sie stellt sich uns nun als die Frage danach, ob Sprachliches als in gleicher Weise wie das Musikalische „produziert" bezeichnet werden muß. Oder: leisten sprachliche „Laute", aus denen sich Worte und Sätze bilden, in gleicher Weise die physische „Fundierung" von Sprache wie „musikalische" Hörbarkeiten für den entsprechenden Bereich? - Es wurde oben zwischen verschiedenen Typen musikalischer Verweis- und Bedeutungsfunktionen unterschieden; dabei ergab sich eine klare Trennung: jener Bezugstyp, der sozusagen *als Relation* innerhalb des gehörten Zusammenhangs „verbleibt", ist von den anderen Bezugstypen in prinzipieller Weise zu unterscheiden. Greifen wir nun diesen Zusammenhang wieder auf, so stellt sich wiederum die Frage nach der Relation, die zwischen dem Medium Sprache und seinem Substrat einerseits und die zwischen dem Medium Musik und dessen Substrat andererseits besteht.

In Sprache wie in Musik wird auf etwas - auf das jeweils „Gemeinte" - verwiesen; sehen wir also zu, in welcher Weise Sprache diesen Verweisungsbezug leistet und in welcher Weise Musik. - Zumindest drei Grundmomente lassen sich an jedem sprachlichen Gebilde unterscheiden: das Wort, der Begriff und das Designatum. Das *Wort* ist die sinnlich wahrnehmbare Entsprechung des gedachten *Begriffs*. Es kann in Form des Symbols, des Zeichens, der schriftlichen Fixierung auftreten; es ist in andere Sprachen übersetzbar - darauf wurde schon hingewiesen[6]. Das *Designatum* ist das mit einem sprachlichen Ausdruck „Gemeinte"; es „entspricht" dem Begriff als „Tatsache": ein Gegenstand, eine Relation, eine Tätigkeit, ein Gedanke, kurz: alles, worüber man überhaupt reden kann. Im Begriff wird die Tatsache in abstrakter, verallgemeinerter Weise gedacht; im Wort findet der Begriff seinen sprachlichen wahrnehmbaren Ausdruck; als Wort wird er fixiert und mitgeteilt. Wie schon aus dem materiellen Unterschied zwischen geschriebenen und gesprochenen Wörtern hervorgeht, kann an seine hörbare, lautliche Stelle auch ein verabredetes optisches Zeichen, eine Geste, ein Symbol oder ähnliches treten, wenn nur dabei die Eindeutigkeit der Zuordnung Zeichen—

– Begriff garantiert ist. Das Wort, das Symbol, das Zeichen, die schriftliche Fixierung, ist die sinnlich wahrnehmbare Entsprechung des gedachten Begriffs; dieser kann „adäquat", besser: eindeutig, in verschiedenen Sprachen verbalisiert, in verschiedenen „Schriften" symbolisiert, eben in verschiedenen Zeichensystemen „geäußert" werden.

Sehen wir in unserem Zusammenhang einmal von dem Vermögen unseres Denkens ab, mit Hilfe von Begriffen Urteile zu bilden, und sehen wir auch von unserem Vermögen ab, diesen Urteilen in „Sätzen" Ausdruck zu verleihen - also zwischen Begriffen (logische) Bestimmungsrelationen herzustellen, und diese dann in sprachlicher Form mitzuteilen -, so finden wir doch noch als weiteres wesentliches Moment von Sprache dies, daß sie durch sinnlich Wahrnehmbares (Wort) auf Gedachtes (Begriff) oder außerhalb ihrer Liegendes (Designatum) zu verweisen vermag. Durch diesen Verweischarakter wird sie in ihrer Wahrnehmbarkeit zum - erfahrbaren - Bedeutungsträger, zur verstehbaren Mitteilung, zum *Medium* also zwischen sich verständigenden Geisteswesen. Die Betrachtung des Verhältnisses zwischen diesem Medium Sprache und ihrem Substrat (ihrer naturalen, erfahrbaren „Komponente") ergibt eine Differenz zwischen beidem, ein Auseinandertreten der, wenn auch in Korrelation stehenden, Momente: Medium ist die Sprache zwar nur dank ihrer Erfahrbarkeit, dank ihres naturalen Substrats; dieses aber ist nur Substrat dank seiner eindeutigen, „definierten" jeweils neuer Konvention entsprechenden Bezogenheit auf „seine" Bedeutung, den Begriff. Das Medium Sprache ist aus diesem Grund in bestimmter Weise auch wieder gleichgültig gegen die naturale Beschaffenheit seines Substrats; sprachliche oder quasi-sprachliche Verständigung kann stattfinden mit Hilfe von hörbaren Lauten (Worten), einem System unterschiedlich kombinierter Längen und Kürzen (Morsealphabet), einem System quasi-sprachlicher Symbole (Operationszeichen der Mathematik), einem System von Gesten oder von haptischen Sinnesdaten (Taubstummensprache oder Blindenschrift). - Es genügt ein Beispiel, um den daraus sich ergebenden entscheidenden Unterschied zwischen Sprache und Musik zu belegen: Der Begriff, die „Bedeutung" der mathematischen Addition kann auf die folgenden drei Arten „gesagt" werden: durch das Wort „plus", durch das mathematische Pluszeichen „+" und in einem anderen Medium als „.--. .-.. ..- ...". Die musikalische „Bedeutung" „Reprise" aber kann *musikalisch* nur durch deren Einsatz, er erfolge offen oder versteckt, deutlich gemacht werden. Anders gesagt: die musikalische Bedeutung von Musikalischem fällt immer zusammen mit dem, was man „hört", das musikalisch „Gedachte" bedingt die Beschaffenheit seiner erfahrbaren Äußerung in notwendiger und nicht übertragbarer Weise. Aus diesem Grunde ist auch die Unterscheidung zwischen quasi-sprachlicher Verweisung (Strawinsky zitiert Rossini) und *nur* musikalischer Beziehung (Reminiszenz und Reprise) zu treffen: mit dem Melodiefetzen aus dem „Barbier von Sevilla" ist mehr gemeint als dieser selbst; die Komik - so antworten wir nun auf die oben gestellte Frage[7] - besteht im frechen, unbekümmerten Übergreifen auf anderes, Heterogenes, - was dies auch im speziellen vorliegenden Fall sein mag (die Person Rossinis, ein vergangener Kompositionsstil, der Einfallsreichtum innerhalb des zitierten Werks, die Handlung der Oper o.ä.). Die „Bedeutung" eines Repriseneinsatzes aber ergibt sich aus dem sich hörbar entfaltenden Stück selbst; sie ist eine der Korrelation „Fundierung – Produktion" entsprechende Bedeutung, - bezogen auf das ihr zugrundeliegende

Substrat ebenso wie auf den durch das Medium Musik verständigungsbetroffenen Hörer.

Anmerkungen

1 Leipzig/Berlin 1926.

2 Vgl. unten, 2.Kapitel, S.103ff.

3 Solches „beziehendes" Erleben nun **ist** sicher mehr denn bloße Rezeptivität; - wir nannten es bisher „geistige Leistung", womit aber keineswegs eine Entscheidung des Problems der Kennzeichnung der kategorialen Bestimmtheit von „Produktion" getroffen werden sollte; formuliert etwa in der Frage, ob Erleben als „Produktion" durch die Kategorien des Psychischen voll bestimmt sei, ob es als geistige Leistung gefaßt werden müsse, oder ob seine spezifische Psychizität darin besteht, daß es geistige Leistung trage.

4 Richard Hönigswald, a.a.O., S.24.

5 Vgl. den nächsten Abschnitt, sowie unten, 2.Kapitel, S.99ff.

6 Vgl. oben, 1.Kapitel, S.55f.

7 Vgl. oben, 1.Kapitel, S.56.

13. *Sinn und Bedeutung als aufeinander bezogene Wechselbegriffe. Festlegung der Verwendung der Ausdrücke „musikalische Bedeutung" und „musikalischer Sinn".*

Schon oben war als Grundproblem zur Bewältigung des abschließenden Definitionsschritts, der zu erfolgen hat, um Musik allen anderen hörbaren Medien der Verständigung gegenüber in spezifischer Weise zu bestimmen, die Frage formuliert worden, wie sich musikalische Bedeutung gegen zeichenhafte, symbolische, sprachliche Bedeutung abgrenzen läßt. Die thesis probanda bezüglich des Unterschieds zwischen Sprache und Musik, daß nämlich die musikalische Bedeutung notwendig „erlebt", jene andere aber stets „gewußt" sei, hat sich nun an der Anwendung des gewonnenen Ergebnisses, Musik sei als solche eine der Korrelation „Fundierung – Produktion" genügende „Erlebnistatsache", auch hinsichtlich ihrer spezifischen Bedeutungsfunktion zu bewähren. - Daher sei dem Wechselverhältnis von Sinn und Bedeutung - näherhin von musikalischem Sinn und musikalischer Bedeutung - die Aufmerksamkeit zugelenkt. Sowohl die Frage nach dem „Sinn" musikwissenschaftlicher Problemstellungen als auch die nach den Sinnbezügen, die sich etwa im Zusammenhang mit der Stilgeschichte den Musikwerken gegenüber eröffnen, wird im zweiten Kapitel noch ausführlich erörtert werden[1]; dann nämlich, wenn sich die Analyse der Betrachtung des Verhältnisses von Sinn und - methodischer, produzierter und fundierter - Ganzheit zuwendet. Im vorliegenden Zusammenhang kommt es allerdings auf so weitgehende Differenzierung noch nicht an; selbst die Frage, ob die musikalische Bedeutung eines Elements mit dessen musikalischem Sinn, dessen Stellenwert innerhalb eines übergeordneten Zusammenhangs, zusammenfalle oder nicht, steht noch nicht zur Entscheidung. Der Ton liegt *hier* auf der klaren Unterscheidung zwischen „Bedeutung" und pur „musikalischer Bedeutung", zwischen „Sinn" und pur „musikalischem" Sinn von musikalischen Elementen oder Zusammenhängen.

Wählen wir als Beispiel, an dem wir uns die Funktionen der Bedeutung und des Sinns klarlegen wollen, den Beginn des ersten Satzes der fünften Sinfonie Beethovens. Gemäß der in diesem Kapitel getroffenen Differenzierung der zu unterscheidenden Bedeutungstypen von musikalischen Zusammenhängen lassen sich schon diese Anfangstakte auf höchst verschiedene Weise „deuten"; gehen wir die einzelnen Typen des Bedeutens der Reihe nach durch, so zeigt sich, daß diesem Beispiel sowohl Ausdrucksqualitäten „innewohnen" als aber auch Momente darstellenden Charakters an ihm unterschieden werden können, und daß schließlich die musikalische Valenz dieser Takte ebenfalls auf verschiedene Weisen, unter verschiedenen Gesichtspunkten, interpretiert werden kann. Als *Ausdruck* einer „Gefühlslage" des Komponisten mag der Anfang Schreck oder Verzweiflung über das plötzliche Wissen um die eigene Ertaubung bedeuten; diese Bedeutung steht sogar in unmittelbarem Zusammenhang mit dem von Beethoven selbst gegebenen Hinweis, so poche das Schicksal an die Pforte - eine weitere mögliche Bedeutung also, die man als *Darstellungs*funktion bezeichnen könnte. Selbst die abwegig scheinende Frage, ob es sich bei der in diesen Takten erfolgenden Exposition des „Hauptthemas" der Sinfonie die Bedeutung des *Fremdzitats* - als Bezug auf vorhandene, in ähnlicher kompositorischer Weise oder mit ähnlichem thematischen Material gearbeitete Musik - oder auch des *Selbstzitats* - als bewußter Bezug auf frühere vergleichbare Kompositionsversuche Beethovens etwa, die sozusagen als Rückbesinnung aufgenommen würden - nachweisen lassen könnte, wäre für die kunstwissenschaftliche Betrachtung dieses Werks jedenfalls nicht von vornherein auszuschließen. Die *musikalische* Bedeutung schließlich - der Inbegriff der im Werk verfolgbaren *internen* Bezüge - könnte auf mannigfache Art beschrieben werden: als dreifache Tonrepetition des „Auftaktes", als Transposition der rhythmischen Struktur der ersten beiden Takte auf Takt 3 und 4, als Verlängerung der zweiten Fermate in Takt 5 (gegenüber Takt 2), als harmonisch-funktionaler „Schwebezustand" zwischen Es-Dur und c-moll bis zu dieser zweiten Fermate, als äußerste Reduktion der „Introduktion" zum Kopfsatz der klassischen Sinfonie und dergleichen mehr. - Zusammenfassend halten wir fest, daß der Terminus „Bedeutung" - für sich selbst, also ohne ein den Bedeutungs„rahmen" angebendes Attribut - vieldeutig ist. Die naive Frage, was die Anfangstakte der „Fünften" eigentlich bedeuten, ist schlicht nicht zu beantworten, bevor nicht geklärt ist, *in welchem Sinn* diese Frage gestellt wurde. Steht die persönliche Situation oder der Ausdruckswille des Komponisten im Vordergrund des Interesses, so ist eben nach einem anderen Bedeutungstyp gefragt, als wenn sich die Aufmerksamkeit auf die „Bedeutung" dieser Sinfonie innerhalb der musikalischen „Gattung" der klassischen Sinfonie konzentriert. Der Begriff der „Bedeutung" ist, um es zu wiederholen, als solcher, ohne den ihm zuzuordnenden Gegenbegriff des „Sinns", des gedanklichen Rahmens, innerhalb dessen „Bedeutung" festgestellt oder bestimmt wird, mehrdeutig. Doch auch für den Begriff des „Sinns" ergibt sich eine ähnliche Differenzierung. Der Sinn eines Zusammenhangs kennzeichnet in gewisser Weise die Bedeutung der in ihm „zusammengenommenen" Momente oder Elemente. Im Sinnzusammenhang der stilistischen Kontinuität innerhalb einer „Tradition", etwa der der europäischen Musik, erhält jedes diese Tradition mit „ausmachende" Werk seine „Bedeutung": jedes Musikwerk weist auf die geschichtlichen - auch die ihm heterogenen - Bedingungen seines Entstehens hin; jedes steht im Zusammenhang einer sei es geschichtlichen, sei es stilistischen Entwicklung, deren Kontinuität auf jedes der sie aufbauenden Werke eben nicht ohne Einfluß bleibt. - In diesem Sprachgebrauch mag man von der Bedeutung der fünften Sinfonie Beethovens - ja sogar mit Bezug auf die Einleitungstakte des ersten Satzes - sagen, sie habe durch den „analytischen" Charakter des in ihr verwendeten thematischen Materials die klassische Sinfonik in entscheidender Weise beeinflußt; dies mag sogar ebenfalls ihre „musikalische", ihre mit Bezug auf die *Musik* „stilgeschichtliche" Bedeutung genannt werden; auch auf ihre - ebenfalls musikalische - Bedeutung innerhalb der Entwicklung der Kompositionsweise der Beethovenschen Sinfonien mag in entschiedener Weise hinzuweisen sein. Jedoch auch andere, über die bloße Kompositionstechnik hinausgehende, Momente der „Bedeutung" jener Sinfonie wären hervorzuheben, etwa jenes „durch Nacht zum Licht" oder auch das „dem Schicksal in den Rachen greifen", - der durch das Medium Musik vermittelte Ausdruck eines Heroischen also, eines Sieges über den Schicksalsschlag, oder auch dessen geistige Bewältigung.

Es wird aus all diesen Beispielen deutlich, daß der Begriff der „Bedeutung" sich mehr und mehr als Ausdruck einer *Wertung* der Bedeutsamkeit erweist; damit aber ist ein Zusammenhang berührt, der mit der - wertungsfreien - Definition von Musik überhaupt noch nichts zu tun hat[2]. Für den vorliegenden Zusammenhang halten wir als weiteres Zwischenergebnis jedoch fest, daß mit musikalischer

Bedeutung im strengen Sinn die Gesamtheit dessen an möglichen Bedeutungsmomenten gemeint ist, was sich unter dem Sinnzusammenhang des „Musikalischen" entweder innerhalb des erlebten, gehörten Zusammenhangs selbst oder innerhalb dessen stilgeschichtlichen Kontextes im musikalischen Bereich darbietet. Solange wir von Musik überhaupt mit der Absicht sprechen, das Medium Musik von allen anderen hörbaren Medien der Verständigung definitorisch zu unterscheiden, bezeichnen wir als *musikalische Bedeutung* die, die den hörbaren Beziehungen zwischen den fundierenden Elementen entspricht; und *musikalischen Sinn* nennen wir unter derselben Voraussetzung den produzierten Zusammenhang, gemäß dem jedes einzelne fundierende Element seine Bedeutung erlangt.

Anmerkungen

1 Vgl. unten, 2.Kapitel, S.103-112.

2 Vgl. unten, 3.Kapitel, S.180ff.

14. *Das Medium Musik als Träger „fundierter" Bedeutung. Zur „Koinzidenz von Medium und Substrat" in der Musik.*

Wieder stellt sich als der entscheidende Faktor in der Unterscheidung zwischen „fundierter", erlebter, und zeichenhafter, gewußter Bedeutung die Austauschbarkeit des materiellen Substrats bei der letzteren dar. Eine Vokabel - auch darauf wurde schon hingewiesen[1] - ist übersetzbar; auch in verschiedenen Sprachen bleibt ihre „Bedeutung" unverändert erhalten: „Regen", „rain", „pioggia". Daß musikalische Bedeutungen aber nicht in fremde musikalische „Sprachen" übersetzt werden können, daß zumindest jedoch bei ähnlichen kompositorischen Möglichkeiten in einander fremden musikalischen Traditionen verschiedener Kulturkreise eben nicht von „Übertragung" oder gar „Übersetzung" - als adäquater, die Bedeutung wahrender Übertragung - die Rede sein kann, ist eben auf jenen Umstand zurückzuführen, daß musikalische Bedeutung auf den Beschaffenheiten und Beziehungen ihrer fundierenden Momente geradezu beruht. Mögen auch exotische Stile, Musiken fremder Kulturkreise, dem Abendländer als grundsätzlich nicht unerlernbare „Tonsprachen" erscheinen, - sie eröffnen ihm jedoch nicht die uneingeschränkte Möglichkeit, die „Bedeutungen" der abendländischen Musik in adäquater, schlicht übersetzter Weise vermittels ihrer auszudrücken. - Dies heißt aber nichts anderes, als daß eben die - die musikalische Bedeutung fundierenden - Elemente selbst nicht austauschbar sind, ohne daß sich die Bedeutung selbst änderte; daß sie also, um eine bestimmte Bedeutung vermitteln zu können, eben so, wie sie sind, auch „notwendig" sind. Kein anderer der oben betrachteten Bedeutungstypen weist dieses für die musikalische Bedeutung so typische Moment auf; nur hier kann von einer echten Korrelation zwischen Vermeintem und Vermeinendem gesprochen werden: Innere Gefühlslagen, äußere Tatsachen, Musikwerke fremder Autoren und auch die eigenen, etwa schon fertiggestellten Werke sind sämtlich gleichgültig gegen ihr Vermeint-Werden. Das musikalisch Vermeinte ist das nicht: erst durch die Bedeutung eines musikalischen „Formabschnitts", etwa als „Reprise" aufzutreten, erfährt der wiederholte entsprechende Eröffnungszusammenhang seine Bedeutung „Exposition". Der Wechselbezug der die musikalische Bedeutung fundierenden Elemente läßt das auf musikalische Weise zu „Sagende" mit dem zusammenfallen, was man „hörend" zueinander in Beziehung bringt. Diese Eigenart des Mediums Musik ist, wie Richard Hönigswald einmal feststellt, auch im Vergleich mit der Struktur anderer Kunst„gattungen" ein „Grenzfall": „Nicht das simple Fehlen eines Darzustellenden kennzeichnet sie [die Musik] also; sondern dessen Koinzidenz mit den in der Gestalt beschlossenen Beziehungen".[2] Als - musikalisch - Darzustellendes wird hier die musikalische Beziehung bezeichnet, wobei es uns nicht zu stören braucht, daß sie als Beziehung einer gestalthaften *Ganzheit* dieser Kennzeichnung unterliegt, da diese von jeglichem musikalisch bedeutungsvollen Zusammenhang in gleicher Weise gilt. Noch schärfer wird das für die Musik als „definitorischer" Grenzfall charakterisierte Korrelationsverhältnis zwischen hörbarem Substrat und vermeinter Bedeutung von Hönigswald in der folgenden Formulierung hervorgehoben: „das Medium unmittelbarer Verständigung erscheint hier selbst als Substrat der Darstellung."[3]

So erschließt sich die einer musikalischen Äußerung innewohnende Mitteilung durch ein adäquates Erleben ihrer materiellen „Wirklichkeit"; das Substrat von Musik, allemal ein „geistfähiges Material", erweist sich als verweisungsfähig, als Bedeutungsträger, als das Medium selbst. Der musikalisch sich äußernde Komponist erstellt einen Plan zur „Zusammensetzung" von Hörbarem; sein „Vokabular" ergibt sich aus dem ihm - gemäß den Bedingungen der Stilgeschichte - zur Verfügung stehenden „Material" selbst, und es wird ebenfalls aufgrund der Vertrautheit mit dem „Material" - bzw. dessen kompositorischer Verarbeitung - verstanden. Ganz sicher können sich auch gesprochene Worte musikalischer Qualitäten erfreuen, ja sie können ihre Bedeutung sogar aus einem ähnlich innigen Verhältnis von Sinn und „fundierendem" Substrat erhalten; viele Worte für Begriffe aus dem Bereich des Hörbaren sind so entstanden: „wispern", „klappern", „murmeln" usw. - das zeigt schon ihre Ähnlichkeit in den verschiedenen Sprachen. Nie aber erschöpfen sich die Bedeutungen dieser mit Recht „poetisch" genannten Bildungen im wahrnehmbaren Bestand, immer „bedeuten" sie vielmehr das Verhältnis, das zwischen einem Gedachten und der ihm entsprechenden Tatsache besteht, den „Begriff". Die musikalische Qualität solcher Worte ist ebensowenig „definierbar", wie sie konjugiert werden kann; sie erschließt sich dem, der imstande ist, sie zu erleben: musikalische Bedeutung ist erlebte, und das heißt „produzierte" Bedeutung; *im Zusammenfall des Mediums Musik mit seinem Substrat ist das Musikalische für den Bereich hörbarer Äußerung spezifisch charakterisiert.*

Anmerkungen

1 Vgl. oben, 1.Kapitel, S.55.

2 Richard Hönigswald, Wissenschaft und Kunst. Ein Kapitel aus ihren Theorien, Stuttgart 1961 (= Schriften aus dem Nachlaß Bd.4), S.61.

3 Ebd., S.62.

15. *Abschließende Betrachtung der erreichten Definition mit Bezug auf ihren Stellenwert innerhalb einer Musikästhetik.*

Gerade wegen der methodischen „Vieldeutigkeit" des Gegenstands der auf die Musik gerichteten Kunstwissenschaft scheint es nicht überflüssig, an dieser Stelle noch einmal darauf hinzuweisen, daß mit der erreichten Definition von Musik, die die spezifische Differenz des hörbaren Mediums Musik im Zusammenfall mit seinem Substrat betonte, eine Musik bestimmt wurde, die es *so* - um es überspitzt zu formulieren - gar nicht gibt. Sie trifft nur deren pure, nur-musikalische, „interne" Komponente, indem sie zunächst von aller geschichtlichen Bedingtheit und Stilgebundenheit absieht, dann aber auch von jeglichem Wertungsaspekt möglicher Musikwerke oder musikalischer Kunstwerke. Was unter *Werk* und gar was unter *Kunst* zu verstehen sein mag, ist bis hierhin nicht der Fragepunkt gewesen; es ging um eine Definition von Musik „im weitesten Sinn". Daß solche „Nur-Musik" eine Abstraktion bleiben muß, ja angesichts der vorhandenen Überlieferung auf diesem Gebiet sogar eine „gräßliche Vereinfachung" darstellt, ist klar; zu umgehen war sie aber nicht, wenn die Analyse zum Spezifikum von Musik vordringen sollte. Daher noch ein Wort zum erreichten Ergebnis; versuchen wir es abschließend noch daraufhin zu prüfen, was es als „definitives" Kriterium für Musik innerhalb eines musiktheoretischen Zusammenhangs nun eigentlich leistet!

Das, was sich uns als das Zusammenfallen des Mediums Musik mit dessen eigenem Substrat ergeben hat, heißt das nicht eigentlich - grob gesprochen - nichts weiter, als daß Musik eben nur dann Medium von Mitteilung, von Äußerung sei, wenn das, was „hörbar" wird, zusammenfällt mit dem, was damit gemeint ist? Und wäre dann nicht die oben verworfene These doch richtig, Musik „bedeute" eben nichts *von ihr Verschiedenes*? Kurz, wenn das, was man hört, identisch ist mit dem, was als Mitteilung intendiert ist, so fragt es sich doch ganz entschieden, was nun noch die Rede von Ausdruck oder Darstellung in der Musik soll. Wenn die komponierte Hörbarkeit nur auf sich selbst verweist, wenn eben das Medium Musik mit seinem Substrat zusammenfällt, was heißt dann denn noch Verweis auf Gefühltes, Persönliches, Biographisches; was soll Stil, Neuerung, Epigonalität bedeuten?

Nun, es war im dritten, abschließenden Definitionsschritt notwendig, Musik und Sprache begrifflich zu unterscheiden, und dies durch eine weitere Abstraktion, nämlich die Analyse des Verhältnisses beider Medien der Verständigung zu deren Substraten. Mit der Einführung dieser Unterscheidung aber war an keiner Stelle gemeint, Musik sei nicht auch sprachlicher Bezüge fähig -, wie übrigens andererseits Sprache auch Träger musikalischer Valenzen sein kann, vielleicht sogar grundsätzlich ist, solange sie vom Menschen gesprochene Sprache ist. Es gilt für jede, aber auch für *jede* menschliche Äußerungsform, sie sei nun Melodie, Geste oder Miene, daß sie, eben als mögliche „Äußerung", grundsätzlich auch als „verstehbare" intendiert werden können muß, und das heißt, daß sie grundsätzlich auch sprachlich-verweisender Natur sein können muß. - Ob umgekehrt nun auch *jedes* geäußerte Zeichen, *jeder* Bedeutungsträger überhaupt, *jedes* Symbol - der Möglichkeit nach - dem Bedingungsgefüge von Fundierung und Produktion zu genügen habe, - das bleibe hier dahingestellt; das weite Feld, in das sich die Analyse des hier entspringenden Problems einließe, wäre nicht zuletzt das der Bestimmbarkeit von „Kunst". Eines aber bleibt für den vorliegenden Zusammenhang festzuhalten: das Ineinander von Sprache und Musik im Verhältnis des „Verstehens", der „Bedeutung", oder wie man den Mitteilungswert überhaupt sonst bezeichnen mag, - dieses Ineinander ist sicher auch eine Voraussetzung für die Tatsache, daß es auf der einen Seite Lieder (textgebundene Musik) gibt und auf der anderen Seite Poesie (rhythmisch oder lautlich gestalteten Text). Und vielleicht ist es auch ebendieses Ineinander von - das musikalische Kunstwerk selbst transzendierender - Verweisungsfunktion und werkimmanenter (inhaltlicher und formaler) „Gestaltung", das Richard Strauß ahnt, wenn er mit Bezug auf seine sinfonischen Dichtungen an Romain Rolland schreibt: „Für mich ist das poetische Programm nichts weiter als der Formen bildende Anlaß zum Ausdruck und zur rein musikalischen Entwicklung meiner Empfindungen".[1]

Die Bedeutung eines Musikstücks bleibt - so können wir also zusammenfassen - nie auf das eingeschränkt, was als *bloß musikalischer* Zusammenhang zu hören ist; selbst der Bereich des Musikalischen, den man im Unterschied zur (darstellenden) „Programmusik" und zur „Ausdrucksmusik" immer den „absoluter" Musik nannte, ist nie *nur* musikalischen Gehalts. Jedes einzelne Musikwerk, jede Sinfonie, jedes Lied und jede Fuge enthält „Informationen" zum Stil (Kunstgeschichte), zur Person des Komponisten (Geistesgeschichte), zu dessen Lebenswirklichkeit (Allgemeingeschichte) usw. Dieses aber gilt umgekehrt ebenso für den Gesamtbereich etwa der „darstellenden" Musik; sie ist niemals *nur* Darstellung, ihre spezifisch musikalische Bedeutung tritt niemals völlig hinter dem Darzustellenden zurück, ist auch niemals in eindeutiger Weise übersetzbar, „umfundierbar". Robert Schumann hat sich im Zusammenhang mit der Frage musikalischen Inhalts von sogenannten „Charakterstücken" seinem Freund Heinrich Dorn gegenüber einmal[2] bitter darüber beklagt, daß man immer meine, der Tondichter verfahre wie ein Landschaftsmaler oder ein Portraitist. Wenn ein Stück „Weinendes Kind" heiße, so sei damit doch nicht auch schon gesagt, der Komponist stelle sich ein „schreiendes Kind hin und suche die Töne dann danach". Derartige Titel sollten nur Hilfen für den Interpreten und Hörer sein, keineswegs machten sie ein „Programm" des Stückes aus: „die Überschriften [...] sind eigentlich nichts weiter als feinere Fingerzeige für Vortrag und Auffassung."[3]

Aber auch auf der anderen Seite läge nichts ferner, als einen äußeren *Anlaß* - den legendären Lauf etwa von Scarlattis Katze über die Tasten - zum musikalisch geäußerten Gehalt, zum *Inhalt* eines Musikstücks zu erheben. Es mag die Grenze zwischen Inhalt und Anlaß fließend sein; und insbesondere wenn es um gefühlsbetonte Musik geht, ja selbst bei poetischen Programmen, ist es oft nur schwer zu entscheiden, *was* mit diesem oder jenem musikalischen Zusammenhang nun „eigentlich" gemeint ist, d.h. auf welche Weise die Musik über die sich in ihr offenbarenden Beziehungen hinaus zu „deuten" sei; - aus diesem Grund wählte Strawinsky den Ausdruck „musikalische Poetik" für eine auch auf Außermusikalisches zielende Kompositionsweise. Wichtig aber und nicht zu bezweifeln ist in diesem Zusammenhang, daß alles, was überhaupt Gegenstand von Mitteilung werden kann, grundsätzlich auch musikalisch mitteilbar sein muß, mögen sich hier auch an erster Stelle Mitteilungen über akustische Gegenstände finden, mag sich auch der Ausdruck von Gefühlen - wie Frohsinn oder Trauer -

zu musikalischer Fassung eher eignen als zu einem Ausdruck im Medium der Sprache. Die Behauptung jedoch, Aufgabe der Musik sei nichts anderes als „Gemütsbewegung in Tonbewegung zu übersetzen und dadurch das Tiefinnerste im Menschen, was auch das Wort nur unvollkommen zu spiegeln" vermöchte, in „symbolischer Weise auszudrücken"[4], entbehrt in ihrem generalisierenden Anspruch der Begründbarkeit. *Was* ein Komponist mit seiner Musik „sagen" kann, unterliegt schlechterdings *keiner* prinzipiellen Bestimmtheit; auch der Ausdruck des Unverstehbaren selbst - es sei zum Abschluß noch einmal daran erinnert - ist hier nicht auszuschließen, und in diesem Sinn hat Tschaikowsky seine rätselhafte sechste Sinfonie als eine „Botschaft" betrachtet, deren Geheimnis wohl niemand je ergründen werde.

Anmerkungen

1 Zitiert nach: Walter Panofsky, Richard Strauss. Partitur eines Lebens, München 1965, S.42.

2 Brief vom 5. September 1839.

3 Zitiert nach: Robert Schumann in seinen Schriften und Briefen, eingel. u. m. biogr. Erl. versehen von W. Boetticher, Berlin 1942, S.287.

4 Friedrich Jodl, Musik und Metaphysik, in: Vom Lebenswege II (1917), S.642.

II. Kapitel
Musikalische „Gestalt" und Werkbegriff in der Musik

1. *Musik und Werk als verschiedene Gegebenheitsstrukturen. Musikwerke als Forschungsgegenstand der historischen Musikwissenschaft.*

Musikalisch ist, so läßt sich aus dem Ergebnis des ersten Kapitels folgern, weniger ein spezifischer Bereich geistbestimmter Hörbarkeit als eine spezifische Weise geistiger Tätigkeit, die akustische Empfindung voraussetzt. Musik könnte demnach anstatt durch den Ausdruck „geistbestimmte Hörbarkeit" genauer als „hörbar und durch Geist bestimmt" gekennzeichnet werden, das Wort „musikalisch" bezeichnet keine bloße Eigenschaft des Objekts, sondern eine spezifische *Relation* zwischen Gegenstand und Hörendem. Die „Bedeutung", die Absicht oder der „Inhalt" von Musik erschließt sich dem Hörenden nur insofern, als dieser imstande ist, seinerseits ein akustisches Ereignis zu musikalischer Realität zu bringen.

Wenn nun vom Begriff des „*Musikwerks*" die Rede ist, so zum ersten Mal in dem Sinn, daß auf der Seite des Gegenstands, dem Reich des Hörbaren, der Bereich des Musikalischen abgegrenzt wird gegen alles andere, das - selbst wenn es als „Musik" bezeichnet werden müßte - nicht „Werk" genannt werden kann. Damit eröffnet sich die Möglichkeit, zu einer umfangmäßigen Einschränkung des Begriffs vom Gegenstand der Musikwissenschaften zu gelangen; selbst wenn man aufgrund der im Begriff der „Musik" mitgedachten Unerläßlichkeit der Bedingung der „Produktion" zu der Überzeugung gelangen mag, daß das *eigentlich* „Musikalische" nie zu wirklich gegenständlicher Realität gebracht werden könnte, und daß mithin der Gegenstand einer positiven Wissenschaft von der Musik nur das sprachlich formulierte Urteil über Musikalisches sein könnte, so ist man dennoch gezwungen anzuerkennen, daß es sich bei solchen Urteilen eben immer nur um Urteile über *bestimmte musikalische Gegenstände*, eben die Musikwerke oder deren Ausführungen, handeln kann.

Tibor Kneif hat diese Überzeugung z.B. in seinem Aufsatz „Musikästhetik"[1] vertreten. - Ausgehend von den Voraussetzungen, daß (erstens) „Werturteile unwissenschaftlich sind", da sie sowohl in der Form „Es gefällt mir" wie „Es ist schön" uns allemal nur mit „dem subjektiven Befinden" einer Person und „nicht mit sachlichen Kriterien einer Musik" konfrontieren[2], und daß (zweitens) auch „deskriptive und deutende" Urteile unter allen Umständen ihrer „wertbezogenen Prämissen halber" ebenfalls „gar nicht wertneutral" sein können[3], folgert der Autor, daß im „Blickfeld" einer Kunstwissenschaft von der Musik (die er als „Musikästhetik" bezeichnet) „dem Ansatz ihrer Methode nach, gar nicht Musikwerke, sondern besonders geartete Aussagen über diese stehen."[4].

Die kritische Betrachtung dieser Ausgangsposition hätte sicher schon hier an zumindest vier Punkten anzusetzen: (1) Der Verweis auf die Subjektivität von Geschmacksurteilen genügt nicht, um ihre Unwissenschaftlichkeit zu begründen; zu fragen wäre vielmehr nach dem

Grund für den Anspruch, den das Urteil „Es ist schön" dem Urteil „Es gefällt mir" gegenüber erhebt. (2) Das Urteil „Es ist schön" konfrontiert uns nicht unbedingt mit „dem subjektiven Befinden einer Person"; ähnlich wie in dem Beispiel „Der Wein ist gut, aber er schmeckt mir nicht" ist auch hier von einer dem Gegenstand „zugesprochenen" Qualität die Rede[5]. (3) Das deskriptive Urteil „Takt 1 der fünften Sinfonie Beethovens enthält drei Achtel und eine Achtelpause" ist weder auf wertbezogene Prämissen (im Sinne des Autors) gegründet, noch enthält es eine Wertung, denn selbst die Tatsache, daß über gerade diesen Takt gerade dieser Sinfonie geurteilt wird, erlaubt noch nicht die Folgerung, damit werde etwa dieser Takt oder diese Sinfonie in irgendeiner Weise anderen Takten oder anderen Sinfonien gegenüber höher bewertet. (4) Wie sollen „Aussagen über Musikwerke" im „Blickfeld" einer „Musikästhetik" stehen können, wenn es keine Wissenschaft gibt, aufgrund deren Resultaten überhaupt allererst entscheidbar wäre, unter welchen Bedingungen es sich um Aussagen über Musikwerke und unter welchen anderen Bedingungen es sich um Aussagen über anderes als Musikwerke (etwa Gefühle, Aufführungen, Aussagen) handelt? Der Autor fordert diese Möglichkeit wissenschaftlicher Betrachtung von Musikwerken, indem er mithin die Möglichkeit fordert, über Musikwerke überhaupt Aussagen treffen zu können; gleichwohl schließt er diese geforderte Möglichkeit aus[6].

Es wurde in der Einleitung[7] bereits darauf hingewiesen, daß der eigentliche Forschungsgegenstand der Musikwissenschaft niemals in sinnlicher Erfahrbarkeit vorliegt, wenn davon auszugehen ist, daß diese Wissenschaft es eher mit den Musikwerken als mit deren Realisierungen, den „Interpretationen", zu tun hat, denn die sinnlich erfahrbaren Momente eines Musikstücks sind immer nur über die realisierende Zwischeninstanz des Interpreten, des Ausführenden, zugänglich. Erst wenn die schriftliche Fixierung dieses Stücks einer wissenschaftlichen Zuwendung zugrundegelegt wird, kann es zum Objekt der musikwissenschaftlichen „Analyse" werden. - Dies kann zwar nur in sehr eingeschränkter Weise von den Disziplinen der Musikwissenschaft gesagt werden, welche sich mit solchen „Musiken" beschäftigen, die auf gleichsam mündlicher Tradierung beruhen, wie sie etwa in der Volksmusik, in weiten Bereichen der Kultmusik oder in musikalischen „Traditionen" primitiver Kulturen auftreten mögen. Jedoch ist auch in diesen Fällen, wenn also die mit musikwissenschaftlichen Methoden zu ergründenden Formen und Systeme einer auf Tradierung beruhenden „Tonsprache" nicht schon in Niederschriften vorliegen, der Forschungsgegenstand zunächst einmal zu „bestimmen": er ist in seiner Eigenständigkeit zu „begreifen", seine Besonderheiten und Strukturen sind zu „beschreiben", er ist - als Tradition und nicht als jeweils einmaliges Konkretum - zu „dokumentieren". In dieser Absicht haben Bartók und Kódaly ungarische und rumänische Volksmusik dokumentarisch festgehalten, indem sie Tonaufnahmen in solchen Gegenden erstellten, die sich als noch in der lebendigen Tradition stehend erwiesen, um danach eine möglichst genaue Niederschrift - mit Hilfe eines z.T. eigens zu diesem Zweck entwickelten Zeichensystems - herzustellen. Durch diese Niederschrift wurden solche traditionellen Sing- und Spielweisen zwar nicht auch schon zu „Werken" erhoben, es wurde aber erreicht, daß man nunmehr - *genauso wie* bei (dem Wissenschaftler in eigenbestimmter Weise gegenüberstehenden) *Werken* - methodisch über sie „sprechen" konnte. Nur auf diese Weise also finden ursprünglich nicht fixierte Traditionen Eingang in den Gegenstandsbereich der positiven Wissenschaft von der Musik, und auch musikalisch Werkhaftes ist erst als „Fixiertes" „meßbar" oder datierbar; und nur so kann es auch kunstwissenschaftlicher Bewertung unterliegen[8], nur so besteht die Möglichkeit, die einzelnen Ausschnitte der Werke durch das Studium ihres „Strukturplans" miteinander zu vergleichen. Man könnte sogar hervorheben, daß die Zuverlässigkeit bestimmter Ergebnisse solchen Vergleichens in gewisser Weise sogar noch höher veranschlagt werden kann als etwa die für die „bildenden" Künste; als Feststellung z.B. der „Kongruenz" von Formabschnitten, Themen oder Motiven bzw. deren Kontrast oder deren Variation.

Der Einwand, das sei jedoch nur deshalb so, weil das Musikwerk eben mit seiner authentischen Fixierung identisch sei, würde hier wenig helfen. Denn die sinnliche Gegebenheit solcher Fixierung fällt ja weder bei schriftlich fixierten Gebilden noch auch bei Tonaufzeichnungen mit dem „Werk" selbst zusammen: dieses bleibt bei allen Aufführungen, bei allen Reproduktionen der Fixierung das Identische, *es selbst* wird aufgeführt, und *seine eigene* Fixierung wird vervielfältigt; es wird in jeder Kopie seiner Fixierung aufs neue als „dasselbe" repräsentiert. Aber auch die Folgerung, also entstehe die eigentliche Musik somit „objektiv erst mit der sekundären Kunst des Musikers"[9], ginge - aufs Musik*werk* als ebenfalls objektiven Bestand an Musik bezogen - auch wieder zu weit; das neu entdeckte Autograph, die noch nie ausgeführte Komposition ist musikalisches Werk, und dieses ist allen Methoden musikwissenschaftlicher Betrachtung zugänglich; und der Kundige versteht es auch „lesend" zu genießen. Die zitierte Einschränkung der Objektivität musikalischer Werke auf reale Ausführungen hat, wenn es allerdings um die Korrelation zwischen „Interpret" und „Hörer" als Grundbedingung für die Realität von „Musik" überhaupt geht, zweifellos ihre Berechtigung[10], und in diesem Sinne wäre sie auch in ihrem Zusammenhang richtig verstanden[11]; so nämlich, daß eben - wie immer es auch um die Realität musikalischer *Werke* stehen mag - deren eigentlich musikalischer „Anteil" selbst nie zu wirklich gegenständlicher Realität gelangt, sondern allenfalls seiner Materialität nach „erscheint"[12].

Aus dieser Schwierigkeit, die offenbar unterschiedliche Gegebenheitsstruktur von *Musik* und musikalischem *Werk* in einen positiven Zusammenhang zu bringen, ist auch gefolgert worden, daß der Begriff des Werkhaften für Musikalisches nicht ohne Schwierigkeiten angewandt werden könne; in diesem Sinne betont Carl Dahlhaus: „Daß Musik, wie Herder sagt, eine ‚energische' Kunst sei, die sich in einer Tätigkeit erfüllt, ist kaum zu leugnen. Ihr Werkcharakter ist problematisch."[13] Daß aber auch das einzelne musikalische Werk (ebenso wie die Schöpfungen in allen anderen Künsten) dem Betrachter als „ästhetischer Gegenstand, Objekt ästhetischer Kontemplation"[14] *gegenübersteht*, verkennt auch dieser Autor nicht, und so kommt er zu dem Schluß: „Andererseits wäre es verfehlt, ihr [der Musik] eine 'für sich seiende Objektivität' rigoros abzusprechen."[15]

Wenn wir uns nun daranbegeben, die Gegenständlichkeit von Musik*werken* zu betrachten, so tun wir nach allem Vorausgegangenen gut daran, die Frage nach der Gegebenheitsweise solcher Werke auf jeden Fall von der nach der Struktur *musikalischer* Gegenständlichkeit zu trennen, denn es könnte sich ja ergeben, daß das Musikwerk einem Gegenstandsbereich zuzuordnen ist, dessen Gegebenheitsweise auf ganz andere Weise konstituiert wird als die der Musik selbst; es könnte sich herausstellen, daß Musikwerke selbst keine Musik „sind", sondern sie „fordern", daß es sich also bei beiden um heterogene Gegenstandsbereiche handelt. Auf dem Boden dieser methodischen Voraussetzung, nämlich den -

möglicherweise unterschiedlichen - Gegebenheitsweisen von Musik und musikalischen Werken im Gang der Untersuchung gerecht zu werden, soll das Musikwerk gegen seine Fixierungen, gegen seine Ausführungen, gegen die mit seinem Entstehen („im" Komponisten) und mit seiner musikalischen Realisierung („im" Interpreten oder Hörer) verbundenen Gefühle oder Erlebnisse abgegrenzt werden; darüber hinaus wird die Frage seiner Ganzheit zu diskutieren sein und daran anschließend auch die seiner Autonomie. - Wie auch schon im ersten Kapitel für „Musik" so soll jetzt für „Werk" nur *dessen* eigene Gegenständlichkeit zur Diskussion stehen; der Aspekt möglicher Bewertung, der des „*Kunst*werks", bleibt dem dritten Kapitel vorbehalten. Dort wird auch zu zeigen sein, daß bestimmte Ergebnisse der Untersuchung zur Struktur des Werks für die mögliche Bewertung im musikalischen Bereich überhaupt relevant werden und welches diese sind[16]. Hierfür ein naheliegendes Beispiel: Der Streit um die „werktreue Interpretation" als Kriterium für den künstlerischen Wert einer Ausführung kann erst dann einer Entscheidung nähergebracht werden, wenn ausgemacht ist, welche prinzipiellen Momente es sind, die ein musikalisches Werk - im strengen Sinn - aufbauen; wenn ausgemacht ist, wie der spezifischen Gegebenheitsweise von Musikwerken überhaupt methodisch gerecht zu werden ist. Die Beantwortung dieser Fragen ist Sache einer gegenstandstheoretischen Analyse, die auch - im oben dargelegten Sinn[17] - „systematische Musikwissenschaft" genannt werden könnte, da sie sich - als Prinzipientheorie - mit den grundsätzlichen, konstitutiven und „überzeitlichen", eben nicht selbst auch „geschichtlichen" *Strukturen* jenes Gegenstandstyps befaßt, den die Musikwissenschaft als historische - „geistesgeschichtliche" - Kunstwissenschaft „bestimmt", indem sie seinen *Konkretionen* mit Hilfe positiv-wissenschaftlicher Methoden gegenübertritt.

Anmerkungen

1 In: Einführung in die systematische Musikwissenschaft, hrsg. v. Carl Dahlhaus, Köln 1971, S.133-169

2 Ebd., S.137.

3 Ebd., S.138.

4 Ebd.

5 Vgl. zu diesem Beispiel die Analyse von Rudolf Haller: Ein Problem der Objektivität ästhetischer Wertungen, in: Neue Hefte für Philosophie, Bd.5, S.117f.

6 Vgl. dazu unten, 3.Kapitel, S.150ff.

7 Siehe oben, Einleitung, S.15f.

8 Womit natürlich den n i c h t „werkhaften" Formen - etwa musikalischen „Verhaltens" - mögliche Wertungsrücksichten nicht abgesprochen werden: - hier geht es um das „Werk".

9 Nicolai Hartmann, Ästhetik, S.122.

10 Vgl. oben, 1.Kapitel, S.41 ff.

11 Wie ja auch die daran anschließende Betrachtung der anderen Seite, der nämlich des Interpreten von Musik, bei Hartmann belegt: Aber „auch die Ganzheit der Komposition bleibt im Spiel des Musikers irreal. Die Synthese des Zusammenhörens zur Einheit kann selbst der vollkommenste Interpret nicht für den Hörer vollziehen; er kann sie ihm wohl nahebringen, kann ihn zu ihr hinführen, aber keine Macht der Welt kann ihm den sukzessiven Aufbau des Ganzen im musikalischen Hören abnehmen." (A.a.O., S.124).

12 Daß dies für die anderen Kunstgattungen - mutatis mutandis - grundsätzlich nicht anders ist, wurde schon festgestellt (Vgl. oben, Einleitung, S.21f. und 1.Kapitel, S.41f.); am deutlichsten zeigt sich diese Parallele natürlich bei „Verlaufsformen" anderer Gattungen: im Verhältnis Textbuch → Schauspiel, Choreographie → Ballett, Exposé → Pantomime.

13 Carl Dahlhaus, Musikästhetik, S.21.

14 Ebd., S.22.

15 Ebd., S.21.

16 Vgl. unten, 3.Kapitel, S.145ff.

17 Vgl. oben, Einleitung, S.15ff.

2. *Erste Betrachtung der im Begriff des „Musikwerks" enthaltenen Momente. Zur Bedeutung der - musikalischen Kompositionen zugrundeliegenden - „musikalischen Gedanken".*

Wenn wir von einem „Musikwerk" sprechen, so meinen wir ein bestimmtes, von einem Komponisten „geschaffenes", als Partitur oder in einer sonstigen Fixierung - etwa einer Aufnahme - vorliegendes einmaliges und abgeschlossenes musikalisches Gebilde von gewissem Umfang und Wert. - Wäre dieses noch nicht in irgendeiner Weise *fixiert*, sondern etwa nur in der Vorstellung des Komponisten vorhanden, so sprächen wir davon als von einem „geplanten" Werk, von einem Einfall, einer „Werkidee" oder ähnlichem; - fehlte ihm (wie etwa einem Volkstanz) „sein" persönlicher, individueller *Autor*, so würden wir es eben eher („Volks-)stück", -tanz", -lied" als „Werk" nennen; - handelte es sich um ein nicht beendetes, nicht *abgeschlossenes* Gebilde, so könnten wir es nur als „Fragment", „Skizze", „Entwurf" und eben kaum als „Werk" bezeichnen; - und wäre es allzu trivial oder auch allzu leicht, so sträubte sich unser Sprachgefühl ebenfalls gegen die in gewissem Sinn auch *wertende* Bezeichnung „Werk", die eben eher den Gedanken an „Größe" weckt denn an „Kürze" oder „Flachheit". - Diese alltagssprachliche Verwendung des Wortes „Werk" soll auch hier zum Ausgangspunkt unserer Analyse werden. Zunächst ist mithin zu fragen, was „Fixiertheit", „Originalität", „Umfang" (bzw. „Tiefe"), „Dignität" und „Abgeschlossenheit" für das Musikwerk eigentlich bedeuten. Daher wollen wir diese - zunächst nur durch unser „natürliches" Sprachgefühl belegten - Eigenschaften der Reihe nach einmal näher auf ihre Bedeutung hin betrachten.

a. *Fixiertheit*

Eine der Grundbedingungen dafür, daß wir vom „Werk" sprechen können, ist dessen „Fixiertheit", dessen konkrete, als Gegenstand vorliegende „Materialisation". Wenn wir sagen, jemand „plane" ein Werk, so drücken wir damit aus, daß erst nach Fertigstellung, nach „Realisation" bzw. Fixierung, vom Werk selbst, und nicht mehr nur von dessen Plan, die Rede sein kann. Es spielt dabei keine Rolle, in welcher Weise das Werk zur Realität gebracht wird; es kann notiert, also in herkömmlicher Notenschrift aufgeschrieben sein; seine akustische Beschaffenheit kann „graphisch" veranschaulicht sein; es kann in Schaltskizzen und Diagrammen „formuliert" sein; ja es mag auch auf Tonträgern festgehalten sein. Für den letzteren Fall allerdings entsteht eine gewisse Schwierigkeit. Sie betrifft den Unterschied zu den anderen „Werktypen", und sie besteht in der Problematik des „Werkcharakters" von Improvisation, Fantasie und „Stegreifspiel"; den Formen musikalischer Tätigkeit also, in denen Komposition und Realisation zeitlich zusammenfallen. Bezeichnenderweise zögern wir in der Regel, Kompositionen dieses Typs als „Werke" zu kennzeichnen; eine Schallplatte, die etwa „free jazz" - Improvisationen eines ausschließlich „spontan" musizierenden Musikers also - wiedergibt, wäre eben eher eine „Einspielung" als ein „Werk", - womit allerdings nicht behauptet wird, unser Sprachgebrauch schränke das Wort „Einspielung" auf die nicht notierte Musik ein. - Es liegt hier ein ähnliches Verhältnis vor wie bei der sogenannten „freien" - nicht aufgeschriebenen - Rede:

sicher ist es denkbar, daß ein Redner, der seine Kunst wirklich beherrscht, in der Weise „extemporiert", daß man das, was er sagt, als „druckreif" bezeichnen mag; und der am Hofe Friedrichs des Großen musizierende Bach soll dort frei improvisierte Teile des später als „Musikalisches Opfer" bezeichneten „Werks" erst nachträglich schriftlich niedergelegt haben. Diese Umstände legen sicher die Vermutung nahe, dann seien eben freie Improvisationen grundsätzlich als „Uraufführungen" eben nur *noch nicht* vorhandener Werke zu verstehen. Dem ist jedoch zu entgegnen, daß mit einer solchen Formulierung nichts weiter geleistet würde als eben die Übertragung eines Begriffs, welcher Fixierung allerdings voraussetzt („Uraufführung" als erste von weiteren möglichen Aufführungen), auf *nicht* Fixiertes, das eben nur - etwa aufgrund einer positiven Einschätzung - als „fixierbar" erscheint[1]. - Für den anderen Fall der Problematik des „Werkcharakters" ausschließlich phonographisch fixierter Improvisationen oder improvisationsartiger Kompositionen allerdings scheint es am besten, dies zunächst einmal auszuklammern und zu versuchen, fürs erste den Werkcharakter der *schriftlich fixierten* Kompositionstypen zu betrachten.

Wieder drängt sich der Vergleich mit geschriebener und gesprochener Sprache auf: der sprachliche Gedanke wird aufgeschrieben, gelesen und „interpretiert"[2]; in beiden Fällen ist bei eindeutiger Fixierung und richtigem Lesen das hörbare Ergebnis auch das in der ursprünglichen Vorstellung intendierte: alle für den sprachlichen Gedanken bzw. für die musikalische Vorstellung relevanten Züge werden - unter diesen beiden Voraussetzungen - durch das Gesprochene bzw. das „Interpretierte" realisiert.

Damit sind die Voraussetzungen für ein Hören und Verstehen geschaffen und zwar des - möglicherweise gar nicht mehr lebenden - Autors bzw. Komponisten. Und wieder ist es für *beide* Medien der Verständigung so, daß der Sprecher bzw. Interpret bestimmte eigene Ausdrucksmomente, sofern sie nur am Text nichts verändern, in seine Interpretation des Textes eingehen lassen kann; sein „Spielraum" ermißt sich am Abstand zwischen ursprünglicher Vorstellung des Autors und deren Fixierung[3]. Daraus ergibt sich, daß wir durch die Betrachtung des - wiederum dreigliedrigen - Verhältnisses von „originalem" Konzept, dessen „Formulierung" oder „Codierung" und deren „Realisierung" oder „Interpretation" keinen formalen, d.h. dieses Verhältnis selbst betreffenden, Unterschied zwischen Sprache und Musik finden. Und wenn Carl Dahlhaus für seine These, „geschriebene Sprache" repräsentiere „in höherem Grade die Sprache als notierte Musik die Musik"[4], als Argument anführt, die musikalische Komposition bedürfe eben, „um musikalisch real zu werden, der klanglichen Interpretation"[5], so meint er nicht einen prinzipiellen Unterschied zwischen den Funktionen der Fixierung in Sprache und Musik, sondern eine graduelle Differenz, die auf der „Fundiertheit" *musikalischen* Sinns beruht: „Musikalischer Sinn ist, im Unterschied zu sprachlichem, von dem tönenden Faktum nicht oder doch nur in geringem Maße ablösbar."[6]

Bevor zu den anderen Bedeutungsnuancen übergegangen werden kann, die am Begriff des „Musikwerks" - schon bei der Betrachtung der alltagssprachlichen Verwendung dieses Worts - noch unterschieden werden können, ist noch ein Wort zum Verhältnis musikalischer Vorstellung (Komposition) zu deren schriftlichen Fixierung (Notation) zu sagen. Bei der Vorstellung eines musikalischen

Zusammenhangs handelt es sich um die Vorstellung eines fundierten Gebildes, um die Vorstellung eines sinnlich Wahrnehmbaren also. An dieser Bestimmtheit ändert auch die Tatsache nichts, daß die „musikalische Vorstellung" sich nicht in der puren sinnlichen Gegebenheit, in der Materialität ihres Gegenstands erschöpft, daß es sich eben immer um ein *fundiertes* und damit auch um ein produziertes materielles Gebilde handelt, welches vorgestellt wird. Um eine solche Vorstellung schriftlich fixieren zu können, muß der Komponist deren Gegenständlichkeit „auf den Begriff bringen", er muß imstande sein, den ganzen Inhalt seiner Vorstellung innerhalb eines Zeichensystems - *sprachlich* zu formulieren. Aus ebendiesem Grunde kann eigentlich erst diejenige musikalische Vorstellung „musikalischer Gedanke" genannt werden, die vorstellungsweise auch bereits *sprachlich* formuliert ist. Machen wir uns dieses Verhältnis am Beispiel eines notierten musikalischen Zusammenhangs einmal deutlich, so fällt ins Auge, warum mit Bezug auf die Notation von Musik von nichts anderem als von sprachlicher Formulierung der Vorstellung eines (akustisch) erfahrbaren „fundierten" Gegenstands die Rede sein kann. Als Beispiel für eine musikalische Vorstellung wählen wir einen - sehr häufig vorkommenden - Liedanfang: die ersten beiden Töne von „Wenn alle Brünnlein fließen", den Auftakt also und die erste betonte Silbe. Die Notation dieses höchst einfachen musikalischen Gebildes

bestimmt - in einem speziellen Zeichensystems für im musikalischen Bereich relevante Begriffe - den vorgestellten „Sachverhalt" in folgender Weise: „Im Tempo ‚allegro' folgt auf ein ‚Viertel' der Tonhöhe ‚eingestrichenes a' als ‚Auftakt' zu einem ‚4/4-Takt' ein ‚Viertel' der Tonhöhe ‚eingestrichenes d' in der ‚Dynamik' ‚mezzoforte' bei beliebiger ‚Instrumentation' innerhalb eines ‚tonalen' Zusammenhangs von ‚D-Dur' ". Es bedarf wohl keines ausdrücklichen Hinweises darauf, daß die hier zur sprachlichen Formulierung des vorgestellten Sachverhalts verwandten Termini ohne Ausnahme als „definiert" zu gelten haben: „allegro" für ein Tempo von ca. 90-120 Taktschlägen in der Minute, „eingestrichenes a" für einen Ton der Frequenz von ca. 880 Schwingungen in der Sekunde, „mezzoforte" für einen je nach Instrumentation zu bemessenden Schalldruck und „Instrumentation" für ein bestimmtes (in unserem Beispiel allerdings beliebiges) Klangspektrum".

Die schriftliche Fixierung einer musikalischen Vorstellung kommt also der sprachlichen Formulierung deren (in Begriffen) gedachter Fassung gleich; die in einer Notation festgehaltene musikalische Vorstellung mag mithin getrost als „musikalischer Gedanke" bezeichnet werden[7]: als Vorstellung von Musikalischem im Modus des Gedachtseins.

Werfen wir noch einen Blick auf das soeben angeführte Beispiel, so fällt noch ein zweites wesentliches Moment im Verhältnis zwischen Komposition (als Inbegriff musikalischer Vorstellungen) und Fixierung auf: Nicht nur sinnlich wahrnehmbare Momente nämlich werden „formuliert", sondern auch der „Rahmen", innerhalb dessen sie zu „verstehen" sind. Zu diesem wären in unserem Beispiel die Bestimmungen „Auftakt", „4/4-Takt", „tonal" und „D-Dur" zu zählen. Dasselbe klangliche Resultat ließe sich auch durch eine völlig andere Notation - selbst innerhalb desselben Zeichensystems! - erreichen, wie z.B. durch:

oder, innerhalb eines anderen Zeichensystems, durch:

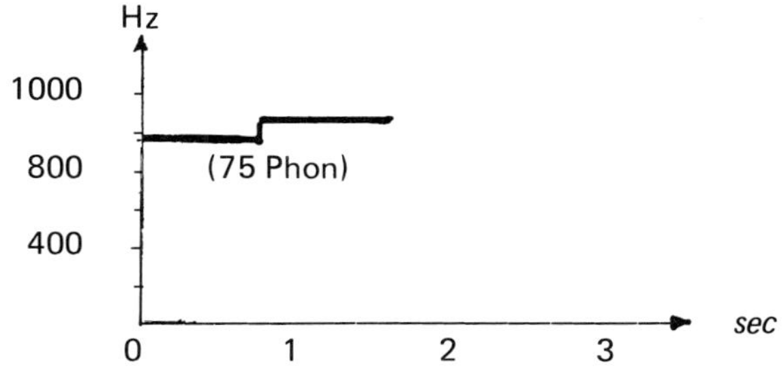

Es leuchtet ein, daß es sich schon bei dem ersteren dieser beiden Beispiele nicht mehr um den Umfang des genannten Volkslieds handeln kann, obwohl sich bezüglich der Maßbestimmungen der sogenannten „Parameter" - Tondauer, Tonhöhe (bei enharmonischer Verwechslung von „eses" in „d") und Tonstärke bei beliebiger Klangfarbe (wobei die Notation im Baßschlüssel allerdings einen anderen Assoziationszusammenhang herstellt) - der Größe nach nichts geändert hat. Geändert hat sich allerdings gleichwohl Wesentliches: der harmonische Rahmen (As-Dur bzw. f-moll statt D-Dur), das Tempo (unter Beibehaltung allerdings der - „absoluten" - Dauer), der metrische Rahmen (das „Motiv" erscheint jetzt synkopiert), die Stimmlage (Baßschlüssel), der „funktionale" Stellenwert der beiden Töne zueinander („eses" als Leitton zu „des" statt „d" als Tonika) und die Pause am Beginn. Aus alledem wird ersichtlich, daß in die Fixierung eines musikalischen Gedankens Momente eingehen, die über die sinnlich erfahrbare Seite der fundierenden Elemente hinausgehen, Momente eben, die dem Anteil dessen gerecht werden, was in Korrelation zu diesen „produziert" genannt wurde[8]. Wie wesentlich gerade diese - eben nicht bloß hörbaren, puren Maßbestimmungen nicht zugänglichen Momente - für die Formulierung einer musikalischen Komposition sind, ist an unzähligen Beispielen aus der musikalischen Literatur zu belegen[9]; das etwas krasse Beispiel, das oben gegeben wurde, sollte diese Eigentümlichkeit nur besonders deutlich zum Ausdruck bringen.

Schriftlich fixiert werden demnach keineswegs immer nur die der „Schicht" der fundierenden Elemente zugehörigen Qualitäten eines musikalischen Zusammenhangs, sondern z.T. auch jene in der Vorstellung des Komponisten „produzierten" Zusammenhänge, die darüber Aufschluß geben, wie die einzelnen fundierenden Elemente eines musikalischen Zusammenhangs mit Bezug auf ihren „Stellenwert", eben ihrer „musikalischen Bedeutung", gemeint sind. Mangelt es nun einem Text gänzlich an solchen Zusammenhängen, so heißt dies allerdings keineswegs, daß damit auch der für die Musik konstitutive „produzierte" Anteil, das „geistige Band" schlicht fehle; vielmehr mag entweder die Zusammenhanglosigkeit selbst (etwa mit der Absicht bewußter Desorientierung) intendiert sein, oder aber es mag sich um eine dem „Interpreten" überlassene Aufgabe oder Möglichkeit handeln, nun seinerseits - „mitschöpferisch" bzw. „nachschaffend" - aus dem notierten Material Musik werden zu lassen. All dies heißt aber nichts weiter, als daß die für eine Komposition „relevanten" Momente fixiert sind, während die für sie - also die Komposition selbst - „irrelevanten" Momente ins Belieben des Ausführenden gestellt werden; oder, daß als kompositorisch „relevante" Momente die musikalischen Gedanken eines Autors fixiert sind und daß jene „irrelevanten", nicht fixierten, Momente als diejenigen Momente eines Musikstücks verstanden werden können, die zwar nicht notiert sind, sich jedoch in der Ausführung „ergeben".

Für das bei der Rede vom „Werk" mitgedachte Moment seiner Fixiertheit können wir mithin zusammenfassen, daß (1) die Fixierung weder als Autograph noch gar als Vervielfältigung der Niederschrift (z.B. der Partitur) mit dem „Werk" identisch ist, daß (2) in der Fixierung eine Komposition ihre „Formulierung" erfährt, indem den musikalischen Gedanken eines Autors sprachlicher Ausdruck verliehen wird, und daß (3) die Fixierung ein zu Interpretierendes, eine Aufgabe also (für den ausübenden Musiker) darstellt: das „Werk" zu spielen bzw. auszuführen.

Nun läßt sich die Frage nach der Struktur des musikalischen Werks schon etwas präziser fassen: An welche Stelle im Verhältnis Komposition – Fixierung – Ausführung, so lautet sie jetzt, gehört das „Werk" selbst? Mit einem einzelnen der drei Relata ist es jedenfalls nicht identisch: die *Komposition* ist Tätigkeit des Autors; die *Fixierung* einer und derselben Komposition ist keineswegs immer nur auf eine einzige Weise möglich; und die *Ausführungen* vieler Interpreten sind doch nur immer solche des einen - als solchen eben „unwiederholbaren" - Werks[10].

b. *Autorschaft, Originalität*

Immer noch im Zusammenhang mit der Frage, welche Rolle die schriftliche Fixierung einer Komposition (der musikalischen Gedanken eines Komponisten) für das fixierte „Werk" spielt, haben wir schon den Schritt auf ein weiteres, von bloßer Fixiertheit unterschiedenes, Moment hin vollzogen, das im Begriff des musikalischen „Werks" mitgedacht ist: zu dem seiner „Originalität". Wenn wir als eine der Grundbedingungen für die Kennzeichnung einer musikalischen Gegebenheit als „Musikwerk" dessen Fixierung (immer im Sinne der zunächst nur sprachlichen Formuliertheit) herausstellen können, so ist diese auch nicht denkbar ohne den Urheber der Fixierung, der - im Falle des Musikwerks - seine musikalischen Vorstellungen zur begrifflichen Klarheit bringt und sie dann schriftlich formuliert. Der allein schon unter dem Aspekt möglicher Objektivationsleistung gegenüber hörbaren Gegenständen geradezu universale Bezug unseres - der Produktion musikalischer Zusammenhänge fähigen - musikalischen Vorstellungsvermögens auf schlechthin alles Hörbare[11] erfährt nunmehr mit dem bedingenden Moment der verständlichen - „begreifbaren" - schriftlichen Formulierung eines bestimmten Autors eine wichtige Einschränkung: nicht jede musikalische Objektivation eines Komponisten - sei sie äußere oder innere - ist auch schon Musik*werk*; und dies gilt selbstverständlich für die sich sozusagen auf akustische Veranlassung hin vollziehende Produktion - auf der Seite des Hörers - in gleichem Maße.

Die im Begriff der „Fixierung" enthaltene Bedingung persönlicher Autorschaft mit Bezug auf die fixierten Vorstellungen nun bedeutet nichts weiter als die Forderung, daß tatsächlich jeder „Fixierung" ein musikalischer Gedanke zugrundezuliegen hat, wenn von einem „Werk" die Rede soll sein können. Eine - in irgendeiner beliebigen Weise - „lesbare" Vorlage zum Musizieren etwa kann nur dann als Fixierung eines Werks bezeichnet werden, wenn sie als solche intendiert ist, und das heißt, wenn in ihr die musikalischen Gedanken eines Autors niedergelegt sind. Erst dann ist auch die Gewähr dafür gegeben, daß aufgrund der Dauerhaftigkeit der Fixierung eine *geistige Leistung* eines Autors tradierbar wird, und daß nicht etwa bloß von einem Gegenstand die Rede sein kann, dessen Gegenständlichkeit sich in seinen extensiven Qualitäten erschöpfte, der also seinem „Anspruch", seinem „Hintergrunde", nach bloß als Objekt der Naturwissenschaften theoretisch betrachtet werden könnte.

Jedoch dieser Fall betrifft nur die *eine* Seite, von der aus die Bedingung der persönlichen Autorschaft mit Bezug auf das Musikwerk verfehlt werden kann; er betrifft etwa die Erstellung von Computerprogrammen, auf deren Grundlage Musikstücke errechnet werden könnten. Man hat oft gefragt, ob das Resultat als Musik bezeichnet werden sollte oder nicht. Nun, diese Frage löst sich nach den im ersten Kapitel gewonnenen Ergebnissen nicht allzu schwer: eben je nachdem, ob der Hörer (der auch der „Autor", hier besser: der „Erfinder" selbst sein mag) in der Lage ist, das Gehörte gemäß der Bedingung des korrelativen Gefüges von Fundierung und Produktion zu „verarbeiten", mag man von „Musik" reden oder von „Maschinengeräusch". Doch die andere Frage, ob es sich bei dem „Programm" schon, das „irgendeinem" Rechenautomaten eingegeben werden kann, um die Fixierung eines Musik*werks* handele, scheint nun wesentlich wichtiger, - hängt von ihrer Entscheidung doch auch die Möglichkeit wertender Stellungnahme (Kunstwerk oder nicht?) ab. - Wir sind aufgrund der bis hierhin gediehenen Überlegungen in der Lage, zumindest die Bedingungen zu formulieren, unter denen der Wertung solcher Kalkulationsunterlagen *als musikalischer Werke* wenigstens nichts im Wege stünde. Gewiß kann ein Komponist zunächst einmal Rechenmaschinen als Hilfsmittel für komplizierte kompositorische Techniken benutzen; - ein prinzipieller Abstand zu Schönbergs „Reihenwürfler" (ein Gerät, mit Hilfe dessen sich - durch Schütteln - immer neue 12-Ton-Reihen „ergeben") oder sogar zu tabellarischen Übersichten in einer Harmonielehre ist möglicherweise gar nicht gegeben, so daß sich diese Beispiele hinsichtlich ihrer Verwendungsfähigkeit zur musikalischen Komposition nur graduell unterscheiden lassen[12]. Ja selbst als Musikinstrument mag sich ein Elektronenrechner auffassen lassen, geeignet eben nur zur Reproduktion musikalischer Kompositionen bis hin zu deren hörbarem „Endprodukt". Stets aber steht der Begriff der musikalischen „Komposition" im Hintergrund aller dieser Erwägungen, und das heißt nach allem Vorausgegangenen eben die Unerläßlichkeit des ursprünglich *musikalischen* Gedankens eines Komponisten, eines Gedankens, der im Werk seine Äußerung erfährt. Nur aufgrund der puren Möglichkeit, etwa auch angesichts von Werken der bildenden Kunst in musikalische Aktion zu verfallen (gerade hier gab es in der Musikproduktion der jüngsten Vergangenheit eine regelrechte Mode, graphische Aktionsvorlagen für die Realisation von Musikstücken zu „komponieren"[13]), sollte man eben besser nicht von „Komposition" - im Sinne des Fassens eines musikalischen Konzepts - sprechen. Entscheidend ist also bei all diesen Typen die Beziehbarkeit des hörbaren „Endprodukts" auf den Zusammenhang der musikalischen Gedanken des Komponisten; liegt dieser schlicht nicht vor, so mag man jene akustischen Erscheinungen zwar als „Musik" bezeichnen (ähnlich dem Geläut von Herdenglocken oder dem Vogelgesang) - aber eben nicht als eine Musik, die als Realisation eines Musik*werks* aufzufassen wäre.

Ein ähnliches gilt auch von der *anderen* Seite, von der her der ursprünglich musikalische Gedanke durch andere, eben nicht musikalische, Konzeptionen verdrängt, ja ersetzt werden mag: wenn nämlich die musikalisch-kompositorische Tätigkeit des Autors sich darin erschöpft, ein Zuordnungssystem zwischen musikalischen und diesen heterogenen „Größen" zu erfinden. Die pure „Spielmöglichkeit" etwa auch von literarischen Texten, indem man in einer den ersten acht „musikalischen" Buchstaben des Alphabets analogen Weise fortfährt, den restlichen Buchstaben, Satzzeichen und Schriftgrößen eben Dauern, Tonhöhen, Stärkegrade o.ä. zuzuordnen, rechtfertigt sicher auch nicht den Begriff des „komponierten" musikalischen Gedankens. Es wäre sicher überflüssig, ein derart krasses Beispiel wie das soeben gegebene, überhaupt zu erwähnen, belegte es nicht nachgerade eine Parallelität zu einem Kompositionsverfahren, das hier exemplarisch für nicht wenige andere, ähnlich strukturierte, Techniken „musikalischer Komposition" in einigen wesentlichen Grundzügen dargestellt werden soll, um die Ansatzpunkte zu sichern, von denen aus sich prinzipielle Bedenken anmelden, wenn die Resultate solcher Techniken als „komponierte" „Musikwerke" bezeichnet werden.

Der griechische Komponist und Architekt Iannis Xenakis hat verschiedene seiner Kompositionsverfahren aus mathematischen, geometrischen, architektonisch-statischen, spieltheoretischen, statistischen und stochastischen Kalkülzusammenhängen für die formale und strukturelle Gestaltung seiner Werke hergeleitet und angewandt. Ein besonders einfaches aus diesen verschiedenen Kompositionsverfahren sei hier als Beispiel ausgewählt; nicht zuletzt deshalb, weil der Komponist selbst gerade dieses Beispiel verschiedentlich zur Erläuterung seiner „Kompositionsweise" (der „musique formelle") gewählt hat.

In einem Koordinatensystem repräsentiere die Abszisse den Parameter der Dauer (in Sekunden) und die Ordinate den der Frequenz (in Hertz). Schon diese sehr einfache Funktionalisierung akustischer Größen eröffne - dies ist der Ausgangspunkt des Komponisten - die faszinierende Möglichkeit, nunmehr alle denkbaren zweidimensionalen Figuren, etwa aus dem Bereich der euklidischen Geometrie, in musikalische Notation zu übertragen, z.B.:

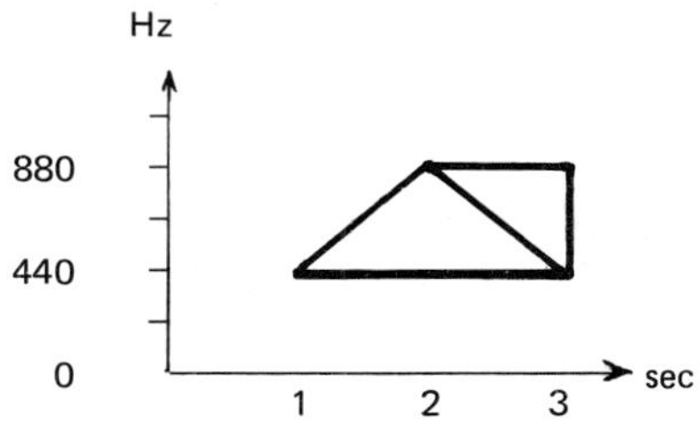

in:

Bedenken gegen die Auffassung, solche und ähnliche Zuordnungsweisen allein rechtfertigten schon die Behauptung, die links wiedergegebene Figur werde rechts „gespielt", erfahre gar ihre musikalische „Äußerung" oder werde in irgend einer Weise „hörbar", weckt schon der Umstand, daß schlicht k e i n e der links zu unterscheidenden Relationen oder Strukturen sich rechts wiederholt: Stellen wir uns nur ein Quadrat vor, dem auf der rechten Seite die Notation eines Clusters (für die Senkrechte), zweier gehaltener gleichzeitiger Töne (für die waagerechten Parallelen) und wieder eines - abschließenden Clusters (für die zweite Senkrechte) „entsprechen". Schon die geringfügige Änderung, daß auf der Seite der Graphik das Quadrat um etwa 5° „gedreht" wird, daß es also nicht mehr genau parallel zum Koordinatensystem steht, hat auf der Seite der musikalischen Notation eine totale Veränderung des Klangbilds zur Folge: jetzt treten dort nur noch Glissandi auf; Cluster und Liegetöne sind verschwunden. - Aus dieser Überlegung schon ergibt sich, daß bei allen im Prinzip ähnlichen Verfahren der Transposition nicht musikalischer Größen in musikalische stets die m u s i k a l i s c h e R e l e v a n z gewährleistet sein muß, die jenem, der Musik heterogenen, „Anteil" zuzukommen hat, wenn man nicht endgültig dazu übergehen will, auch Parallelogramme oder gar den Zusammenhang zwischen Pascalschem Dreieck und binomischen Formeln als m u s i k a l i s c h e Vorstellungen zu bezeichnen.

Wir entsinnen uns hier des Gedanken des „musikalischen Existenzrechts" auch von Visuellem angesichts der Bedeutung der „Papiermusik" für etwa den analysierenden Kunstwissenschaftler[14]. Nun sehen wir, mit welchen Konsequenzen eine solche Auffassung mißverstanden sein mag, wenn sie nicht auf die schriftliche Fixierung eingeschränkt bleibt, die als solche, d.h. ihrer optischen Materialität nach, eben gerade *nicht* als Musik bezeichnet werden kann. Wenn es also so ist, daß ein primär auf Visuelles (geometrische Figuren) oder auch auf mathematische Operationen bezogener Gedanke des Autors vorliegt, aus dem sich dann bei „systematischer" Transposition in akustische Parameter hörbare Zusammenhänge ergeben, so kann das hörbare Resultat nicht auf eine *musikalische* „Werkidee" des Autors bezogen werden; seine Konzeption darf aus diesem Grund auch nicht „musikalische Komposition" heißen, und ob seine akustischen Konstruktionspläne als Fixierungen von „Musikwerken" zu bezeichnen sind, ist aus diesen Gründen zumindest in Zweifel zu ziehen. Man wende nun demgegenüber nicht ein, etwa die mittelalterliche Polyphonie sei - z.B. ihren rhythmischen Strukturen nach - ebenfalls unmöglich etwa stets aus auditiver Intuition oder Imagination heraus entstanden; wie kompliziert und der angewandten Mathematik ähnlich auch immer eine musikalische Handwerkslehre werden mag: stets steht ein musikalischer Gedanke am Anfang, ein „Thema", ein „Modus", ein „Rhythmus", eine „Melodie", eine „Reihe". Dieser Gedanke setzt die Komposition - in all ihrer Kompliziertheit - sozusagen „in Bewegung": das Thema wird „durchgeführt", der Modus „entwickelt", der Rhythmus „permutiert", die Melodie „gespiegelt", und was die „Reihe" betrifft, so hat Schönberg einmal gerade dieses wesentliche und unverzichtbare Moment des Primats *musikalischer* Konzeptionen vor schematischen „Bildungsregeln" so betont: „Ich bin kein *Zwölfton*komponist, sondern ein Zwölfton*komponist*." -

Wieder ist der vorliegende Gedankengang in Gefahr, sich dem Problembereich der Wertung weiter zu nähern als dies der Zusammenhang schon jetzt gestattet; es ging hier, in den soeben angestellten Überlegungen, zunächst nur darum, noch einmal auf die Unerläßlichkeit der jegliche musikalische Komposition aufbauenden *musikalischen* Gedanken des Komponisten hinzuweisen: Wenn wir von dem im Werkbegriff mitgedachten Moment der Fixiertheit sprechen, so denken wir an die schriftliche, ja sprachliche Fixierung eines Inbegriffs musikalischer Gedanken, die auf einen Autor, den Komponisten, der sie „erfunden" hat, beziehbar sind, und die diesem als musikalische Gedanken auch zuzurechnen sind.

In der Unerläßlichkeit dieses Moments der Beziehbarkeit eines Werks auf seinen Autor liegt auch der Grund dafür, daß niemand von einem „Werk" spricht, wenn er sich auf ein überliefertes, möglicherweise auch fixiertes, Volkslied bezieht. „Sah ein Knab' ein Röslein stehn" ist eben ein „Lied", und spräche jemand davon als von einem „Werk", so würde er allenfalls die Assoziation an etwa Schuberts Vertonung wecken, an das „Kunstlied" also. Daß wir als „Werke" eben nur solche Musikstücke bezeichnen, deren persönliche Autorschaft mit Bezug auf die ihnen zugrundeliegende Komposition feststeht, ist ein weiterer Beleg dafür, daß das Moment der notwendigen Fixiertheit von Werken weniger ihrer materiellen Gegebenheit wegen als aufgrund der ihnen vorausgegangenen geistigen Leistung, die in ihnen mitgeteilt wird, besonderer Beachtung würdig ist.

Wenn wir also im weiteren Verlauf vom Moment der Fixiertheit eines Musikwerks sprechen, so nur im Sinne der Korrelation „Autor (des musikalischen Gedankens) – Fixierung (des musikalischen Gedankens)", im Sinne also auch der Fixiertheit von Originalem und nicht im Sinne von „Abschrift", von Fixierung nach Diktat oder Beobachtung. Damit erübrigt es sich auch, nochmals zu betonen, daß mit dem „Autor" der Fixierung an keiner Stelle etwa nur der „Autor der Fixierung" gemeint war, sondern stets der des jeder Fixierung zugrundeliegenden musikalischen „Konzepts". Ja es fällt gerade hier ins Auge, daß der „Schreiber", der „Kopist", der faktisch Fixierende also, keineswegs der Autor selbst sein muß. Das im Begriff des Musikwerks enthaltene Moment persönlicher Autorschaft[15] zielt auf den Komponierenden und nicht etwa nur auf den Fixierenden, wiewohl das „Werk" seine Fixierung stets fordert. Es mag Fälle geben, die die klare Trennung zwischen bloßer Notation (aufgrund von Beobachtungen oder gar Diktat) und musikalischer Komposition schwierig machen, wie etwa die schon erwähnte Aufzeichnung ungarischen und rumänischen Volksmusikguts durch Bartók oder Kodály, denn für beide Komponisten gerieten solche Aufzeichnungen nicht selten zu regelrechten Skizzen ihrer Werke. Ähnliches gilt z.B. auch für Messiaen, der sich weniger der überlieferten Volksmusik als der Natur selbst zuwandte und dessen schriftliche Fixierung von Vogelrufen schließlich eben in seinen *Werken* Verarbeitung findet. - Für unser Sprachgefühl allerdings belegen diese Fälle - wie man sieht - kein Problem, an ihnen zeigt sich nur mit Deutlichkeit ein weiteres wichtiges im Werkbegriff mitgedachtes Moment, das ihn vom Begriff der Vorstudie, der „Skizze" oder des Entwurfs trennt.

c. *Umfang, Dignität, Abgeschlossenheit*

Die Differenzierung, die an dieser Stelle zu treffen ist, läßt ein weiteres Moment des Werkbegriffs deutlich hervortreten: das Werk ist von der Skizze, dem Entwurf zu unterscheiden. Zunächst einmal läßt sich - etwas lapidar - feststellen, daß ein Musikwerk schon einen gewissen „größeren" Umfang haben muß, um die Bezeichnung „Werk" zu „verdienen"; jedenfalls ist das Werk umfangreicher als die Skizzen, die ihm zugrundelagen. Es wäre z.B. unpassend, einen nur vier Takte langen Kanon Johann Sebastian Bachs als „Werk" zu bezeichnen, ihm einen Platz im Verzeichnis der Werke des Autors („BWV") einzuräumen. Es bedeutet eben für den Komponisten stets auch die positive *Bewertung* einer seiner Kompositionen, wenn er sie als „opus" gezählt wissen will, und das heißt in aller Regel, wenn er sie zur Veröffentlichung bestimmt.

Es sei an dieser Stelle der Hinweis darauf nicht versäumt, daß die Musikwissenschaften einen durchaus unterschiedlichen Wortgebrauch hinsichtlich des Terminus' „Werk" - gerade in der jetzt zur Betrachtung stehenden Hinsicht - aufweisen. So verzeichnet das soeben erwähnte Bach-Werke-Verzeichnis jenen viertaktigen Kanon unter der Nummer 1075, und auch die übrigen großen Werkverzeichnisse (z.B. von Hoboken, Köchel oder Deutsch) registrierten - z.T. bis herab zur flüchtigen Skizze - alles, was der Autor überhaupt des Aufschreibens für würdig befunden hat. Für die wissenschaftliche Beschäftigung mit Musik mag ein solcher, konsequent wertungsfreier Gebrauch des Terminus' „Werk" durchaus zu rechtfertigen sein, er mag vielleicht gerade angesichts der zu Anfang des Kapitels referierten Bedenken gegen die Möglichkeit der Objektivität von kunstwissenschaftlichen Ergebnissen[16] unerläßlich sein. Doch ist darauf hinzuweisen, daß dem Werkbegriff, so wie er sich unserem Sprachgefühl nach darbietet, ein wichtiges Moment genommen wird - um seinen Umfang zu vergrößern -, wenn man ihn nicht als Gegensatz zum Begriff des Fragments der Skizze oder der „Fassung", im Sinne eben eines dem Werk Vorgängigen versteht. Es ist - wie gesagt - der Gebrauch des Terminus' „Werk" in der Musikwissenschaft unterschiedlich. Ja, schon Beethoven differenzierte zur Unterscheidung seiner veröffentlichten Werke von den Arbeiten, die er der Veröffentlichung nicht für würdig befand, in „meine Werke" und „meine eigentlichen Werke". Nun erlaubt allerdings gerade die persönliche Lage dieses Komponisten die praktikable Trennung der im Druck erschienenen - und somit gezählten - „Werke" von denen, die ohne Opuszahl blieben[17]; im Falle Mozarts oder - ganz besonders - Schuberts hat dieses äußerliche Unterscheidungsmerkmal nichts mehr mit der Dignität oder gar der Einschätzung des Komponisten zu tun[18]. - Wir können also den völlig wertneutralen Wortgebrauch von „Werk" als „uneigentlich" bezeichnen; „eigentlich" gehört zu den im Begriff des „Werks" enthaltenen Bedeutungsmomenten seiner Fixiertheit, der ihm zugrundeliegenden Komposition und des Geschaffenseins durch einen Autor auch noch das einer gewissen Dignität, aufgrund deren man bloße Kompositionsübungen eher als „Arbeiten" denn als „Werke" bezeichnet, und aufgrund deren man mit Bezug auf allzu Unbedeutendes auch von „Werkchen" sprechen mag. Sowohl der Gedanke des angemessenen Umfangs wie auch der gewissen Werthaftigkeit beruhen auf einem letzten - wichtigen - im Werkbegriff enthaltenen Bedeutungsmoment: dem der Abgeschlossenheit.

Für beide Momente, das der Werthaftigkeit und das des angemessenen Umfangs, ist das der Abgeschlossenheit von Werken Voraussetzung, mit keinem der beiden fällt es allerdings zusammen. Zwei Beispiele mögen verdeutlichen, daß Wert und bedeutender Umfang eines Werks weder miteinander in Korrelation stehen, noch auch schon aus der bloßen Geschlossenheit eines Werks notwendig folgten. Weder der Umfang noch die Geschlossenheit eines rhythmisch völlig gleichförmigen und - konsequent durchgeführten - vollständigen Arpeggiengangs durch alle Tonarten des Quintenzirkels tragen zum Wert des Stückes bei, nach welchem wir es - unserem Sprachgefühl nach - als „Werk" bezeichnen würden. Die Vollständigkeit, die durch solche erschöpfende Geschlossenheit garantiert wäre, erhöhte allenfalls seinen „Gebrauchswert", also die Nützlichkeit einer derartigen „Studie" für Übungszwecke. Bezeichnend ist es daher, daß es Etüden gibt, deren Komponist sich nennt und die als „opus" gekennzeichnet werden, und andere, deren unverhohlener „Trainingscharakter" es verbietet, ihren Autor als den „Komponisten" zu bezeichnen. Wenn es eben ausschließlich um die Geschmeidigkeit des rechten Handgelenks eines Streichers oder ausschließlich um die Kräftigung der Lippenmuskulatur eines Bläsers geht, steht als Absicht des Autors keine kompositorische im Vordergrund, sondern entweder etwa eine auf Körperbeherrschung, auf „Leibesübung" zielende, oder es geht in ihr gleichsam um „Halbzeug": Artikulationsmodelle, Stricharten, Skalen, Arpeggien, melodische oder rhythmische Muster usw. Um diesen Sachverhalt, anders formuliert, ausdrücklich auf oben[19] Gesagtes zu beziehen, kann hinsichtlich der puren Etüde betont werden, daß auch ihr eben keine ursprünglich *musikalische* Vorstellung eines Komponisten zugrundeliegt, sondern allenfalls eine zwecktechnisch bestimmte, mag ihr auch mit musikalischen Mitteln gerecht zu werden sein. All dies aber berührt den Ganzheitscharakter solcher Übungsstücke in keiner Weise; Abgeschlossenheit und Dignität von musikalischen Werken mögen zwar in einem einseitigen Bedingungsverhältnis zueinander stehen, so daß ihr Wert allemal ihre Geschlossenheit fordert, in einem Verhältnis wechselseitiger Implikation jedenfalls stehen sie nicht: nicht schon die pure Geschlossenheit verbürgt den musikalischen Wert eines Musikstücks.

Als noch weniger streng aufeinander beziehbar erweisen sich bei näherer Betrachtung die Momente des - wie wir es vorläufig nannten - „angemessenen" Umfangs und der Dignität eines Musikstücks. Schon daß nicht vom Umfang überhaupt gesprochen wird, weist eben darauf hin, daß auch der ausgedehnteste musikalische Zusammenhang von weitaus niedrigerem „Wert" sein kann als eine zeitlich stark komprimierte und auf das „Nötigste" beschränkte musikalische Aussage. Den besten Beleg hierfür stellen nahezu sämtliche Kompositionen Anton von Weberns dar; ja, dieser Komponist ging sogar so weit, eine möglichst geringe Dauer musikalischer Kompositionen geradezu als Prüfstein für die Unterscheidung der guten von den schlechten - für alle Zukunft - zu fordern: eine wirklich gute Komposition, so soll er einmal gesagt haben, könne nicht länger als fünf Minuten dauern. Die künstlerische Dignität seiner Werke läßt sich jedenfalls an keiner Stelle mit dem in Verbindung bringen, was den „Wert" etwa der Passionen Bachs oder der Sinfonien Bruckners gewiß mit begründet: mit den „gigantischen Ausmaßen", den „bestürzenden Dimensionen" oder wie man sonst den außerordentlich großen Umfang dieser Werke mit Bezug auf deren Größe nennen mag. Woher, so ist also zu fragen, beziehen z.B. die Werke Weberns ihren Rang, wenn nicht einzig und allein aus ihrer „autonomen Struktur", der spezifischen Weise also, gemäß der sie Ganzheiten „auf kleinstem Raum" darstellen, in denen - mikrokosmisch - nichts mehr redundant ist? Hier ergibt sich mithin eine nicht zu bestreitende notwendige Beziehung zwischen der Dignität dieser Werke und deren Geschlossenheit: ihr Rang ist durch ihre spezifische Ganzheit bedingt.

d. *Ganzheit*

Mit dieser Entgegenstellung zweier verschiedener Weisen der Geschlossenheit musikalischer Werke nähern wir uns aufs Neue jener entscheidenden Differenzierung, die für den Begriff des „Werks" von größerer Bedeutung sein mag als für den des „Musikalischen"[20]: wiederum gilt es, die verschiedenen Typen möglicher Ganzheit musikalischer Werke voneinander zu trennen. Halten wir uns noch einmal vor Augen, in welcher Weise wir von der Ganzheit von Musikwerken sprechen. - Da haben wir zunächst die Ganzheit, die - völlig wertneutral - nichts anderes umfaßt als das durch Abschluß beendete Stück; sie ist anhand des Beispiels der puren Etüde schon charakterisiert worden. Daß auch dort mit dem Wort „Abschluß", sofern es sich auf eine spezifische Form von Ganzheit bezieht, nicht etwa auch der Fall des unbegründeten, willkürlichen oder durch äußere Umstände bedingten Abbruchs der kompositorischen Tätigkeit oder der Niederschrift des Autors gemeint war, bedarf wohl keines besonderen Hinweises: das im Werkbegriff enthaltene Moment der Geschlossenheit bezieht sich geradezu auf den gegenteiligen Fall, auf die Ganzheit des Werks also gemäß einem diesem oder der ihm zugrundeliegenden Intention immanenten Gesichtspunkt. In unserem Etüdenbeispiel bildete das temperierte chromatische Akkordsystem diesen Gesichtspunkt: mit Bezug auf dieses nur kann von der Geschlossenheit jener Arpeggienübung - hier eben im Sinne der Vollständigkeit - die Rede sein. Der andere Typ von Geschlossenheit - oben belegt z.B. durch die Kompositionen Weberns - gründet sich auf Relationen, die zwischen den Elementen des vorliegenden Werks selbst bestehen. Noch deutlicher zeigt sich dies am Typus des klassischen Sonatesatzes, dessen Element „Exposition" die notwendige Voraussetzung für sein Element „Reprise" und damit für seine formale Geschlossenheit bildet. Und schließlich kennen wir noch einen von diesen beiden verschiedenen Typ von Geschlossenheit, den nämlich, den wir Schuberts achter Sinfonie absprechen. Der Gesichtspunkt, unter dem diese beiden höchst vollendeten Sätze als „Unvollendete Sinfonie" bezeichnet werden, ist zweifellos ein formgeschichtlicher: die klassische Sinfonie hat eben vier Sätze. Und gegen die These, Schubert sei es gar um eine absichtliche Beschränkung der überkommenen Form gegangen, sprechen - neben vielen anderen - die zum Scherzo und Finale der h-moll-Sinfonie vorliegenden Skizzen. Dieses Werk ist, so können wir sicher sagen, nur zur Hälfte fertig geworden, und dennoch nimmt es einen durchaus bedeutenden Platz unter den „*Werken*" Schuberts ein. Offenbar ist das im Begriff des „Werks" enthaltene Moment der Abgeschlossenheit mithin schwieriger abzugrenzen, als anfangs abzusehen war. Welchen Typ von Geschlossenheit meinen wir also, wenn wir von „Musikwerken" sagen, sie seien „geschlossen"?

Die Rede von der „inneren Ganzheit", deren das wirkliche Musikwerk bedürftig sei, hilft hier sicher nicht weiter, denn jeder einzelne Sinfoniesatz etwa, also der Teil eines Werks, stellt eine Ganzheit dar, jeder seiner Formabschnitte ebenso und jede der in diesen sich zusammenfügenden Gruppen und motivischen Einheiten auch wieder. Wir sprachen oben[21] von Takt 1 der fünften Sinfonie Beethovens und konnten dies nur tun, weil eben auch dieser einzige Takt als Ganzes betrachtet werden kann. Konsequenterweise läßt sich die Forderung möglicher Ganzheit bis in die letzten Momente eines musikalischen Zusammenhangs verfolgen: einen bestimmten Akkord (der auf seine harmonische Stellung hin untersucht werden mag), einen bestimmten Klang, (dessen Klangspektrum betrachtet werden soll), ja selbst eine Generalpause (deren Wirkung psychologischer Untersuchung unterliegen könnte). Was immer auch das im Begriff des Musikwerks enthaltene Moment der Geschlossenehit bedeuten mag - es ist jedenfalls mehr als bloße Ganzheit, wie sie soeben beschrieben wurde.

Wir tun an dieser Stelle sicher gut daran, uns einer Überlegung zu entsinnen, die sich oben[22] im Zusammenhang mit der Frage ergab, ob denn schon alles Musikalische, jeder musikalische Zusammenhang, notwendig Ganzheitscharakter haben müsse, und ob es also möglich sei, jeglichen musikalischen Zusammenhang als „Gestalt" im Sinne Richard Hönigswalds zu kennzeichnen. Dort schon ergab sich, daß zumindest zwei Typen von Ganzheit zu unterscheiden sind; solche, die unter dem Aspekt nochmals übergeordneter Ganzheit aufeinander als momenthafte Teilganzheit auf andere Teilganzheiten beziehbar ist, und solche, die selbst, als übergeordenete Ganzheit, das Prinzip für den „sinnvollen" Bezug der in ihr enthaltenen Teilganzheiten aufeinander abgibt. Mit Bezug auf den jetzt vorliegenden Zusammenhang, den Begriff des musikalischen „Werks", sind wir in der Lage, diese Unterscheidung weiter zu differenzieren. - Wenden wir uns also den soeben gegebenen Beispielen noch einmal zu und betrachten wir sie unter dem Gesichtspunkt, unter welchem sie jeweils als „ganz" zu bezeichnen sind, und versuchen wir danach, jeweils auch den Aspekt auszumachen, gemäß dem die gefundene Ganzheit wieder zu der eines Moments einer weiteren, überzuordnenden Ganzheit wird!

Für die Akkordetüde bildet, das wurde schon gesagt, das temperierte chromatische Ton- und Akkordsystem das Prinzip ihrer Geschlossenheit. Unter dem Aspekt einer „vollständigen" Methode etwa für das Klavierspiel im Ganzen jedoch stellt dieselbe Etüde nur einen gewissen Teil, ein Moment des Ganzen, dar. - Die Ganzheit eines Sinfoniesatzes ergibt sich aus ihrer eigenen Struktur - also etwa gemäß dem Formprinzip der Rückbeziehung zwischen Exposition und Reprise (A - B - A); unter dem Aspekt des zyklischen sinfonischen Formtypus der Klassik allerdings ist der Sinfoniesatz nur Teil eines Ganzen. Und die ganze Sinfonie selbst hat ihren Stellenwert als Moment eines wieder übergeordneten Zusammenhangs, der ebenfalls als Ganzheit betrachtet werden mag: etwa das Gesamtwerk Schuberts oder der Typus der Sinfonie innerhalb der „Wiener Klassik". Solche Ganzheit allerdings ist nicht mehr die des Gegenstands selbst, sondern eine, deren Prinzip ein methodisches ist: die Setzung dieser Ganzheit ist aufgrund des Gegenstands und des Kontextes, innerhalb dessen er erscheint, *möglich*; zum ganzheitlichen Erlebnis des Gegenstands selbst, welches ja als Voraussetzung für jede methodische Betrachtung desselben angesehen werden muß, ist sie aber nicht auch schon Voraussetzung, ist ihre Setzung mithin *nicht* schon *gefordert*.

Die in einem Musikwerk intendierte Ganzheit, die auch als „Geschlossenheit" bezeichnet werden mag, ist jedenfalls keine des „methodischen", des zweiten Typs. Wenn wir sie als *„Ganzheit der Gestalt"* oder als *„autonome Ganzheit"* kennzeichnen, so bedarf es dazu einer eingehenden Begründung. Diese erfolgt im Zusammenhang mit einer ausführlichen Darlegung der wesentlichen Züge der Gestalttheorie Richard Hönigswalds.

Anmerkungen

1 So soll Bach sein „dreistimmiges Ricercar", an dem ja auch improvisatorische Züge deutlich erkennbar sind, eben aufgrund der besonderen Anerkennung, die dieser Improvisation widerfuhr, aus dem Gedächtnis aufgeschrieben - und damit zum Werk erhoben haben.

2 Ausdrücklich wird darauf hingewiesen, daß „interpretieren", „Interpretation" als Ausdrücke für musikalische Realisation nur deshalb gewählt wurden, da die Worte „spielen", „musizieren", „singen" usw. bereits inhaltliche Einschränkungen enthalten.

3 Vgl. dazu unten, 2.Kapitel, S.123ff.

4 Carl Dahlhaus, Musikästhetik, S.22.

5 Ebd., S.23.

6 Ebd. Es ergibt sich überdies der Hinweis auf die Kunstrede, sowohl als „rhetorischer" wie auch als „dramatischer" oder „poetischer" lautlich gestalteter Sprache, die ebenfalls „nicht oder doch nur in geringem Maße" von dem „tönenden Faktum" ablösbar ist. Vgl. dazu auch oben, 1.Kapitel, S.78.

7 Es wurde schon oben (Einleitung, S.27) darauf hingewiesen, daß es sich bei dieser Formulierung um einen Vorschlag Ernst Křeneks handelt, vorgebracht in dessen Aufsatz: Grundideen einer neuen Musikästhetik, in: Zur Sprache gebracht. Essays über Musik, München 1958.

8 Vgl. als schlagendes Beispiel für eine entscheidende - allerdings nicht ohne Weiteres „hörbare", sondern sich zunächst nur im Notenbild ausdrückende - rhythmische Verschiebung das von Wolfgang Metzger (Psychologie, Darmstadt 1954, S.91, Beispiele a und b) gegebene:

und:

9 Hier mögen zwei besonders unterschiedliche genügen: einmal die als „Rätselkanons" notierten (und nicht instrumentierten!) Partien aus Bachs „Musikalischem Opfer",

die eben ein Höchstmaß an Kunstfertigkeit des königlichen Präsents dokumentieren, und zum anderen das Trio im 2.Satz des Schumannschen Klavierquartetts, dessen erster Teil durch seine synkopische Notation im vom Komponisten intendierten Schwebezustand gehalten wird. Beides sind - gegeneinander völlig heterogene - Beispiele für notierte musikalische Zusammenhänge, die sich aufgrund des bloßen Hörens der Ausführung dem Hörer nicht ohne weiteres erschließen können.

10 Vgl. Zofia Lissa, Über das Wesen des Musikwerks, in: Die Musikforschung 21 (1968), S.157-182; hier: S.161. Neuerdings wiederholt in: Zofia Lissa, Neue Aufsätze zur Musikästhetik, Wilhelmshaven 1975 (= Taschenbücher zur Musikwissenschaft Bd.38), S.1-54; hier: S.5f.

11 Vgl. oben, 1.Kapitel, S.35ff. sowie S.46f.

12 Sogar die schematisch-graphische „Verlaufsskizze", mit Hilfe derer musikalische Formen und Abläufe optisch „übersichtlich" veranschaulicht werden mögen, indem einer bestimmten Dauer eine bestimmte Entfernung zugeordnet wird (n sec = m cm), wäre in diesem Zusammenhang als Beispiel dafür anzuführen, daß „technische" Kompositions- und Analysehilfen aus allen möglichen Bereichen stammen können. Warum also nicht auch aus dem elektronischer Datenverarbeitung?

13 Es sind in diesem Zusammenhang weniger solche Notationssysteme gemeint, innerhalb deren unterscheidbare graphische „Zeichen" gewissen musikalischen „Bestimmungen" zugeordnet werden, als vielmehr solche, die mit optischen Mitteln die „Intuition" oder auch die „Kreativität" des Musikers anregen wollen; es geht also eher um — „Bilder" als um schriftliche Fixierungen von Musik.

14 Vgl. oben, 1.Kapitel, S.28. - Carl Dahlhaus hat diese Auffassung 1970 noch einmal bekräftigt und präzisiert. Wieder liegt ihm allerdings nur an der Betonung des Umstands, daß auch Sprachliches, Zeichenhaftes oder „bildungsmäßig Hinzugewußtes" - um einen Ausdruck Erwin Panofskys zu gebrauchen - in die Fixierung des Musikwerks Eingang finden kann und daß sich auf diese Weise der „Gehalt" eines Musikwerks als umfassender denn das erweist, was als Struktur hörend erlebt werden kann. Aus diesem Grund steht die soeben vorgebrachte Kritik an der Unerläßlichkeit der musikalischen R e l e v a n z von Kompositionstechniken mit jener „Apologie der Papiermusik" auch nicht in unmittelbarem Widerstreit (Vgl. Carl Dahlhaus, Analyse und Werturteil, Mainz 1970, S.63ff.).

15 Selbstverständlich ist hierunter auch kollektive Autorschaft zu verstehen, wie sie z.B. bei der „F-A-E-Sonate" (von Robert Schumann, Albrecht Dietrich und Johannes Brahms) vorliegt.

16 Vgl. oben, 2.Kapitel, S.83f.

17 Im Werkverzeichnis von Kinsky und Halm als W.o.O. („Werk ohne Opuszahl") bezeichnet.

18 Gerade eines der „ernstgemeintesten" Streichquartette Schuberts (d-moll, op. posth.) war - ebenso wie die „Große" C-Dur-Sinfonie, eine „Schubladenkomposition".

19 Vgl. oben, 2.Kapitel, S.94ff.

20 Vgl. oben, 1.Kapitel, S.71f.

21 Vgl. oben, 1.Kapitel, S.74f.

22 Vgl. oben, 1.Kapitel, S.71.

3. *Die Gestalt als Gegenständlichkeit extensiver, produzierter, fundierter Ganzheit. Analyse der Gestalttheorie bei Richard Hönigswald.*

Richard Hönigswald hat seine Theorie von der Gestalt in nahezu allen seinen Werken in verschiedener Ausführlichkeit und Tiefe dargelegt; die wichtigsten Partien aus seinen Schriften zum Begriff der Gestalt finden sich außer in der schon zitierten Schrift „Vom Problem des Rhythmus. Eine analytische Betrachtung über den Begriff der Psychologie"[1] in „Die Grundlagen der Denkpsychologie. Studien und Analysen"[2] (hier vor allem die Abhandlung „Über das Begriffspaar ‚Inhalt – Gegenstand'. ‚Gestalt' und ‚Bedeutung' "[3]), in „Grundfragen der Erkenntnistheorie. Kritisches und Systematisches"[4] (besonders Kapitel X „Über Kunst"[5]), im 2. Band von „Die Grundlagen der allgemeinen Methodenlehre"[6] (besonders das XIX. Kapitel: „Kunst"[7]) und schließlich in „Wissenschaft und Kunst. Ein Kapitel aus ihren Theorien"[8] (besonders das III. Kapitel „Kunst"[9]). An einer Darstellung speziell des Hönigswaldschen Gestalttheorems mangelt es noch[10].

Als Gestalt bezeichnet Hönigswald diejenige Gegenständlichkeit, die durch Produziertheit, Fundiertheit, Extensität und Ganzheit ausgezeichnet ist[11], und er fügt als weiteres wichtiges Bestimmungselement zunächst noch ihre (einheitliche)[12] Überschaubarkeit in all ihrer räumlich-zeitlichen Erstrecktheit hinzu[13]. Machen wir uns also zunächst klar, was Hönigswald mit diesen Kennzeichnungen meint, und prüfen wir dann, ob die Gegenständlichkeit „Gestalt" schon durch sie allein von anderen Gegenständlichkeiten unterschieden ist!

a. *Produktion*

„Produktion" ist bei Hönigswald eine „erkenntnistheoretische Instanz"[14], die eine „besondere Bedingungsform"[15] bzw. eine besondere „Konstellation der Bedingungen"[16] gegenständlicher Bestimmtheit ausdrückt. Insofern nämlich als jeder Gegenstand zunächst einmal erlebter Gegenstand ist, wird er als „produziert" bezeichnet. Somit ist es das Moment der bloßen Erlebtheit von Gegenständen[17] (jeglicher Art!), auf das der Terminus „Produktion" zielt. Nun treten im Erleben das Erlebte (oder das zu Erlebende) und das Erlebnis (Hönigswald nennt es den „Akt des Erlebens") korrelativ auseinander[18]. Damit wird das Erleben des Gegenstands und der gegenständliche Anlaß zu diesem Erleben unterscheidbar[19]. Die spezifische Gegenständlichkeit jedweden Gegenstands nun kennzeichnet sich nach dem Verhältnis des Gegenstands zu der Tatsache seines Erlebtseins; mit Bezug auf dieses Verhältnis ist eine erste Disjunktion aller erlebbaren Gegenstände, mithin aller „Gegenstände" überhaupt, möglich: entweder sind sie der Tatsache ihres Erlebtseins gegenüber gleichgültig, oder sie fordern die Tatsache ihres Erlebtseins[20] geradezu. Im ersten Fall handelt es sich um Gegenstände „der theoretischen Setzung", im zweiten um solche „nichttheoretischer Setzungen"[21].

Die Gegenstände der Theorie also müssen grundsätzlich erlebt werden können, ihre spezifische Gegenständlichkeit besteht aber gerade darin, daß sie erlebnisunabhängig bestimmt sind. Produziert ist also nur das - Gegenständlichkeit überhaupt ermöglichende - Erlebnis des theoretischen Gegenstands, nicht aber er selbst. Daher kann die theoretische Gegenständlichkeit selbst auch nicht „produziert" heißen, wiewohl Produktion ein Prinzip aller Gegenständlichkeit überhaupt ausmacht, denn die theoretische Gegenständlichkeit ist dadurch charakterisiert, daß sie der erlebnisunabhängigen *Bestimmtheit* des theoretischen Gegenstands gleichkommt. Genau dasjenige Moment an der theoretischen Zuwendung, gemäß dem der Gegenstand so betrachtet wird, „als ob" er nicht allemal erlebter Gegenstand wäre, macht dessen „Ansich-Sein" aus. - Daraus ergibt sich naturgemäß zunächst die Frage, ob denn der *produzierte* Gegenstand, der Gegenstand also, für dessen spezifische Bestimmtheit das Erlebnis geradezu konstitutiv ist, in keinem Fall theoretischer Betrachtung unterliegen könne; sieht diese doch vom - hier unerläßlichen Vollzug des Erlebens ab[22]! Und wie, so schließt sich sogleich die nächste Frage an, steht es gar um den Gegenstand der Psychologie? Er beruht - seiner Gegenständlichkeit nach - doch gerade auf jener Korrelation zwischen Reiz und Empfindung, ja der Gegenstand im Modus des Erlebtseins ist nachgerade der der Psychologie! In welcher Weise wird also, so muß diese Frage genauer formuliert lauten, hinsichtlich des produzierten Gegenstands vom erlebnishaften Vollzug des produzierenden Subjekts abgesehen, und in welcher Weise trägt die theoretische Beschäftigung mit den Gegenständen dieses Typs deren spezifischer Struktur auch wieder Rechnung? - Nun, Hönigswald gibt als Antwort auf diese Fragen eine Differenzierung des Begriffs vom erlebnishaften Vollzug, der entweder als Tatsache vorliegen kann, - immer dann nämlich, wenn der Gegenstand erlebt ist -, und der andererseits als Bedingung für die Möglichkeit erlebter Gegenstände gefordert werden kann, ohne dabei auch selbst, „realiter", vorzuliegen: Der Gegenstandswert produzierter Gegenstände „knüpft sich nicht sowohl an ihren Vollzug als Tatsache, auch nicht an den Begriff des Vollzugs überhaupt, als vielmehr an die Idee des *erfolgten* Vollzugs."[23]

Die Gegenständlichkeit, so können wir nunmehr präziser sagen, die den erlebnishaften Vollzug als ihre Bedingung fordert, die also Produktion des erlebten Gegenstands nicht *zuläßt*, sondern allemal *voraussetzt*, heißt im strengen Sinn *produziert*. Es ist klar, daß damit die Unterscheidung zwischen willkürlicher und unwillkürlicher Gestaltproduktion nicht hinfällig wird; durch den so verstandenen Begriff der Produktion wird sie - und darauf kommt es hier an - eben noch in keiner Weise getroffen[24]: unwillkürlich produzierte Gegenstände sind in derselben Weise produziert wie willkürlich produzierte[25].

b. *Ganzheit*

Mit der diese Unterscheidung übergreifende Bedeutung des Begriffs der Produktion tritt aber noch ein wesentliches Moment des produzierten Gegenstands in den Vordergrund: dessen geforderte Ganzheit. In „Wissenschaft und Kunst" fügt Hönigswald der Erläuterung der Wendung von der „Idee des erfolgten Vollzugs" noch an: „Jedes Wort dieser Wendung ist wichtig. Sie bezieht sich nicht auf den Vollzug als Gegebenheit; sie meint auch nicht etwa die Reflexion auf einen erlebten Vollzug. [...] Es wird gleichsam von einem ‚Standpunkt' aus geurteilt, der die Gestalt jeweils immer schon als Ganzes zu betrachten gestattet, auch und gerade wo sie sich noch im Sinne der Entwicklung zu diesem Ganzen hin darbeitet."[26] Das hier von der Gestalt Gesagte bezieht sich auf ein Moment an der Gestalt, das ihr nicht in spezifischer Weise zukommt, sondern aufgrund ihrer produzierten Gegenständlichkeit; wir dürfen es mithin auf jeden Gegenstand übertragen. Der für die produzierte Gegenständlichkeit „geforderte" Vollzug garantiert deren spezifische Ganzheit. Nun ist aber jeglicher theoretische Gegenstand, mithin jeglicher Gegenstand überhaupt, „ganz". Hönigswald betont immer wieder die im Gedanken der Gegenständlichkeit selbst mitgedachte Ganzheit des Gegenstands[27]. Wir haben also zunächst die Aufgabe, zu prüfen, ob die Ganzheit des produzierten Gegenstands von anderer Struktur ist als die des nichtproduzierten Gegenstands, ist sie uns bis jetzt doch nur durch den Gedanken der „Idee des erfolgten Vollzugs" verbürgt, die für die Gegenständlichkeit des bloßen Naturobjekts ja, wie wir sahen, nicht relevant wird.

Nehmen wir als Musterbeispiel für einen produzierten Gegenstand einen Kreis, so sehen wir leicht, daß er - als Kreis - keiner Erweiterung und keiner seine extensive Gegebenheit betreffenden Einschränkung fähig ist, und das heißt: als dieses Gebilde, das er ist, fordert er selbst diese seine Ganzheit. Nach ihr bestimmt sich der Stellenwert jedes seiner „Elemente", nach ihr bestimmen sich „sein" Mittelpunkt, „sein" Radius, „seine" Peripherie usf. - Die Ganzheit eines *nicht*-produzierten Gegenstands ist ganz anderer Art. Sie ist bestimmt gemäß dem Interesse und gemäß den Methoden des ihm gegenübertretenden Wissenschaftlers. So mag ein Gegenstand der Physik auf seine Schwere hin betrachtet werden, die Ganzheit dieses - und nur *dieses* Gegenstands bestimmt sich mithin aus dem Objekt selbst, seiner Masse, der auf es wirkenden Gravitation, des Luftwiderstands (wenn seine „Schwere" innerhalb der Luft zu betrachten ist) usw. „Dasselbe" Objekt nun, auf seine Geschwindigkeit hin etwa betrachtet, gehört einem Forschungsgegenstand mit inhaltlich ganz anders bestimmter Ganzheit an; denn diese betrifft nun den Weg, den es zurücklegt, die Zeit, die es dafür benötigt, die etwaige Konstanz seiner Beschleunigung usf. Die „Ganzheit" des naturwissenschaftlichen, besser: des theoretischen Gegenstands überhaupt, ist allenfalls Systembezug bzw. Kontextbestimmtheit[28]. Als „Ganzheit" kommt sie nicht sowohl dem Gegenstand zu als der Einheitlichkeit der Aspekte, unter denen er betrachtet wird; die „Ganzheit" des theoretischen Gegenstands ist eben wiederum nur „produzierte" Ganzheit, und d.h. sie ist die Ganzheit nicht des zu erlebenden, sondern des erlebten Gegenstands. Daher ist sie auch niemals unbedingte Ganzheit, sondern immer nur mit (allerdings negativem) Bezug auf anderes als den Gegenstand selbst bestimmte Ganzheit.

Wo finden wir also, so stellt sich uns hinsichtlich der Ganzheit des Gegenstands die Frage, die Differenz zwischen produzierter und nicht produzierter Gegenständlichkeit? Sie löst sich in einer der Frage nach der Erlebtheit des Gegenstands analogen, ja korrelativen Weise. Nicht, als ob es etwa Gegenstände gäbe, denen die Produziertheit, d.h. das Erlebtsein, grundsätzlich mangelte, so sagten wir dort, nur daß dieses nicht für jeden Gegenstandstyp konstitutiv ist. Und nun können wir für das Moment notwendiger Ganzheit des Gegenstands entsprechend sagen: die allemal produzierte Ganzheit des Gegenstands ist die seines Erlebtseins. Für die theoretische *Betrachtung* des Gegenstands mag sie unerläßliche Bedingung sein; das theoretische *Objekt selbst* fordert sie nicht; *auch dann nicht, wenn es selbst produziertes Objekt ist.* Nie nämlich kann es die theoretische Einstellung mit einer Bestimmtheit ihres Gegenstands zu tun haben, die nicht in ebenderselben Weise von entsprechenden anderen Gegenständen auch gelten könnte, und das heißt nichts weiter, als daß es kein Wissen geben kann, welches mithin „Wissen" nur für *einen* Gegenstand wäre.

Es wäre wahrlich überflüssig zu betonen, daß theoretisches Wissen nicht anders denn als allgemeines, generalisierendes Wissen gedacht werden kann. Zur Klärung des Moments der notwendigen Ganzheit jeglichen Gegenstands[29] jedoch ist zwischen der Ganzheit, die als Moment des *Gegenstands* produziert wird, und der Ganzheit, die als Moment des *Erlebnisses* eines von diesem Erlebnis zu unterscheidenden Gegenstands produziert wird, streng zu differenzieren. Jene bezeichnet Hönigswald als „schlechthinnige" Ganzheit, als Ganzheit, die auf keiner anderen Bedingung als auf der des Gegenstands selbst beruht, die aber dieser Gegenstand auch fordert. Wird im Erlebnis eines produzierten Gegenstands dessen „schlechthinnige" Ganzheit nicht selbst wieder produziert, so kann gar nicht gesagt werden, daß der Gegenstand „ist"[30].

c. *Fundiertheit*

Allein, die produzierte Ganzheit, die als unerläßliches Moment jener spezifischen Gegenständlichkeit der Gestalt angesehen wird, reicht noch nicht hin, den auf sie bezogenen Gegenstand als Gestalt zu kennzeichnen. Hönigswald unterscheidet innerhalb des Bereichs der produzierten Gegenstände zwischen den „fundierten" und den nicht „fundierten"; diese nennt er „Sinnganzheiten"[31] oder „Sinngebilde"[32] und nur jene „Gestalten". - Wir wissen, daß jedes Sinngebilde, wie etwa ein Zeichen, ein Symbol oder ein sprachlicher Zusammenhang, eines materiellen Trägers bedarf, eines sinnlich wahrnehmbaren „Substrats", das der „Sinn", den es trägt, in den Modus der Wahrnehmbarkeit heraustreten läßt, ihn allererst mitteilbar macht. Was also meint Hönigswald, wenn er die Relation zwischen Gestalt und deren Substrat „Fundierung" nennt, die aber zwischen Sinngebilde und dessen Substrat nicht? Oder, anders gewendet, welche Funktionen eignen den „fundierenden Elementen" einer Gestalt, deren die materiellen Träger etwa eines Zeichens entbehren? Und schließlich: Ist überhaupt eine - extensionale - Trennung möglich zwischen einem Bereich der Gestalten und einem von diesen unterschiedenen der Sinngebilde, oder bezieht sich diese Differenzierung bloß auf einen methodologischen Aspekt, auf die Art also, auf welche Weise nach dem Gegenstand gefragt wird? - Versuchen wir angesichts der Fülle von Fragen, die sich auch im Ausblick auf das Problem der sprachlichen Gestalt und der Dichtkunst bei Hönigswald ergeben, zunächst einmal zu verstehen, was Hönigswald an der Gestalt als „fundierendes Element" bezeichnet, und erst danach, warum er Sinngebilde für nicht „fundiert" hält.

Jede Gestalt, wie etwa schon ein einfaches rhythmisches oder melodisches Gebilde, baut sich auf sinnlichen Gegebenheiten auf[33]; kein Bereich unserer Sinnlichkeit entzieht sich dabei grundsätzlich der „Fundierungsfähigkeit"[34]. Dabei kommt allerdings das sich auf solche Gegebenheiten aufbauende Ganze keineswegs etwa der bloßen Summe seiner fundierenden Elemente gleich[35]; ihm kommt der schon durch seine Ganzheit geforderte Charakter der *Übersummenhaftigkeit* zu[36]. Wohl vermitteln die fundierenden Elemente die Gestalt selbst, indem sie eine unerläßliche Voraussetzung für deren Gegebenheit bilden, ihre Gegebenheit allein verbürgt aber nicht auch schon ipso facto die Gegebenheit der

Gestalt selbst, die ihrerseits - wie wir oben sahen[37] - ihrer Gegenständlichkeit nach nur gemäß der Idee bereits „erfolgten Vollzugs" her „als bestimmt gelten" kann[38]. Das Verhältnis also zwischen Gestalt und Fundierung denkt Hönigswald korrelativ: jegliche Gestalt ist fundiert; ihre Gegenständlichkeit ist mit der Setzung der fundierenden Elemente gesetzt[39], oder, wie es später heißt, die Gestalt „erscheint" „an und mit" den fundierenden Elementen gesetzt[40].

Hönigswald mißt der Tatsache, daß immer nur von einer Mehrzahl fundierender Elemente gesprochen werden kann, besonderes Gewicht bei[41]; spiegelt sich darin doch die Bedeutung der Gestalt hinsichtlich der Gemeinschaft der sie fundierenden Elemente: sie gibt das Prinzip für deren „System" ab, sie bildet den Bezugspunkt, auf den hin die fundierenden Elemente eben als „Gemeinschaft" aufzufassen sind. Hier aber liegt auch der Grund für ein zweites, wichtiges Kriterium der „Gestalt": ihre *Transponibilität*. Derselbe Rhythmus kann auf unzählige Weisen realisiert werden; ja beim Rhythmus mag dabei sogar der Bereich der hörbaren Fundierung verlassen werden; dieselbe Melodie kann gesungen, gestrichen, geblasen oder gezupft werden; dieselbe Klangfarbenfolge kann auf den unterschiedlichsten Tonhöhenstufen reproduziert werden usw.

Hinsichtlich des Verhältnisses der Gestalt zu den sie fundierenden Elementen können mithin die folgenden beiden Bestimmungen einander gegenübergestellt werden:

1. Gestalten sind notwendig fundiert; es besteht eine notwendige positive Beziehung zwischen Gestalt und ihren fundierenden Elementen.
   Gestalten sind gleichwohl transponibel; es besteht eine gewisse Unabhängigkeit der konkreten Gestalt gegenüber diesen ihren konkreten fundierenden Elementen.

Hönigswald rückt dieses Gegeneinander gleichzeitiger positiver Bezogenheit und relativer Indifferenz der Gestalt gegenüber ihren fundierenden Elementen öfters in den Vordergrund[42]; nirgends allerdings wird behauptet, daß in diesem Spannungsfeld zwischen Abhängigkeit und Indifferenz ein Spezifikum der besonderen Gegenständlichkeit der Gestalt zu sehen sei: die Gestalt repräsentiert ein *System* für die Einheit ihrer fundierenden Elemente, sie repräsentiert die Ganzheit ihrer Gemeinschaft. Es ist eben jedes System nur dann System, wenn es System *von etwas* ist, und andererseits hat es nur dann Sinn, von einem System zu sprechen, wenn dieses formalen Charakters ist, d.h. auf mannigfaltige Weise materialisiert gedacht werden kann.

Gerade an dem Punkt der relativen Indifferenz der Gestalt gegenüber ihren fundierenden Elementen rückt jedoch wieder das Problem der *Sinnganzheit*, des ebenfalls eines materiellen Trägers bedürftigen, nach Hönigswald jedoch gleichwohl nicht „fundierten"[43] Zeichens oder Symbols in den Vordergrund, denn auch das Zeichen könnte „transponibel" genannt werden; und auch es ist in jedem Fall notwendig auf ein sinnlich wahrnehmbares Substrat angewiesen. Das Beispiel des in viele Sprachen „übersetzbaren" Worts wurde schon herangezogen; hinzuweisen wäre auch auf den Funktionenkomplex, den etwa eine Schachfigur „repräsentiert", gleichgültig, ob sie nun aus Holz, Elfenbein oder - wie in Zweigs Novelle - aus Brotteig gefertigt wurde. Gerade dieses letztere Beispiel belegt aber auch schlagend die grundsätzliche *Differenz* zwischen einer fundierten und einer nur produzierten Ganzheit: weder die Merkmalssumme noch die übersummenhafte „Merkmalsgemeinschaft" repräsentierende materielle Ganzheit des Inbegriffs der materiellen Bestandteile eines „Läufers" sind Prinzip für den „Sinn" seiner Teile, Momente oder Elemente, sondern einzig und allein der Inbegriff aller Regeln, nach denen Schach gespielt wird. Jener Inbegriff bildet das System, das die Funktion jedes einzelnen Systemteils verständlich macht, das die Vielzahl von Elementen, in die das Schachspiel zerlegbar sein mag, zu einem Ganzen zusammenschließt. Es leuchtet ein, daß unter solcher Voraussetzung mit Bezug auf die materielle Beschaffenheit einer Schachfigur auch nicht mehr von echter „Transponibilität" gesprochen werden darf, denn die einzige Forderung, die das System der Spielregeln an die Beschaffenheit einer jeden Figur stellt, ist die der Unterscheidbarkeit von allen anderen.

Hönigswald nennt also nur *den* materiellen Träger einer produzierten Ganzheit „fundierendes Element", an dem sie selbst sich „mitgestaltet"; ist sie dagegen ihrer Materialbestimmtheit gegenüber heterogen, gleichgültig oder unbezogen, so mag es sich um eine Sinnganzheit handeln oder um ein „Zeichen". Daher weist Hönigswald auch wiederholt darauf hin, daß, wenn immer wir Sinnganzheiten in deren Elemente zerlegen, wir stets wieder nur Sinnganzheiten erhalten[44]; so z.B. bei sprachlichen Ganzheiten: Gedankengang — Argumentationsschritt — Satz — Teilsatz — Wort — Silbe — Laut. Daß dabei der „Laut" selbst - als Laut - auch niemals auf seine pur materielle Beschaffenheit zurückführbar ist, ohne daß dafür die prinzipielle Grenze zwischen Sinnganzheit (hier: Sprache) und einem „*allo genos*" überschritten werden müßte, belegen methodologische Unterscheidungen wie Phonologie und Phonetik: erst an der Sinnganzheit „Sprache" erhalten akustische Phänomene, so sagt Hönigswald einmal[45], den Charakter von „Lauten". Gewiß, dies gilt für die fundierenden Elemente von Gestaltganzheiten nicht minder: auch sie sind „nur von ihrer möglichen Funktion aus, Gestalten zu fundieren", gegeben[46], oder - wie ihre „Seinsart", ihre Gegenständlichkeit, ebenfalls gekennzeichnet werden kann - sie erscheinen „erst von der Struktur der Gestalt aus" als „gegeben": „ihre Unabhängigkeit ‚von mir' fällt zusammen mit ihrer Gegebenheit *für* die Setzung der Gestalt"[47]. Bloß daß sie nur insofern Gestalten zu fundieren vermögen, als sie „Elemente von physikalischer Valenz"[48] sind, die sprachlichen „Laute" dagegen nicht: sie sind selbst schon „Sinngebilde", erfahren - immer als „Laute" - ihre methodologische Bestimmtheit von anderen Sinngebilden und können unter diesem Gesichtspunkt auch nur in eingeschränktem Sinn als „Ganzheiten" bezeichnet werden. Als stets in übergreifenden Sinnzusammenhängen wieder momenthaft, gleichwohl diesen „übergeordneten" Zusammenhängen gegenüber auch wieder abschließend „bestimmt", hat es mit der Charakterisierung von Sinngebilden als „schlechthinniger" Ganzheiten ganz gewiß auch seine Schwierigkeiten: Hönigswalds Wortgebrauch schwankt zwischen „Sinnganzheit" und „Sinngebilde" - erst spät scheint er sich auf den letzteren Terminus festzulegen.

Charakteristisch für dieses Schwanken zwischen beiden Termini ist die schon öfters erwähnte Partie in Meth II 245ff., die in der für WuK 37ff. überarbeiteten Fassung ihre Entsprechung hat, in der das zuvor verwendete Wort „Sinnganzheit" fast durchweg durch „Sinngebilde" ersetzt ist. In der späteren Fassung spricht Hönigswald allerdings einmal auch wieder von „S i n n g a n z h e i t" - im letzten Satz des vierten Abschnitts -, wobei er möglicherweise dort mit Rücksicht auf den Kontext - es geht um die „Produktion" als „tertium comparationis" zwischen Gestalt und Sinnganzheit - nicht von „Sinn g e b i l d e" spricht. - Das hier entstehende Problem, das Hönigswald übrigens schon früh gesehen hat, die Einsicht nämlich, „daß sich Sinnganzheit niemals auf die physikalische Valenz des Wortes ‚gründet', daß mithin Sinnganzheit nie den Ganzheitstypus der Gestalt aufweist"[49], gab schon in der Rhythmusschrift Anlaß, den Begriff der G a n z h e i t kritisch zu klären.[50]

Wir brauchen uns hier gewiß nicht weiter in die nicht gerade leicht zu behandelnde Problematik des positiven Verhältnisses des sprachlichen Zeichens - hat das „Wort" physikalische Valenzen oder hat es keine? - zu seinem „Sinn" zu vertiefen, da es uns jetzt nur auf ein besonders wichtiges Unterscheidungsmerkmal zwischen der Gestalt und dem Sinngebilde ankommt: was immer auch als Inbegriff physikalischer Valenzen des gesprochenen Worts[51] betrachtet werden mag, ja ob überhaupt die grundsätzliche Frage nach solchen Valenzen positiv oder negativ zu beantworten sei[52], - die spezifische Ganzheit des Sinngebildes ist nicht extensiven Charakters, sie „fordert" die methodologische Sphäre der Physik nicht um ihrer Ganzheit willen[53], sondern allenfalls, um in den Modus der Äußerung treten zu können, um also mitteilbar zu sein.

Wenn also Hönigswald Gestalten als produzierte *und fundierte Ganzheiten* kennzeichnet, so stellt er einen notwendigen inneren Bezug der *Ganzheit* der „Gestalt" zu deren materieller Beschaffenheit heraus: ihren notwendig *extensiven* Charakter.

d. *Extension, Überschaubarkeit*

Wie auch schon bei den Bestimmungen der Gestalt als „Ganzheit" und als „fundiert" gilt für die Bestimmung der Extension, daß es sich auch hier um ein im Begriff dieser spezifischen Gegenständlichkeit mitgedachtes Moment handelt: die produzierte Ganzheit der Gestalt ist - obschon *Prinzip* für die Gemeinschaft ihrer Elemente - nur als extensive möglich; sie ist eine Ganzheit, welche räumlich-zeitliche Erstreckung *fordert und hat.* Das aber besagt, daß sie nur als erlebte Ganzheit gedacht werden kann. - In der Rhythmusschrift weist Hönigswald ausdrücklich darauf hin, daß der produzierte und fundierte Gegenstand hinsichtlich seiner Extensivität die Bedingungen dreier Systembezüge erfüllt: (1) des physikalisch-naturwissenschaftlichen, (2) dessen, in dem die „Empfindung" (Reiz-Reaktion) steht, mithin des Systembezugs organischer Naturereignisse und schließlich (3) des Systembezugs der Gestalt selbst als des Prinzips der erlebnismäßigen Zusammengehörigkeit der fundierenden Elemente[54]. - Es entsteht an diesem Punkt natürlich die Frage, welche Gründe Hönigswald dazu veranlassen, der Bestimmung der Gestalten als fundierter Gegenstände die der extensiven Beschaffenheit hinzuzufügen, denn - so lautet diese selbe Frage anders formuliert - sind fundierende Elemente denn anders als extensiv überhaupt denkbar?

Nun, zweifellos ist mit der Extensität von Gestalten mehr gemeint als nur die ihres materiellen Substrats: der *Gestalt selbst*, als eines spezifischen Erlebnisgefüges, das das Prinzip der Gemeinschaft der von ihr betroffenen Elemente abgibt, wird extensiver Charakter zugesprochen. Daher wird sie zuweilen auch als nur von der „Idee des bereits erfolgten" (und das heißt: zeitlich abgeschlossenen) „Vollzugs" her bestimmt[55]. Mithin ist die Gestalt also nicht nur in ihrer Konkretheit - als fundierte - extensiv, sondern die fundierenden Elemente genügen der *von der Gestalt geforderten* Bedingung „extensiver Ganzheit". Das aber bedeutet, daß der an der Gestalt produzierte „Anteil" selbst schon extensive Züge aufweist: produziert wird die als extensiv erlebte Ganzheit eines räumlich-zeitlich gegebenen Gegenstands.

Wie schon oben im Zusammenhang mit der Bestimmung der spezifischen Differenz zwischen akustischem „Zeichen" und hörbarer „Musik", so ergibt sich - es sei abschließend noch einmal wiederholt - also auch hier die entscheidende Differenzierung der Gegenständlichkeit „Gestalt" anderen produzierten Gegenständlichkeiten gegenüber aus einem Vergleich der fundierten, extensiven Ganzheit der Gestalt mit der Ganzheit von Sinngebilden. Auch das Zeichen, auch das sprachliche Wort trägt „extensive Züge"[56], jedoch ist das Prinzip, nach dem Sinngebilde als Ganzheiten bezeichnet werden können, diesen selbst gegenüber heterogen, - ein übergeordnetes; oder, anders formuliert, die extensiven Züge von Sinngebilden sind dem Prinzip ihrer Ganzheit „fremd", der „Sinn" des Sinngebildes ist zwar auf einen materiellen Träger bezogen, ja er mag sogar auf einen bestimmten Träger festgelegt - „definiert" - sein, seine Ganzheit jedoch konstituiert sich nicht gemäß den extensiven Beschaffenheiten seines Trägers[57]; Sinn wird nicht als Ganzheit „erlebt", sondern „gewußt"[58].

Anmerkungen

1 Leipzig 1926; im folgenden zitiert als Rh.

2 Leipzig 1925; im folgenden zitiert als D.

3 D 161-226.

4 Tübingen 1931; im folgenden zitiert als E.

5 E 137-145.

6 Abgeschlossen vermutlich gegen 1938 und aus dem Nachlaß veröffentlicht: Bd.I Bonn 1969, Bd.II Bonn 1970; im folgenden zitiert als Meth I bzw. Meth II.

7 Meth II 240-282.

8 Abgeschlossen vermutlich gegen 1947 und aus dem Nachlaß veröffentlicht: Stuttgart 1961; im folgenden zitiert als WuK.

9 WuK 27-73.

10 Für diese Arbeit wurde folgendes herangezogen: Gerd Wolandt, „Gegenständlichkeit und Gliederung. Untersuchungen zur Prinzipientheorie Richard Hönigswalds mit besonderer Rücksicht auf das Problem der Monadologie", Köln 1964 (besonders das Kapitel „Kunst", S.161-171) - im folgenden zitiert als ‚Gegenständlichkeit' -; Hariolf Oberer, Vom Problem des objektivierten Geistes. Ein Beitrag zur Theorie

der konkreten Subjektivität im Ausgang von Nicolai Hartmann, Köln 1965 (besonders die Abschnitte „Gestalttheorie und Objektivationstheorie des Kunstwerks" und „Zum Problem der Kunst", S.165-178) - im folgenden zitiert als ,Geist' -; Gerd Wolandt, „Richard Hönigswald: Philosophie als Theorie der Bestimmtheit", in: Grundprobleme der großen Philosophen, Philosophie der Gegenwart II, hrsg. v. J. Speck, Göttingen 1973, S.73-101 - im folgenden zitiert als ,Hönigswald'.

11 Meth II 244; WuK 35.

12 Nur in WuK.

13 Ebd.

14 WuK 37.

15 Meth II 245.

16 WuK 37.

17 Vgl. Oberer, ,Geist', a.a.O., S.169: „alles Erleben ist Produktion des Erlebens im Erleben."

18 Rh 5.

19 Ebd.: „Nur in ihrem Wechselbezug sind sie unterscheidbar, also ,gegeben' und unabhängig von ihrem wechselbezogenen Unterschiedensein entbehrten sie selbst jeglicher Bestimmtheit."

20 G 206f.; Rh 12; Grundfragen 33f.; Meth II 244; WuK 36; vgl. Oberer, ,Geist', S.166; Wolandt, ,Gegenständlichkeit', S.37f.

21 Wolandt, ,Hönigswald, S.83f.

22 Wolandt, ,Gegenständlichkeit', S.36f.

23 Meth II 244.

24 Rh 3f.

25 Diese Unterscheidung wird am Beispiel des Vexierbildes besonders deutlich: unwillkürlich produziert man das, was man auf den ersten Blick „sieht", willkürlich das, was man erst nach Kenntnisnahme der Erläuterung des Bildes wahrnimmt.

26 WuK 36.

27 Z.B. D 113f.; Rh 28f.; Grundfragen 67f.; Meth II 243; WuK 34.

28 Oberer geht sogar so weit, „Kontextbestimmtheit" als Gegenbegriff zur Ganzheit (des Gegenstands) zu gebrauchen (vgl. ,Geist', S.166); (bei Hönigswald entspricht diesem Terminus der der „Naturbestimmtheit" als Ganzheit einer Gliederungsmannigfaltigkeit, deren Prinzip eben der „Kontext" der Naturgesetzlichkeit ist; vgl. Grundfragen 137f.); Oberer bezeichnet also auch den naturwissenschaftlichen Gegenstand gerade als *nicht* „ganz".

29 Meth II 143; WuK 34.

30 Rh 43; Grundfragen 137; Meth II 245; WuK 37; vgl. auch D 89, 115, 173.

31 Meth II 245.

32 WuK 37.

33 D 115; Rh 8; Meth II 244f.; WuK 35f.

34 Daran ändert auch die - etwa beim Geruchssinn - stärkere Organbezogenheit der

sogenannten „niederen" Sinnessphären nichts: grundsätzlich kann auch eine olfaktorische Kunst nicht ausgeschlossen werden; vgl. Meth II 247f.; WuK 38.

35 D 115; Rh 8; Meth II 244; WuK 36.

36 Neben Transponibilität das andere der nach dem „Begründer" der Gestalttheorie so genannten „Ehrenfels-Kriterien" für die Gegenständlichkeit der Gestalt; vgl. Christian von Ehrenfels, Über Gestaltqualitäten, in: Vierteljahresschrift für wissenschaftliche Philosophie XIV, 3 (1890).

37 Vgl. oben, 2.Kapitel, S.105.

38 Meth II 244; WuK 36.

39 Rh 6f.

40 Meth II 244; WuK 36.

41 Vgl. Rh 7.

42 Z.B. Rh 8, 11; D 105; Meth II 245, 260; WuK 37, 50.

43 Rh 10; Meth II 246; WuK 38.

44 Rh 10; D 117; Meth II 261; Philosophie und Sprache. Problemkritik und System, Basel 1927, S.108; WuK 38.

45 Meth II 246; WuK 38.

46 WuK 37.

47 Meth II 245.

48 WuK 38.

49 Rh 10.

50 Rh 9.

51 WuK 38: „Das Wort ist nicht darum Bestimmungsstück der Sinnganzheit, [...] weil es, ungeachtet seiner unbestritten physikalischen Valenzen, der Norm des Sinnes unterliegt, dessen Träger er ist."

52 Meth II 246: „Denn die Seinsvalenz des Wortes ist nicht physikalisch"; WuK 38: „Denn dieses [das Wort] ist mitnichten ein physikalisches Gebilde, auch wenn es - gesprochen - die Luft erschüttert oder - geschrieben - ein optisches Phänomen darstellt."

53 Vgl. Rh 17f.

54 Vgl. Rh 30.

55 Vgl. oben, 2.Kapitel, S.105.

56 Vgl. D 117; Rh 10; Philosophie und Sprache, Problemkritik und System, Basel 1937, S.367, sowie die soeben in ihrer Problematik angeführten Stellen aus Meth II (S.246) und WuK (S.38).

57 WuK 102: „Das Wort und die sprachliche Gemeinschaft von Worten sind freilich immer von extensiver Qualität; aber nur im Hinblick auf ihre aller extensiven Ereignishaftigkeit entrückten Funktionen".

58 Vgl. dazu auch oben die entsprechende Differenzierung zwischen erlebter und gewußter B e z i e h u n g , wie sie in Zeichensystemen bzw. in Musik vorliegt (1.Kapitel, S.70ff.).

4. *Die extensive Ganzheit des Musikwerks als Prinzip für dessen Autonomie wie für dessen Geschichtlichkeit.*

Wir haben oben in einer ersten und vorbereitenden Analyse der im Begriff des Musikwerks enthaltenen Momente zwischen „Komposition" (Inbegriff der musikalischen Vorstellungen eines Autors), „Fixierung" (sprachlicher Formulierung einer Komposition) und „Ausführung" (hörbarer Realisierung der fixierten Komposition) unterschieden[1]. Das „Werk" fällt mit keinem dieser Momente zusammen, fordert aber jedes von ihnen: dem musikalischen „Werk" liegt eine Komposition zugrunde, es fordert darüber hinaus deren begriffliche Formuliertheit, die in dieser oder jener Art der (meist schriftlichen) Fixierung vorliegen mag, und es ist Grundlage oder „Richtpunkt" jeder hörbaren Ausführung bzw. Realisation. Seine Originalität beruht nicht etwa auf der Einmaligkeit des zu seiner Ausführung realisierten sinnlich wahrnehmbaren akustischen Substrats, sondern auf der Individualität der einem bestimmten Autor zuzuordnenden Komposition; seine Dignität, sein Umfang und seine Abgeschlossenheit sind bedingt durch seine *spezifische* Geschlossenheit; es ist diese die Ganzheit der „Gestalt".

Beziehen wir die soeben explizierten Momente des Gestaltbegriffs auf den Begriff des Musikwerks, so ergibt sich:

(1) Die Einheit und Abgeschlossenheit der Komposition ist das Prinzip für die Gemeinschaft aller ihrer Elemente; die Ganzheit der Komposition ist produzierte Ganzheit; sie ist in ihrer *Individualität* der *einzige* Systembezug, gemäß dem jedem einzelnen Moment der Komposition, jeder einzelnen Relation zwischen ihren Momenten hinsichtlich der komponierten Gestalt gerecht zu werden ist. - *Die Ganzheit des Musikwerks ist das Prinzip seiner autonomen Struktur*; als Gestaltganzheit ist sie extensiven Charakters: die Ganzheit der musikalischen Gestalt ist räumlich-zeitliche Ganzheit eines „überschaubaren" Gegenstands, der immer nur gemäß der „Idee des bereits erfolgten Vollzugs"[2] als Erlebnisgegenstand gegeben ist.

(2) Musikwerke sind auf hörbare Fundierung hin „formuliert"; der „transitorische Charakter" musikalischen Materials fordert die Übertragung der Komposition in ein dauerhaft zu fixierendes Zeichensystem. Jede Realisation, die der ihr zugrundeliegenden Fixierung gerecht wird, stellt eine Fundierung der intendierten Gestalt dar, wenn die Fixierung mit Bezug auf die Komposition „stimmt". Aus den unterschiedlichen denkbaren Relationen, die zwischen Komposition - bzw. Fixierung - und Realisation bezüglich des Interpreten gedacht werden können, ergeben sich unterschiedliche *Werktypen*.

(3) Auch das nicht ausgeführte, sondern etwa nur als Partitur vorliegende Musikwerk ist extensiven Charakters, da es sich stets auf Vorstellungen von zeitlich verlaufenden hörbaren Gegenständen bezieht. Die Extensivität von Musikwerken ist bedingt durch die Unerläßlichkeit der schon der musikalischen Komposition vorstellungsweise zugrundeliegenden fundierenden Elemente, *sie ist jedoch der* - ebenfalls notwendigen - *Extensivität der* als Gegenstand vorliegenden *Fixierung* (etwa der Partitur) *heterogen*. Jedes dieser Ergebnisse, die sich aus der Beziehung der im Begriff des Musikwerks enthaltenen Momente auf die wesentlichen Bestimmungsstücke des Gestaltbegriffs ergeben, ermöglicht eine weitere Differen-

zierung dieser im Begriff des Musikwerks mitgedachten Momente, und damit dieses Begriffs selbst. - Wenden wir uns jedoch zunächst den Konsequenzen zu, die mit der Kennzeichnung der extensiven Ganzheit des Musikwerks verbunden sind.

Im ersten Kapitel[3] wurden die verschiedenen Verweisungstypen, deren das Medium Musik fähig ist, differenziert und nach der Verschiedenheit der den einzelnen Typen zugrundeliegenden Relationen zwischen Verweisendem und Vermeintem typologisch gegliedert. Insbesondere wurde eingehend hingewiesen auf den Wechselbezug zwischen Sinn und Bedeutung und die Sonderstellung der rein musikalischen Bedeutung; - mit Bezug auf einen einzelnen Zusammenhang - auf den sie ja auch eingeschränkt bleibt - wurde sie oben als ,,interner musikalischer Bezug'' bezeichnet[4]. Im vorliegenden Zusammenhang stellt sich diese ausgezeichnete - die interne - Bedeutungsbeziehung wieder in aller Schärfe dar: ,,intern'' muß sie nämlich genannt werden, da in ihr die ursprüngliche Trennung zwischen Bedeutendem und Bedeutetem verschwindet, die Kluft zwischen Verweisendem und Vermeintem überbrückt erscheint. Möglich wird allerdings solche rein musikalische Bedeutung erst innerhalb eines *abgeschlossenen* musikalischen Zusammenhangs, und dieser erfährt in jedem seiner Momente und Details grundsätzlich Bestimmtheit nur von seiner *Ganzheit* her.

Wählen wir wieder ein möglichst einfaches Beispiel zum Beleg dafür, daß nur ein *abgeschlossener* musikalischer Zusammenhang jene unerläßliche Voraussetzung für die Gegebenheit und das Erfassen einer musikalischen Bedeutung erfüllt. Das simple rhythmische Gebilde

als musikalische Ganzheit betrachtet, kann als symmetrisch beschrieben werden, es kann - mit einem Terminus Messiaens - als ,,rythme irréversible'' bezeichnet werden, und mit Bezug auf die Relation zwischen den Dauern seiner einzelnen Momente könnte das Verhältnis 1:2:1 festgestellt werden. Alle diese Bestimmungen differenzieren die musikalische Bedeutung des vorliegenden rhythmischen ,,Motivs''.

Durch bloße *Ausweitung* des musikalischen Zusammenhangs ändert sich diese Bedeutung jedoch grundlegend; so, wenn man sich ihn etwa in folgender Weise erweitert vorstellt:

Die ,,zeitliche'' Symmetrie des ,,nicht-umkehrbaren Rhythmus'' hat sich nun in eine ,,Wiederholungssymmetrie'' der Zelle

verkehrt; damit ist die Umkehrbarkeit von

 in 

verbunden, und mit Bezug auf die Relation der Dauer der einzelnen Elemente könnte sich nunmehr ergeben: (1:2):(1:2). (Selbstverständlich sind hier auch andere Interpretationsmöglichkeiten mit komplizierteren Symmetrien denkbar, z.B. 1:(2:1):2 o.ä.; hier geht es jedoch nur um ein Beispiel für die, musikalische Bedeutung konstituierende, Funktion des als *Ganzheit* gegebenen musikalischen

Zusammenhangs.)

Es ist leicht ersichtlich, daß mit jeder neuen Erweiterung unseres Beispiels sämtliche Bedeutungsmomente sowohl des Ganzen hinsichtlich seiner Elemente (z.B. Symmetrie) als auch der Elemente hinsichtlich des Ganzen (Funktion) sich modifizieren, ja möglicherweise geradezu in ihr Gegenteil umschlagen, wie soeben bei dem Gegensatzpaar „Umkehrbarkeit – Nicht-Umkehrbarkeit". Somit wird selbst am kleinsten rhythmischen Gebilde deutlich, daß vor aller Deutung - im Sinne von Differenzierung der musikalischen Bedeutung eines Elements für das Ganze - die Idee des bereits erfolgten Vollzugs steht. Die Ganzheit des vorliegenden musikalischen Zusammenhangs entscheidet über den musikalischen Stellenwert *jedes einzelnen* der fundierenden Elemente. Dies besagt ja auch jener Terminus der „Gemeinschaft" der eine Gestalt fundierenden Elemente, welcher auf den Gegensatz zur bloßen Erlebnissumme und zum bloßen Aggregat zielt.

Wenn nun das Moment der inneren Geschlossenheit, das im Begriff des Musikwerks mitgedacht ist, sich als die spezifische Ganzheit der Gestalt erwiesen hat, so ist die Individualität solcher Ganzheit schon Beleg dafür, daß das Musikwerk selbst und seine Ausführung auseinandertreten. Die Ganzheit des Musikwerks - so sahen wir - ist extensive Ganzheit; sie ist als Ganzheit fundiert, sie ist nicht die Ganzheit eines „gedachten" Systems, sondern sie ist „erlebte" und individuelle Ganzheit[5]. Daran ändert auch der für jede Gestalt geforderte Charakter der Transponibilität nichts, denn transponibel ist die Gestalt selbst, und nichts nur *an* ihr. - Als Ganzheit, deren eigene Extensivität die räumlich-zeitliche Erstrekkung auch ihrer fundierenden Elemente fordert, steht nun jegliche Gestalt auch im Zusammenhang der *Geschichte*. Wie sich auch schon in der ersten Betrachtung des Werkbegriffs die für das Werk vorauszusetzende Beziehbarkeit auf einen Autor ergab, so zeigt sich jetzt die auf der notwendigen Materialbezogenheit beruhende *Geschichtlichkeit* jeglicher Gestalt. Die Gestaltganzheit ist zwar letzte Instanz für die rein musikalische Bedeutung jedes einzelnen Elements, insofern schon als sie auch letzte Instanz für den Inbegriff aller denkbaren „internen" Beziehungen innerhalb der musikalischen Komposition ist; als selbst jedoch wieder extensive Ganzheit ist sie aber auch stets geschichtliches Konkretum. So fordert die in einem Musikwerk konkretisierte Gestalt, das kann schon jetzt gefolgert werden, sowohl ihre historische „Beurteilung" als auch die erlebnismäßige Würdigung ihrer - Zeit und Geschichte enthobenen - Geschlossenheit, ihrer „Autonomie".

Anmerkungen

1 Vgl. oben, 2.Kapitel, S.88ff.

2 Vgl. oben, 2.Kapitel, S.105.

3 Vgl. oben, 1.Kapitel, S.58ff.

4 Vgl. oben, 1.Kapitel, S.63ff.

5 Es sei nochmals darauf hingewiesen (Vgl. oben, 1.Kapitel, S.70,Anm.3), daß mit dieser Entgegensetzung von „Denken" (bzw. „wissen") und „erleben" nicht etwa die Behauptung aufgestellt werden soll, die „Leistung" erlebnismäßiger Produktion sei etwa durch die Kategorien des bloß „Psychischen" voll bestimmt.

5. *Das Musikwerk und seine Fixierung. Typen der Relation zwischen Werk und Interpreten.*

Aus einer Differenzierung der Doppelrelation zwischen Komposition und Fixierung einerseits und Realisation und Fixierung andererseits ergibt sich das Einteilungsprinzip für eine Unterscheidung von verschiedenen Werktypen.

Zunächst: In jedem Musikwerk ist eine Intention des Komponisten verwirklicht, nämlich die gedanklich konzipierte Komposition zu *hörbarer* Realität gelangen zu lassen[1]. Nun steht bei der Betrachtung der verschiedenen Typen dieser Intention ganz gewiß an erster Stelle jener Werktyp, der *in seiner akustischen Realität* die Intention des Komponisten selbst repräsentiert: das - meist durch den Komponisten persönlich hergestellte - hörbare Objekt. Es bedarf nicht des Interpreten, der es „musizierend" verwirklicht, da es vom Komponisten als klingender Gegenstand, als - die komponierten „fundierenden Elemente" selbst „zu Gehör bringender" - Mechanismus, als Tonband, Platte, „Musikautomat" oder ähnliches konzipiert wurde. Als „Werk" ist aber auch in diesem Fall das am Gegenstand zu bezeichnen, was die Einheit von zugrundeliegendem musikalischem Konzept, materieller Fixierung und hörbarem „Resultat" umfaßt. Dabei sind auch hier etwaige schriftliche Konstruktionsanweisungen eben nur wieder der Bürge dafür, daß der Komponist - auch als Konstrukteur - „wußte", was er tat[2], daß eben sowohl die schriftliche Fixierung wie auch jede Einzelheit des nach akustischen Prinzipien konstruierten Objekts unter der Idee der fundierten Ganzheit der Gestalt, welche der Komposition als „Werkidee" zugrundeliegt, ihren „Sinn" erhalten, daß alle diese, das Werk in unmittelbarer oder mittelbarer Weise realisierenden, Einzelheiten mithin selbst „komponiert" sind. Von diesem ersten Typus, den wir als „synthetischen" bezeichnen - was noch näher zu begründen sein wird[3] - hebt sich jener zweite Werktyp ab, den wir gemäß der Entwicklung der Musikgeschichte als den „normalen" empfinden: die in einer schriftlichen Niederlegung im Hinblick auf einen Interpreten (oder eine Gruppe von Interpreten) „formulierte" Komposition. Wieder enthält die Fixierung - zumeist als „Partitur" - eine Anweisung zur Erstellung eines musikalischen „Objekts", nun aber, ohne daß dieses „Objekt" in seiner Realisierung die Struktur eines in seiner Konsistenz „beharrenden", dauerhaften Gegenstands erhielte: vor jeder Ausführung steht für den Musiker erneut sozusagen die „Verpflichtung zur Kenntnisnahme" der Niederschrift; keine Ausführung vermag die Niederschrift „überflüssig" zu machen, da vom Interpreten hörbare - und verklingende! - Aktion, musizierende Tätigkeit gefordert wird. Es mag sein, daß zwischen „synthetischen" Werken und denen, die als Sing- oder Spielanweisung die musikalische Aktivität des oder der Ausführenden fordern, nur eine graduelle Differenz nachzuweisen ist, daß der Übergang zwischen ihnen als „fließender" betrachtet werden kann. Hier allerdings treffen wir diese Unterscheidung zunächst einmal nach einem - recht formalen - Gesichtspunkt: synthetische Kompositionen fordern eine (einzige) „richtige" Realisierung, also einen - individuellen - Gegenstand „bestimmter" Prägung; notierte Anweisungen für den (hörbar) Musizierenden fordern - aus ebenfalls noch näher zu erläuternden Gründen - die (verantwortungsbewußte) Annäherung des Interpreten an *die* gleichsam „hinter" der Fixierung stehende Komposition, - mithin ein in bestimmter Weise zu charakterisierendes

„Verhalten". Dieses geforderte Verhalten wird vom Komponisten stets in *Anweisungen* mitgeteilt und eben nicht - oder doch zu verschwindend geringem Anteil - in Angaben zu extensiven Größen; daher ist die Realisation auch nie im Sinne des synthetischen Musikwerks „bestimmt", sondern „verlangt". Wir nennen diesen Werktyp, da sich in der Musikwissenschaft noch kein Terminus für ihn gefestigt hat, „imperatives" Musikwerk. - Von diesem zweiten Typ des Musikwerks ist ein dritter zu unterscheiden; in ihm wird dem Interpreten über bloße „Texttreue" hinaus auch noch eigenschöpferische Tätigkeit abverlangt oder doch zumindest empfehlend nahegelegt. Auch hier erstellt der Komponist einen „Rahmen" oder eine „Aktionsvorlage", nur daß eben nicht mehr die Art und Weise des „Musizierverhaltens", der für die Verwirklichung des Werks erforderlichen Handlungen also, beschrieben wird, sondern daß der Interpret anhand der Werkidee sozusagen selbst zum Autor, oder Mitautor, des von ihm musizierten Werks wird. - Sicher erscheint bei diesem dritten Typ der Werkbegriff als solcher schon in einer gewissen Weise eingeschränkt, jedoch der - wieder - fließende Übergang zwischen zweitem Typ (z.B. Solokonzert) und drittem (z.B. eben die „Kadenz" im Solokonzert) macht die Beschreibung auch dieser Form des Musikwerks notwendig: gerade im Sinne der Bestimmung seiner Grenzen. Wir nennen ihn „offenes" Musikwerk.

So ergeben sich aus der Betrachtung der Relation zwischen Komposition (als musikalischer Intention des Komponisten), Fixierung (als „formulierten" Ausdrucks dieser Intention) und Realisierung (als Verwirklichung dieser Intention durch einen zumeist vom Komponisten selbst verschiedenen „Interpreten") jene angedeuteten Typen des Musikwerks. In jedem einzelnen dieser Typen spielt der Interpret eine bestimmte, stets von den anderen Typen zu unterscheidende Rolle: im synthetischen Musikwerk die des am Zweck der Herstellung eines bestimmten Klangobjekts allein orientierten „Konstrukteurs", im imperativen Musikwerk als nachgestaltender, selbst also der Gestaltproduktion fähiger, und mithin gemäß der Gestalt des Musikwerks verständigungsbetroffener „Interpret", und im offenen Musikwerk als musikalische Gestalt selbst mitschaffender, dem Komponisten also in dieser Beziehung gewissermaßen gleichgestellter Musiker.

a. *Synthetisches Musikwerk*

Wieder gilt vom akustischen Artefakt selbst, was von „Musik" überhaupt galt: es „ist" in seiner akustischen Realität Musik, wenn sich „an" ihm die Wechselbeziehung von „Fundierung" und „Produktion" vollzieht; und wieder gilt auch hier, daß der „Anspruch" eines solchen Klangobjekts selbst - als Gegenstands also -, ein „*Werk*" zu repräsentieren, ein dem „Anspruch", Musik zu „sein" gegenüber völlig anderer ist: nun nämlich treten die im Begriff des Musikwerks mitzudenkenden Momente der Originalität, der Komposition, der Realisierung (die in diesem Fall mit der „Fixierung" inhaltlich zusammenfallen mag) und der Gestaltganzheit in den Vordergrund. Gehen wir also auch für diesen Werktyp getrost von der Unerläßlichkeit der schriftlichen, und das heißt stets auch - um es zu wiederholen - der *sprachlichen*[4] Fixierung der Komposition aus; sie verbürgt uns, wie gesagt, eben nur die Tatsache, daß das hörbare, vom Komponisten selbst erstellte „Objekt", dem Autor auch als *sein Werk* zugerechnet werden kann.

Beim Typ des „synthetischen" Musikwerks vermittelt die Fixierung auf eindeutige (oder eben nicht zureichende), durch keinerlei den Ausführenden überlassene „Freiräume" unterbrochene Weise zwischen Komposition und hörbarem Gegenstand; - eben unter „Ausschaltung" eines im herkömmlichen Sinne „ausführenden" Musikers. Das Musikwerk erscheint in diesem Typus mithin *selbst* - etwa mit Hilfe maschineller oder elektroakustischer Vorgänge - materialisiert; der ihm zugrundeliegenden Komposition entspricht nur *eine* korrekte Ausführung. Seine Fixierung enthält eine Konstruktionsanweisung, Diagramme, Schaltskizzen u.ä.; jedenfalls immer exakte Angaben von *meßbaren Größen.* Es macht dabei keinen Unterschied, ob das hörbare Resultat solcher „maschinell", d.h. exakt kontrollierbar, erzeugter musikalischer Objekte klangspeichernde, phonographische Methoden und Techniken voraussetzt oder ob es - etwa nach Art des Mälzelschen Orchestrions - auf rein mechanischer Basis beruht; entscheidend ist für diesen Werktyp jedenfalls, daß hier mit Bezug auf das „Werk" die Bedeutung der Fixierung gegenüber etwa einer herkömmlichen Partitur zurücktritt, da nach erfolgter Konstruktion, die trotz ihres „synthetisierenden" Verfahrens ja einer „Uraufführung" gleichkommt, das Werk ein für allemal vorliegt und mit Bezug auf seine fundierenden Elemente nicht bei jeder neuen Aufführung neu zu realisieren ist. Es führt ein „folgerichtiger" Konstruktionsgang, der von der Komposition solcher Werke ausgeht, zu ihrer Realisation:

Komposition → (Fixierung) → Realisation

Daher ist auch bei diesem Werktyp in aller Regel der Komponist selbst der Ausführende, der Realisator seines Werks.

Da nun die Bezeichnung „objekthafte Musik" ähnlich unbestimmt und mißverständlich ist wie z.B. auch „Studiokomposition" oder ähnliches, wählen wir für diesen Werktyp, der durch die exakte und vollständige „Kodierung" der Maßbestimmungen aller hinsichtlich der Komposition relevanten Momente *eine richtige* und mit allen anderen möglichen richtigen Ausführungen bis ins Detail übereinstimmende Realisierung fordert, *„synthetisch"*[5].

Synthetische Kompositionen werden nicht „gespielt"; die sie genau beschreibenden Formulierungen wenden sich nicht an den herkömmlichen Interpreten, der - musizierend - das Werk real werden läßt, sondern an den Konstrukteur, der mit seiner Arbeit bereits fertig sein muß, wenn das intendierte Klangobjekt hörbar ist.

Dieser Werktyp ist, das wurde schon gesagt, erst seit der Entwicklung technischer Möglichkeiten zur Phonographie, zur Speicherung von Akustischem, zu voller Ausprägung gelangt; die Intention, Musikwerke als *Objekte* zu erstellen, die nicht mit der für den Komponisten eben stets unkontrollierbaren Notwendigkeit einer Realisation durch einen „Interpreten" verbunden sind, war jedoch auch *vor* Erfindung der Phonographie immer schon vorhanden[6]. Wie in den bildenden Künsten das materielle Substrat des Objekts in eigenständiger Weise, von seiner Rezeption unabhängiger „Gegebenheit", dem Betrachter gegenübersteht, so sollen die fundierenden Elemente synthetischer Kompositionen, der Intention des Komponisten nach, auch in der Musik unabhängig von einer - letztlich nicht mehr vom Autor zu steuernden - „Interpretation" ein für allemal unveränderlich gegeben sein. Zwar sind auch diese musikalischen Objekte von Ausführenden zu erstellen, sie sind es jedoch immer in einer von der musikalischen Interpretation etwa einer herkömmlichen Partitur grundsätzlich verschiedenen Weise: für die Realisation synthetischer Kompositionen ist eine nach quantitativen Bestimmungen erfolgende Beschreibung der Komposition nach allen ihren Parametern erforderlich; Anweisungen zu subjektiven, persönlichen Reaktionen oder Verhaltensweisen des Realisators entfallen hier. Wieder soll damit allerdings keineswegs auch schon behauptet sein, es könnten nicht auch Momente anderer als des synthetischen Werktyps mit diesem vermischt werden; - hier geht es nur um die Abgrenzung dieses Typs von jenen, die einen Interpreten fordern; insofern als die Fixierung einer synthetischen Komposition auf ein im Sinne des Werks „eindeutiges", „richtiges" *Objekt* zielt und eben nicht auf eine „musikalische" *Aktion.*

Aus diesem Grunde kann auch der Realisator hier nicht in demselben Sinne als „Nachschaffender", möglicherweise nicht einmal als „Musiker" bezeichnet werden; als „Fachmann" bringt er nichts Eigenes ein als eben das theoretisch-technische Vermögen, den Konstruktionsplan zu lesen und in Konstruktion umzusetzen.

Das Musikwerk dieses - ersten - Typs hat, ist es „gut" gearbeitet, in eindeutiger Weise formuliert, „notiert" zu sein, - was, um es noch einmal zu betonen, natürlich die Hereinnahme von Elementen oder Techniken der anderen Werktypen nicht ausschließt. Musterbeispiele für diesen - ausschließlich auf das hörbare Objekt und in keiner Weise auf seinen Realisator als „Interpreten" zielenden - Typ des Musikwerks sind etwa die - manchmal ebenfalls als „Partituren" bezeichneten - Konstruktionspläne elektronischer Kompositionen - insbesondere aus den Anfängen der elektronischen Musik -, die Schwingungsform (Klangfarbe), Frequenz (Höhe), Zeit (Dauer) und Dynamik (Intensität) in eindeutigen, meßbaren Größenbestimmungen wiedergeben.

Wenn besonders die Musik mit elektronischen Mitteln als Beispiel für den auf die Herstellung musikalischer Objekte zielenden Werktyp gewählt wurde, so ist, um zwei Mißverständnissen vorzubeugen, ausdrücklich darauf hinzuweisen, daß zum einen natürlich der Bereich der klassischen elektronischen Studiotechnik gemeint war und weniger der der inzwischen nachgerade zum Musikinstrument entwickelten Synthesizer, und zum anderen, daß das Wort „Partitur" nur in einem sehr übertragenen Sinn hier angewandt werden kann: als lesbare Fixierung dessen also, was zur Herstellung des vom Komponisten intendierten Klangobjekts technisch „zu tun" ist. Die große Schwierigkeit, vor der die elektronische Musik heute steht, ist das Problem einer alle instrumentalen Möglichkeiten abdeckenden „Notenschrift", die den bis jetzt in vielen Bereichen noch unerläßlichen Kommentar ersetzen könnte, der nicht selten den Charakter der „Gebrauchsanweisung" hat[7]. Grundsätzlich falsch wäre es allerdings auch, diese Schwierigkeit auf Musik mit Klängen elektronischen Ursprungs einzuschränken; - schon der heute durchaus nicht mehr seltene Fall eines mit sich selbst (über Klangspeicherung und -reproduktion) duettierenden Solisten bedürfte in der entsprechenden Partitur einer wörtlichen Anweisung; - eben weil die verschiedenen Phasen der Realisation in diesem Fall zeitlich auseinandertreten.

Es ist den Werken dieses in neuerer Zeit immer mehr in den Vordergrund tretenden Typs ihr „Werkcharakter" ebensowenig abzusprechen, wie ihre Zugehörigkeit zur Gattung „Musik", wenn sie nur den Bedingungen der „formulierten" hörbaren Gestalt genügen: auch die synthetische Komposition ist schriftlich niedergelegt, d.h. sprachlich formuliert, und diese Niederlegung fixiert ebenfalls die Forderung der Realisation einer hörbar fundierten, produzierten, extensiven Ganzheit. Als entscheidenden Unterschied zu den Musikwerken der anderen Typen halten wir jedoch fest, daß der in der Fixierung „angesprochene" Realisator als „Musiker", als „musikalische Persönlichkeit", zurücktritt und dem Techniker, dem Konstrukteur Platz macht. Aus diesem Grund wird etwa der realisierende Studiotechniker auch kaum - musikalisch - sinnvoll als „Interpret" bezeichnet werden können, was - um es ausdrücklich zu betonen - mit Bezug auf das Werk ebensowenig wie mit Bezug auf seine Tätigkeit in irgendeiner Weise etwas mit Wertung oder gar Abwertung zu tun hat[8].

b. *Imperatives Musikwerk*

Daß sich innerhalb der musikwissenschaftlichen Terminologie zur Kennzeichnung des „herkömmlichen" Musikwerks gegenüber den anderen Werktypen noch kein Terminus gefestigt hat, mag sicher auf musikgeschichtliche Gründe zurückzuführen sein. Einerseits war die für die Herstellung musikalischer Objekte geeignete „synthetisierende" Technik, welche sich ja in den vergangenen Jahrhunderten praktisch auf die Mechanik beschränkte, noch nicht hinreichend entwickelt, einen ausgesprochenen „Werktyp" zu voller Entfaltung gelangen zu lassen; - bei der Betrachtung der vergangenen Jahrhunderte stehen wir allenfalls Ansätzen gegenüber, die zudem noch, wie es meist für erste Versuche gilt, eben eher doch als „Abstrusitäten" einzuschätzen sind: Mälzels Musikautomaten, mechanische Nachtigallen, Pianolas und ähnliches. Andererseits, und das mag auf politische, soziale oder auch kulturgeschichtliche Gründe zurückzuführen sein, ist auch die berufliche Spezialisierung der Musiker in Komponisten und Ausführende, also „Musiker" im engeren Sinn, eine Entwicklung, die insgesamt allenfalls zu Beginn des 19. Jahrhunderts einsetzte und nach fast 100 Jahren so gut wie vollzogen war. Es gibt kaum einen Musiker, der heute, wie noch etwa die Komponisten des 18. Jahrhunderts, zumeist eigene Werke spielte, und es gab kaum einen professionellen Instrumentalisten eigentlich in der gesamten Musikgeschichte bis zum 20. Jahrhundert, der sich nicht seine Stücke zum Teil auch selbst verfertigt hätte, oder doch zumindest des Stegreifspiels über ein gegebenes Thema in gewissem Rahmen fähig gewesen wäre. Daß die Kadenz des Solokonzerts als kompositorischer „Freiraum" im Laufe der musikgeschichtlichen Entwicklung bis zum völligen Verschwinden schrumpft, zeugt ebenso von der zunehmenden Selbstverständlichkeit jener Spezialisierung wie die sich im Verlauf der Musikgeschichte ständig steigernden instrumentaltechnischen Anforderungen an die Ausführenden. So bot sich den Komponisten die verlockende Möglichkeit, von den hochqualifizierten Instrumentalisten immer mehr „verlangen" zu dürfen, und zu ständig weniger Konzessionen an die instrumentaltechnischen (oder auch stimmlichen) Grenzen gezwungen zu sein. Daß damit aber auch ein schrittweiser Verlust der „musikalischen Persönlichkeit" der Ausführenden verbunden war, liegt auf der Hand: es bedarf schon einer überaus genauen Kenntnis und Vertrautheit mit der Interpretationsgeschichte dazu, um unterscheiden zu können, ob hier der Solist A oder B das Brahmssche Violinkonzert spielt; mit wachsender Größe des Ensembles erhöht sich diese Schwierigkeit. Hier mögen auch die Gründe dafür liegen, daß sich der Typ des offenen Werks, der einen gewissen Teil der musikalischen Verantwortung wieder an den ausführenden Musiker „zurückgibt", erst jetzt (wieder) ausgebildet hat: in einer Zeit also, in der die Tontechnik die - etwa von der seriellen Musik geforderte - Präzision sehr viel „werkgerechter" zu reproduzieren imstande ist, als ein „endlicher" Musiker. Erst jetzt lenkt sich unter diesen Bedingungen wieder der Blick auf die *Person* des Ausführenden: das „imperative" Werk weicht - so scheint es - dem „offenen".

Diese ins Gebiet der Musikgeschichte gehörigen Erwägungen dienten dem Versuch einer Erklärung dafür, warum sich in der Musikwissenschaft noch kein Terminus für den „herkömmlichen" Werktyp gefestigt hat, dessen schriftliche Fixierung den reproduzierend musizierenden Musiker fordert. Bislang gebrauchte Bezeichnungen grenzen diesen „imperativen" Werktyp nicht hinreichend gegenüber den beiden anderen ab: sie schränken ihn entweder zu weit ein oder leisten eben keine zufriedenstellende Differenzierung; man hat sich vielmehr daran gewöhnt, den Begriff des „Werks" selbst auf diesen - imperativen - Typ zu beschränken und dann die anderen Typen als Sonderfälle, Ausnahmen, Grenzfälle oder eben als „nicht-werkhafte Formen" zu bezeichnen.

Werfen wir einen Blick auf einige mögliche charakterisierende Bezeichnungen für jenen Werktyp, dessen schriftliche Fixierung dem Musiker zu verstehen gibt, wie er sich bei der Ausführung des Werks zu verhalten habe, wenn also seine Tätigkeit mit der Realisation des Werks zeitlich zusammenfallen soll: „Partiturwerk" bezöge sich nur auf mehrstimmige Musik, „schriftlich fixiertes Werk" leistete keine Differenzierung gegenüber den anderen Werktypen, „Werk mit Reproduktionsanweisung" würde dem Unterschied gegenüber dem Typ des synthetischen Musikwerks nicht gerecht, „Aktionsvorlage" ließe die Grenze zum Typ des offenen Werks unberücksichtigt, „Spielmusik" suggerierte technische Anspruchslosigkeit für den ausführenden Musiker und schlösse Vokales aus, „Musizierwerk" weckte die Assoziation etwa an „Hausmusik" usw. Wollte man der Bezeichnung „imperativ" nun nicht zustimmen, da auch diese mißverstanden werden könnte, so ließen sich dafür folgende Gründe anführen: auch der Autor *synthetischer* Kompositionen gibt *Anweisungen* (jedoch sind diese eher sach- als tätigkeitsbezogen) und auch im *offenen* Werk treten Imperative auf (die allerdings zumeist Empfehlungs- oder Vorschlagscharakter haben). - Wie auch immer man sich in der Frage der Benennung entscheiden mag; hier sind zunächst einmal die Strukturmomente herauszuarbeiten, die das synthetische vom imperativen Musikwerk unterscheiden.

Der erste ins Auge fallende Unterschied ist die schon angedeutete Tatsache des zeitlichen Zusammenfalls von Interpretation und Aufführung. Der im Studio arbeitende Tontechniker hat seine Tätigkeit beendet, wenn das synthetische Musikwerk zur Aufführung gelangt: er kann somit der Uraufführung als Zuhörer beiwohnen. Der musizierende Instrumentalist (der übrigens wieder ein Studiotechniker sein mag!) oder Sänger muß zwar gewisse Vorkehrungen zur Aufführung treffen, er muß das Werk „studieren", einüben, auswendig lernen, er muß sein Instrument stimmen, „präparieren" oder seine elektronischen Klangerzeuger in der für das Werk erforderlichen Anordnung „schalten", - zum Zeitpunkt der Aufführung jedoch ist er selbst „tätig"; sei es daß er singt, ein traditionelles Instrument „spielt", dirigiert oder Regler „bedient". Daher scheiden sich auch die in der Fixierung niedergelegten Anweisungen des Komponisten in Aufführungsanweisungen und einen „Realisationskommentar". Der letztere klärt sozusagen die Bedingungen für die Aufführungen; in ihm wird das Instrumentarium ebenso beschrieben wie notwendige Präparationen oder Vorkehrungen. Die eigentlichen Aufführungsanweisungen beziehen sich auf die Aufführung selbst; sie „begleiten" diese gleichsam: „crescendo", „ritardando"; „gefiltert", „Manualwechsel"; „zornig", „verzagt" usw.

Wiederum scheint die ausdrückliche Feststellung der Tatsache nicht überflüssig, daß sich die Ansatzpunkte zu einer typologischen Gliederung auch für den „Zielpunkt" denkbarer musikalischer „Imperative" vielleicht ohne große Schwierigkeiten bestimmen lassen. Diese mögen bezogen sein auf die „Parameter" akustischen Materials („forte", „presto", „glissando", „con sordino"), auf den Ausdruck des Interpreten („wütend", „eloquente", „en dehors", „brillante"), auf sein Instrument, Spieltechniken oder Ausführungshilfen („Abstrich", „Schalltrichter auf", „Daumen", „mit Filzschlägel"), auf den Gestaltzusammenhang des Werks („come prima", „maggiore", „l'istesso tempo", „finale"); ja es mag sich sogar um - über das Werk hinausgehende - „Informationen" zum besseren „Verständnis" des Musikers handeln („Der Vogelfänger"[9], „Goliath fällt"[10], „Neue Kraft fühlend"[11] oder auch „Himmelsflug" bzw. „Der deutsche Michel träumt"[12]). - Am Sinn solcher systematisierenden Gliederung mag jedoch auch hier[13] mit Recht zu zweifeln sein, wenn es nicht ein bestimmter Komponist, ein bestimmter Stil oder eine bestimmte Gattung ist, welche eben auf ihre Bestimmtheit hin zu betrachten sind: Was überhaupt ein Komponist vom Interpreten „verlangen" kann, unterliegt - im Rahmen des, wie man sagt, „Menschenmöglichen" - schlechterdings keiner Beschränkung.

Auch hinsichtlich des formalen Moments der „Präzision" der Anweisungen sind die Unterschiede allenfalls „mit Gewalt" zu systematisieren: Zum Beleg dafür, daß es sich - bei diesem Werktyp - stets eher um „Grade" der Verbindlichkeit gehandelt hat als um unterscheidbare „Prinzipien" musikalischer Komposition, wählen wir zwei ältere und zwei neuere Beispiele aus Werken „anerkannter", „klassischer" Komponisten, die sich überdies noch desselben Notationssystems (mit geringen, musikhistorisch bedingten Modifikationen und Erweiterungen) zur Fixierung ihrer Werke bedienten.

Da haben wir zunächst den Beginn eines Suiten-Vorspiels von Louis Couperin, das in seiner freien Notation dem Cembalisten Dauer und Rhythmus der Töne und Linien - in gewissen Grenzen - überläßt:

Louis Couperin: Suite XII, Prélude (Beginn, zitiert nach der Ausgabe von Alan Curtis, Paris 1970)

Das dieser Partie zur Seite gestellte Beispiel aus einem Streichquartett Witold Lutosławskis räumt den beiden Violinisten ihren „Interpretationsspielraum" in fast noch großzügigerer Weise ein; die Bedeutung des nur am Anfangspunkt unterbrochenen „hermetischen" Rahmens, der die beiden Partien unseres zweiten

Beispiels voneinander trennt, unterstreicht noch der Realisationskommentar:

Witold Lutosławski: Streichquartett (1965), (Ziffer 49)

Partitur, S.20: "The tempo is approximate [ca. 5♪/sec.], as are all rythmical values. Each performer should play his part as if alone. Changes of speed (acc. and rit.) most often concern particular performers and should be treated seperately."

Das klangliche Ergebnis einer Realisierung läßt sich in diesem letzteren Beispiel zwar, was die ,,Vertikale", die zeitliche Zuordnung der ,,Zusammenklänge" betrifft, noch weniger voraussehen, als dies beim ersteren Beispiel möglich sein mag: das Resultat ist, wie der Komponist sagt[14], ein ,,Mobile", das allerdings, wie immer es im einzelnen auch ausfallen mag, eine bestimmte, ,,unverwechselbare" Wirkung hat.

Wir sehen aus diesen beiden Beispielen, daß für bestimmte Kompositionen bestimmte Momente des musikalischen Verlaufsgegenstands ,,dispensiert" werden können: in Louis Couperins ,,Prélude non mesuré" der Rhythmus, das Tempo, die Dauer, aber auch das Register (Klangfarbe) und die Gestaltung der Verzierungen (an zwei Stellen unseres Beispiels empfiehlt der Komponist als ,,Agrément" einen ,,Pincé"); bei Lutosławskis Streichquartett die ,,vertikale" Beziehung (Beliebigkeit des musikalisch Gleichzeitigen), die Dauer und ebenfalls die rhythmische Struktur. Wir sehen aber auch, daß es zum richtigen ,,Verständnis" der Fixierung wichtig ist, die Momente zu erkennen, die nicht vom Komponisten ,,dispensiert" worden sind, sondern deren Fixierung sich deshalb erübrigte, da sie innerhalb der zeitgenössischen Konvention ohnehin selbstverständlich sind oder waren. Dazu gehört im ersten Beispiel das Grundtempo (eben des Anfangs- und Schlußteils des Vorspiels zu einer französischen Cembalosuite des späten 17. Jahrhunderts), das ,,richtige" ,,changement de mouvement" für deren metrisch notierten Mittelteil, die ,,Kunst" der ,,richtigen" Verzierung, das ,,richtige" Register und das ,,richtige" Maß an persönlicher Freiheit des Interpreten in den einzelnen Werkteilen.

Aber auch in unserem zweiten Beispiel lassen sich ,,Selbstverständlichkeiten" denken, die daher nicht eigens notiert sind: die Wahl der Instrumente (z.B. keine Kurzhalsgeigen), die Stimmung der Saiten, die Wahl des Bogens (z.B. wäre ein ,,Rundbogen", wie ihn Bach möglicherweise gekannt hat, hier nicht angebracht), die Dynamik (welche auf die Größe des Saals abzustimmen ist) und ähnliche, für uns als Zeitgenossen eben selbstverständliche Faktoren.

Die beiden anderen Beispiele sollen belegen, daß - umgekehrt - auch höchst präzise Anweisungen für solche Parameter gegeben werden können, die - der Konvention nach - eher dem Belieben der Ausführenden hätten überlassen bleiben „sollen". Beethoven fordert im Schlußtakt der „Cavatina" seines Streichquartetts op.130 eine dynamische Präzision, wie sie in der Musik seiner Zeit ohne Beispiel ist. Er zerlegt den Schlußakkord in Achtelwerte, um genau angeben zu können, *wie* dieser zu verklingen habe:

Ludwig van Beethoven, Streichquartett op.130
(Cavatina, Takt 67)

und Karlheinz Stockhausens Klavierstück I zeigt höchst präzise Angaben in allen drei Bereichen: Tonhöhe, -dauer und -stärke:

Karlheinz Stockhausen, Klavierstück I (Nr.2)
(Takt 1)

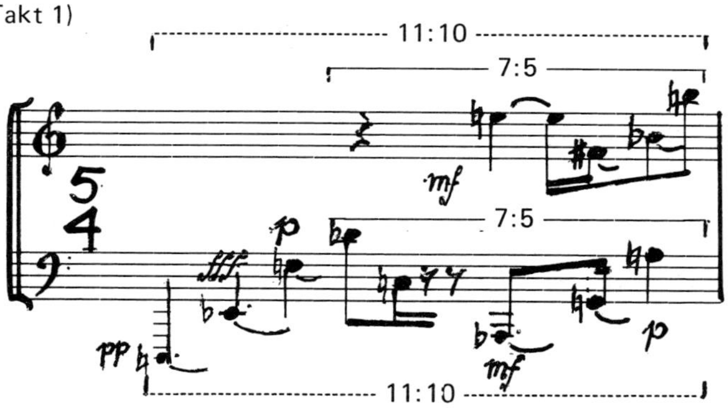

Das Beispiel aus dem Beethoven-Quartett stellt die Unerläßlichkeit der musikwissenschaftlichen Bemühung um den Notentext heraus, wenn schließlich das erklingen soll, was sich der Autor vorgestellt hat, was er also auch aufgeschrieben hat. Ja, es mag in nicht wenigen Fällen sogar außerordentlich schwierig sein, eine Entscheidung über die Bedeutung bestimmter Einzelheiten des Textes (in unserem Beispiel der Bindebögen) herbeizuführen[15], es mögen dazu Vergleiche mit anderen Werken desselben Komponisten heranzuziehen sein oder auch mit dessen Skizzen, es mag auch die Erforschung des stilgeschichtlichen, ja in gewissen Fällen sogar des biographischen Hintergrunds zur richtigen Deutung des Notentextes vonnöten sein. Somit erwächst dem Ausführenden (wenn er sich eben als Ausführender versteht) die Aufgabe, am Notentext diejenigen Momente, die als mehr oder minder präzise Anweisungen zu verstehen sind, von denen zu trennen, welche der Komponist dem Interpreten zur Entscheidung und Gestaltung überläßt. Auch in unserem scheinbar so genau notierten Beispiel des Stockhausenschen Klavierstücks gibt es diesen „Freiraum" des Interpreten: nie ist ein imperatives Musikwerk anders zu formulieren als eben in *Relation* zu einem oder mehreren Interpreten, ja sogar in Relation zum Aufführungsort, dem vorhandenen Instrumentarium, vielleicht gar zum zu erwartenden Auditorium: Lutosławski fordert zu Beginn des zitierten Streichquartetts: „Repeat the phrase between repeat marks until you see the audience has become completely quiet", und Stockhausen weist im oben zitierten Werk sogar ausdrücklich auf die nur *relative* Funktion seiner überaus exakten Angaben bezüglich der Zeitwerte hin[16].

Immer aber ist es der Interpret, auf den hin alle diese Anweisungen formuliert sind; er hat zunächst den Sinn der in der Fixierung enthaltenen Imperative - durchaus mit Hilfe der Musikwissenschaft - zu ergründen, er hat das Maß der für den Komponisten selbstverständlichen Konvention zu bestimmen und so seinen eigenen interpretatorischen „Freiraum" auszumessen. Noch Mozart sah von verbindlichen Angaben für etwa die dynamische Gestaltung nicht selten ab: ein Musiker „von Geschmack" wisse durchaus selbst am besten, wo er laut und wo leise zu spielen habe. Und vollends gar mit Bezug auf das klassische Solokonzert liefe es durchaus der Intention eines Komponisten wie z.B. Mozart zuwider, wollte man dessen eigene, z.T. überlieferten Kadenzen für jede weitere Aufführung seiner Klavierkonzerte für verbindliche, inhaltlich festgelegte Werkteile erklären. Bewußt und durchaus der Konvention gemäß stellen sie vielmehr eine von vielen anderen möglichen Interpretationen dar; entscheidend ist die an den Interpreten ergehende Aufforderung, am Schluß meist des das Konzert einleitendes Satzes sozusagen zu resumieren: die Verbindung des musikalischen Materials mit höchster Virtuosität eben auf persönliche Weise zu „gestalten", so daß möglicherweise die kompositorische, vielleicht aber auch gerade umgekehrt die bloß noch virtuose Seite - eben durch die jeweils unterschiedlich ausfallende Kadenz - in den Vordergrund gerückt wird. - Zum *Werk* jedenfalls gehört das, was der Komponist „expressis verbis" vorsah, bzw. nicht auszusprechen brauchte, da es nach der Konvention ohnehin selbstverständlich war, und eben nicht, was irgend ein Interpret - und sei es auch der eigener Werke - dem fixierten musikalischen Gebilde hinzufügte. Es mag schon sein, daß ein langsamer Satz etwa eines Händelschen Orgelkonzerts vom ausführenden Organisten Händel in Form einer freien Improvisation gestaltet wurde, die der Komponist Händel danach vielleicht nur aus Zeitmangel nicht mehr schriftlich fixierte; es mag auch sein, daß Bach den zweiten Satz seines dritten Brandenburgischen Konzerts auf höchst vollkommene Weise bei jeder Aufführung auf Neue „fantasierend" zu komponieren wußte: was jedoch als *Werk* auf uns gekommen ist, ist in beiden Fällen nichts anderes als die an den heutigen Interpreten ergehende Aufforderung, es entweder den Damaligen auf persönliche Weise gleichzutun, oder sonst eben sogar in der Beschränkung, in der sich erst der Meister zeigt, - auf jenen „Freiraum" zu verzichten und nur die kadenzierenden Akkorde wiederzugeben.

Mit der zuletzt getroffenen Unterscheidung zwischen inhaltlich bestimmten musikalischen Anweisungen und der Aufforderung durch den Komponisten, als Interpret selbst kompositorisch tätig zu werden, ist allerdings der Schritt zum dritten Werktyp nicht mehr weit: auch das „offene" unterscheidet sich vom „imperativen" Werk nicht derart, daß etwa ein gradueller Übergang nicht möglich wäre. - Nähme ein Solist die zur Kadenz auffordernde Fermate etwa zum Anlaß, eine gute Stunde solistisch zu fantasieren, so erhielte diese Aktion des Interpreten dem Werk selbst gegenüber, das er ausführt, einen eigenen „Rang", sei er positiv oder negativ; ja, sie müßte in gewissem Sinn und vor dem Hintergrund der bis jetzt geklärten Voraussetzungen vielleicht sogar selbst als „werkhaft" (eben als Komposition des Ausführenden) bezeichnet werden. Innerhalb der im imperativen Musikwerk verwirklichten Pole von nahezu „totaler" Determination des Ausführenden bis zu dessen weitestgehender Ungebundenheit bestimmt sich der Übergang zum offenen Werktyp gemäß dem Kontext des ganzen Werks selbst: tritt als Autor auch der ausführende Musiker in den Vordergrund, bzw. formuliert der „Komponist" seine Anweisungen so, daß er als Autor selbst hinter dem Ausführenden zurücktritt, so können wir nicht mehr von einem imperativen Musikwerk sprechen, welches zur Realisierung einer in allen für die Komposition „wesentlichen" Momenten explizit oder durch Konvention „formulierten" Werkidee auffordert. Wie sich eine solche Komposition schließlich sogar selbst gestaltet, ist, zum Teil zumindest, offen.

c. *Offenes Musikwerk*

Am Beginn der Charakterisierung dieses - dritten - Werktyps steht nochmals der Hinweis darauf, daß es nicht der Sinn dieser differenzierenden Trennung dreier Werktypen ist, etwa „Gattungen" zu definieren, denen dann sämtliche vorhandenen Musikwerke unterzuordnen wären: nicht um „Schubladen" für eine Musikbibliothek geht es, sondern um die Unterscheidung möglicher Typen der Relation zwischen Intention des Komponisten, Fixierung, Interpreten und Ausführung. Daß zwei völlig unterschiedliche, ja geradezu konträre Kompositionsweisen dabei zu verwechselbarer Ähnlichkeit ausfallen mögen, was das hörbar Ausgeführte betrifft, unterstreicht dabei nur einmal mehr, daß es weniger um Typen von *Musik* als eben von Musik*werken* geht: - gerade jener Werktyp, der recht eigentlich „imperativ" genannt werden kann, eben der in der seriellen Technik komponierte und entsprechend fixierte und aufzuführende, schlägt Anfang unserer sechziger Jahre in den „aleatorischen" um, und - der Eindruck des Hörers vom klanglichen Resultat ist zunächst sozusagen gleich. Es ist unserem Untersuchungsgegenstand, der Charakterisierung des offenen Werktyps, durchaus dienlich, die damals heiß diskutierte Frage, ob Komposition des Zufalls nicht eine contradictio in adiecto sei, auf unseren Zusammenhang zu beziehen: ob nämlich mit jener Unterscheidung „imperativ — offen", wirklich jene zwischen „determiniert" und „unbestimmt" gemeint war. Zur Klärung dieser Fragen betrachten wir zunächst die Bedeutung des Terminus „aleatorisch". - Man behauptet wohl nicht zuviel, wenn man schlicht bestreitet, daß gerade dieser Terminus jemals allgemein und übereinstimmend in eindeutiger Weise verwendet worden sei. Ursprünglich galt die Bezeichnung einem bestimmten elektroakustischen Effekt, nämlich dem nicht-periodischen Vibrato, das Herbert Eimert 1955 eben darum „aleatorisch" nannte, weil es sich (in diesem speziellen Fall!) um einen Vorgang handelt, dessen „Verlauf im groben festliegt, im einzelnen aber vom Zufall abhängt"[17]. Nicht die Unvorhersehbarkeit struktureller oder formaler Gestaltungszusammenhänge also war gemeint, sondern eine bestimmte, mit den zeitgenössischen Methoden der Akustik elektronischer Klänge und Klanggemische nicht kontrollierbare Klangqualität.

Wäre man konsequent im Gebrauch des Terminus „aleatorisch" verfahren, hätte er sicher in der Folgezeit auch zur Bezeichnung traditioneller Spielweisen (Triller, Vibrato, Artikulation) dienen können: auch hier kann nur innerhalb eines gewissen Rahmens „vorhergesagt" werden, wie das hörbare Resultat im einzelnen ablaufen wird. Entscheidend aber dafür, daß Eimert (mit Meyer-Epplers Zustimmung) einen neuen Terminus zu prägen für nötig hielt, war sicher der Aspekt, daß der Zufall auch im Bereich der synthetisierenden Klangerzeugung seine Rolle zu spielen vermag; eben im Zusammenhang mit jenen kaum wahrnehmbaren Schwankungen, welche, „zumal wenn sie in sich wieder geändert, im genauen ursprünglichen Wortsinn ‚aleatorisch' gestreut werden, in dichten Klangverbänden zu einer inneren Bewegung des Klangs führen"[18].

Diese Art von Zufall allerdings war für herkömmlich instrumentierte Musik nichts neues, ja man könnte sogar sagen, daß es für das imperative Werk geradezu die Regel darstellt, in der Fixierung einen musikalischen Ablauf festzuhalten, „dessen Verlauf im groben festliegt, im einzelnen aber vom Zufall abhängt". So ist es musikhistorisch verständlich, daß man - zunächst wohl Pierre Boulez[19] - den Terminus „aleatorisch" zwar mit der Einführung des Zufalls in die musikalische Komposition nicht-synthetischer Werke übernahm, nun aber (geradezu im Gegensatz zu Eimert) damit solche Vorgänge bezeichnete, deren Verlauf im einzelnen festlag, im groben jedoch offenblieb: die „Bausteine" also sind festgelegt, ihre Kombination aber bleibt offen. In diesem Sinne wurde das Wort „aleatorisch" in der folgenden Zeit zumeist verwendet, und es wäre sicher wünschenswert, daß sich dieser Wortgebrauch weiter festigt.

Was bedeutet die Möglichkeit der Komposition aleatorischer Musik, so fragen wir nun, zu unserem ursprünglichen Zusammenhang zurückkehrend, für den Begriff des Musik*werks*? Nun, zunächst kann die oben[20] aufgeworfene Frage, ob die Unterscheidung „imperativ — offen" jener anderen „determiniert — unbestimmt" gleichzusetzen sei, getrost verneint werden. In aleatorischer Musik sind gewisse Abläufe festgelegt und andere bleiben unbestimmt: die festgelegten, vom Autor komponierten, Abläufe sind „frei" zu kombinieren; im imperativen Musikwerk dagegen, das die Fixierung einer Komposition des Autors voraussetzt, ist ein Ablauf gestaltet, innerhalb dessen Unbestimmtheiten, wenn sie überhaupt als solche intendiert sind, sich allenfalls auf die Einzelheiten beziehen. Für die notwendige Unterscheidung zwischen „imperativem" und „offenem" Werk bedeutet dies, daß sie sich auf die *Ganzheit* des Werkes selbst bezieht - nicht allerdings so, daß das offene Werk dieser Ganzheit schlechthin ermangelte, sondern so, daß selbst noch der Vollzug dieser Ganzheit in die Hände des - in diesem Sinne eben „gestaltenden" - Ausführenden gelegt ist, während der Komponist hinsichtlich des Materials und der Struktur sozusagen nur „Hilfestellung" leistet.

Betrachten wir die verschiedenen Möglichkeiten der Aufforderung zum Gebrauch der eigenen „Freiheit", welche vom Komponisten an den Interpreten ergehen mag, so zeigt sich deutlich, daß im imperativen Musikwerk eben stets nur das *theoretische* Vermögen des Ausführenden angesprochen wird. Er ist „Kenner" eines Zeitstils, er „weiß" um die Kunst der Verzierung oder des Generalbaßspiels; er ist „Virtuose", dem eine Kadenz im Solokonzert - ohne entscheidenden Einfluß auf dieses selbst, also dessen „Eigenleben" als Werk - eingeräumt wird, und selbst zu den Zeiten noch, als überwiegend komponierte und vom Autor selbst den Konzerten zugedachte Kadenzen dem virtuosen Interpreten zur Ausführung empfohlen wurden, trugen sie noch lange den relativierenden Hinweis „ad libitum". Der Interpret des imperativen Musikwerks wird auch als der respektiert, der am besten - besser jedenfalls als der Komponist - um die Aufführungsbedingungen „weiß". Ihm wird die Entscheidung über Besetzungsfragen, „ossia-Versionen", Kürzungen, „ad-libitum-Partien", ja sogar über gewisse, musikalisch durchaus „wesentliche", Einzelheiten übertragen: die Entscheidung über einen bestimmten Ton (je nach Beschaffenheit des Instruments[21]), über eine bestimmte Instrumentation (je nach Verfügbarkeit[22] oder auch spieltechnischen Möglichkeiten[23] von Instrumentalisten), über die „Verlängerung" eines Werks (je nach den Bedingungen der Aufführung[24], dem Auffassungsbedürfnis[25] bzw. der Aufnahmefähigkeit[26] der Zuhörerschaft). - Alle diese Entscheidungen sind jedoch solche, die hinsichtlich des abgeschlossenen, des bereits in seiner „extensiven" Ganzheit vorliegenden Werks vom Interpreten zu treffen sind, und nie heißt die Anweisung innerhalb eines imperativen Musikwerks etwa: „Der Flötist mag *d* oder *es* spielen, je nachdem was ihm besser gefällt" oder: „Findet der Dirigent es schöner, so ist diese Melodie statt von der Oboe von den Violinen zu spielen." Diese und ähnliche Entscheidungen würden die kompositorische Verantwortlichkeit bis zu einem gewissen Grad in die Hände des Ausführenden übertragen; der Schritt vom imperativen zum offenen Werk wäre vollzogen.

Es ist im Typus des offenen Musikwerks der einer musikalischen Komposition selbst fähige ausführende Musiker, der vom Autor zum Gebrauch dieser seiner Fähigkeit ermutigt wird. Auch hier gibt es allerdings Extreme: „Jeder spielt (singt) seinen schönsten Klang", heißt die erste Ausführungsanweisung für das „Tutti" in Michael Vetters „Linienspiel", einem „Werk", das nur mit Bedenken noch „Werk" genannt werden kann, da es eben nur noch aus allgemeinen Aufforderungen mit Bezug auf bestimmte innere Einstellungen der „Ausführenden" besteht. Im Untertitel heißt das „Linienspiel": „Meditation und Kommunikation in Klängen". Dem Autor selbst jedenfalls war es sicher weniger um sein Werk als um die „musikalische Disposition" „seiner" Ausführenden zu tun.

Da es am ehesten der Typus des offenen Werks ist, der den Interpreten weniger als Mittel (zur „Herstellung" einer hörbaren Realisierung) denn auch als Zweck (eben als selbst gestaltenden „Komponisten", bzw. als über musikalisch Wesentliches selbst „frei" entscheidenden Musiker) anspricht, so liegt es nahe, daß mit offenen Werken zunächst und zumeist „pädagogische" Intentionen des Autors verwirklicht werden mögen. Vetter - um vom soeben angeführten Beispiel auszugehen - erwartet eine Steigerung der Kommunikationsfähigkeit, welche teils durch Beobachtung (der Zuhörer) teils durch Erfahrung (der Spieler) verursacht wird. So fordert er das „Tutti" für die Dauer etwa einer Stunde auf, den vier „Solisten" aufmerksam zuzuhören: „Jeder beobachtet, wie vier Spieler Eigenschaften umhergehend erfahrener Klänge in Auseinandersetzung miteinander bringen, sie einander durchdringen lassen, entwickeln, aufheben in neue Einklänge". - Diether de la Motte dagegen hat mit seinem „Concerto avventuroso" andere „Lernziele" im Sinn, wenn er es bestimmten Instrumentalisten eines Orchesters in „klassischer" Besetzung freistellt, als Solisten zu fungieren, wann immer ihnen „danach ist" - Solo-Material steht, im Sinne einer Anregung, eines Vorschlags, jedenfalls stets auf mehreren Solistenpulten bereit. Wieder ist die Werkidee davon bestimmt, den einzelnen Instrumentalisten zu ermutigen, ja zu befähigen, sich aus der „Ripieno-Rolle" herauszubegeben, um als „Person" gemäß eigener Entscheidungen anhand eines gewissen vorgegebenen Materials (bestimmte melodische und rhythmische Muster) dem Kollektiv des Orchesters „konzertierend" gegenüberzutreten. Jedoch auch das Orchester hat in diesem Werk - zumeist nach Entscheidung und auf Zeichen des Dirigenten - nicht mehr nur zu begleiten: es kann stören, anfeuern, unterstreichen, ja es kann sogar den Solisten musikalisch das Wort verbieten und diesen, „Concerto" benannten, zweiten Satz des Werks einfach abschließen, wann immer dies „nötig" scheint. Man sieht, wie solche Werkideen dazu tendieren, das Feld musikalischer „Komposition" zugunsten eines erhofften „erzieherischen", „persönlichkeitsbildenden" Einflusses mit musikalischen Mitteln zu verlassen, so daß schließlich als Werkidee nicht mehr die Gestaltung der musikalischen Vorstellungen des Autors dem Werk zugrundeliegen, sondern dessen Vorstellungen von der zu „bildenden" Person des oder der Ausführenden. Der Schritt zum Versuch der Verwirklichung eines Programms zur „Befreiung" des Musikers selbst noch vom „Werk" ist dann natürlich nicht mehr weit: John Cage fordert in seinen theoretischen Schriften immer wieder Unbestimmtheit ("Indeterminacy") als Prinzip jeglicher Komposition. Daß sich jedoch das „Spiel" des völlig freien Zufalls innerhalb eines hörbaren Zusammenhangs gegen diesen selbst wendet und ihn - jedenfalls als „Werk" - in Frage stellt, läßt es inkonsequent erscheinen, daß Cage „Stücke" wie „Water Music", „Silence" oder ganz speziell „Imaginary Landscape No.4" (für 12 Radioapparate) als „seine" Werke signiert und veröffentlicht. Es ist in diesen Arbeiten eben gerade nicht mehr der ausführende Musiker, welcher sich - selbst gestaltend - „mitteilt" oder „seine" Interpretation vorweist; vielmehr besteht seine Aufgabe in diesen Stücken gerade darin, eine Situation herzustellen, in welcher überhaupt kein im Sinne einer Komposition präformierter musikalischer Zusammenhang mehr vorhanden ist, so daß alle „kompositorische" Tätigkeit, alle musikalischen Zusammenhang allererst stiftende „Leistung" dem „Hörer" selbst notwendig überlassen bleibt, eben bleiben muß. Ist dieser in der Lage, Musik erlebend zu produzieren, so „hört" er sie, ist er es nicht, so hört er sie nicht. Dies ist ganz sicher die grundsätzliche Intention besonders jener Arbeiten, die Cage unter dem Titel „Silence" veröffentlicht hat, um, wie er sagt, „den Hörer freizusetzen"[27]: eine Satzbezeichnung gibt die Dauer an, innerhalb welcher etwa ein „Flötist" seine Flöte nimmt, ansetzt und wieder ablegt, oder innerhalb welcher ein „Pianist" das Instrument öffnet und wieder schließt. Die Musik macht derweilen die „Umwelt": Geräusche, Husten, Atmen - bis zum hörbaren Protest des Publikums.

Wenn wir aufgrund der eben angestellten Analyse des „Werk"begriffs die „musikalische" Verwendung des *völlig* freien Zufalls als nicht mit dem Begriff des Musikwerks vereinbar bezeichnen (man hat daher ja auch den Terminus „Werkleugnung" geprägt), so ist damit zunächst *nichts* über den Wert der soeben angeführten Arbeiten ausgesagt. Es ging hier einzig darum herauszuarbeiten, daß ein offenes Musikwerk dem Ausführenden die Aufgabe stellt, dem Hörer einen „zu hörenden", einen vor allem Hören schon musikalischen Zusammenhang gegenüberzustellen. Die Möglichkeiten des Autors, „sein" Werk dem Ausführenden gegenüber zu „öffnen", so zeigten schon die wenigen angeführten Beispiele, sind äußerst vielfältig. Und wieder mögen Gesichtspunkte für eine gewisse Systematisierung dieser Vielfalt von Möglichkeiten nicht ausgeschlossen sein: an praktisch allen „Stationen" des Weges, den das Werk vom Autor bis zum Hörer nimmt, ist

„Öffnung" möglich:

[Autor] → [Werkidee] → [Fixierung] → [Interpret] → [Realisationsidee] → [Ausführung]

Schon die *Werkidee* selbst mag auf eine höchst bedeutsame Entscheidung des Ausführenden innerhalb eines sonst durch und durch imperativen Zusammenhangs zielen; etwa bei Milhauds Streichquartetten Nr.13 und 14, die so komponiert sind, daß sie auch zugleich erklingen *können*. - Die *Fixierung* mag ihr „Eigenleben" führen; etwa in Stockhausens „Zyklus für einen Schlagzeuger", dessen „Partitur" so geheftet ist, daß sich die erste Seite des Notentextes - eben im Sinne der Idee des „kreisförmigen" Musikwerks - ebenso zufällig ergibt wie die letzte Seite. - Der *Interpret* mag durch die Gesamtheit seiner auf ein Werk bezogenen Entscheidungen dieses Werk selbst „gestalten", ein extremes Beispiel hierfür wäre etwa die „Stratégie" von Xenakis, ein Werk, in dem zwei Orchester nach bestimmten Spielregeln „gegeneinander" musizieren - sogar einen Sieger gibt es schließlich. - Auch eine bestimmte *Realisationsidee* mag für die Ausführung eines offenen Werks entscheidend sein, wie z.B. schon der ständige Wechsel zwischen „Chorus" und „Solo" im klassischen Jazz. - Und daß schließlich gar der *Hörer* selbst vom Autor in die Rolle des Komponisten gezwungen werden mag, zeigt sich nicht nur an den oben angeführten Beispielen (von John Cage), sondern auch an der zur Genüge bekannten sogenannten „Musik zum Mitmachen".

Wir sehen, daß sich die Verhältnisse auch mit Bezug auf das „offene" Werk so darstellen, daß sich die verschiedenen Möglichkeiten des Komponisten, sein Werk dem ausführenden Musiker gegenüber zu „öffnen", einer rubrizierenden Betrachtungsweise zwar nicht grundsätzlich entziehen, daß aber mit dem Versuch der Systematisierung - gar noch mit dem Ziel möglicher Vollständigkeit - nichts zu gewinnen ist: wie offen ein Musikwerk sein „muß", um nicht mehr imperativ, und wie offen es sein darf, um noch ein Werk zu sein, ist nicht grundsätzlich zu entscheiden; allenfalls ließe diese Frage sich auf die ebenfalls so nicht zu beantwortende reduzieren, welche empirischen Gegebenheiten überhaupt als Elemente einer Gestalt erlebnismäßig aufeinander bezogen werden können. Eines aber scheint hinsichtlich des Werkbegriffs wesentlich. Nach welcher Seite auch immer von „Offenheit", von „Unbestimmtheit", „Zufall" oder „Entscheidungsfreiheit des Interpreten" gesprochen werden muß: stets ergeht an diesen die Aufforderung des Autors, im Sinne des Werks, mithin im Sinne der Ganzheit der Gestalt, musikalisch zu verfahren. Dies kann natürlich nicht bedeuten, daß es um die Ganzheit musikalischer Werke etwa so bestellt wäre, daß an keiner Stelle der Ausführung etwas hinzugefügt oder weggelassen werden könnte, oder daß nirgends eine mehr oder weniger „erhebliche" Modifikation vonstatten gehen könnte. Wohl aber heißt es, daß der ausführende Musiker im Rahmen der im offenen Werk gegebenen Möglichkeiten zur musikalisch „sinnvollen" Kombination des hörbaren Materials aufgefordert wird, und das heißt: er selbst wird vom Autor zur Produktion einer Gestalt und zu ihrer Fundierung „gebracht". Wie schwierig es in jedem einzelnen Fall auch immer sein mag, abschließend zu bestimmen, wo das Reich des offenen Musikwerks seine Grenzen hat gegen die benachbarten Domänen der freien „Fantasie", des puren „Spiels" mit akustischen Mitteln, der „musikalischen Aktion", der freien oder gebundenen „Gruppenimprovisation"; -

jedenfalls ist als ein Ergebnis dieses Abschnitts zum Begriff des Musikwerks dies festzuhalten: Als *Werk* fordert auch das „offene" ein endlich in sich geschlossenes Gebilde, ja ihm ist geradezu die immanente Spannung zwischen der dem Werk eigentümlichen „Idee des bereits erfolgten Vollzugs" und seiner Offenheit ein Mittel, es selbst dem Interpreten als Aufgabe gegenübertreten zu lassen und als Möglichkeit, seinerseits nicht nur „dienend", sondern auch eigenschöpferisch das vorgegebene musikalische Material - es sei beschaffen wie es sei - zur hörbaren Gestalt zu fügen. Wenn mithin auch durchaus gesagt werden kann, daß die Grenze zwischen dem offenen Werk und der Anweisung zur „Werkleugnung" oft nicht leicht auszumachen sein mag, so läßt sich jedoch auch als überaus positive Entwicklung - insbesondere der Musik - dies ansehen, daß sie vielleicht geraden Wegs zu einer Form musikalisch bedingter Gemeinschaftsbildung führen mag, in der der „ausgebildete" Musiker in jedem Fall sich selbst musizierend verwirklicht, auch und gerade wenn er sich in die Musikgeschichte, in deren Kontinuität er ja selbst steht, zurückwendet. Wenn also mit kritischer Stimme von der „Liquidierung des Werkbegriffs" gesprochen wird, so sollte die Würdigung der durch diese „Liquidierung" allererst ermöglichten Entwicklung, dem Ansatz nämlich zu einer wesentlichen Erweiterung der Möglichkeiten des Musikers, nicht ausbleiben. Das offene Werk stellt eben weniger ein Objekthaftigkeit suggerierendes „Endprodukt" eines schöpferischen „Prozesses" dar, dem sich schließlich alle an es anschließenden Aktivitäten als „Hilfs-", ja „Dienstleistungen" unterzuordnen hätten, als eben vielmehr eine Gegebenheit, die die Aufforderung dokumentiert, solche schöpferischen „Prozesse" selbst in Gang zu setzen. Immer aber ist die „Endlichkeit des Materials" Voraussetzung dafür, daß wir auch hinsichtlich der *offenen* fixierten musikalischen Komposition von einem „Musik*werk*" sprechen können, denn sie ist unerläßliche Bedingung für die formale Abschließbarkeit der Gestaltganzheit des Werks, auch wenn diese sich in Repetition - ad infinitum - „totliefe".

Anmerkungen

1 Vgl. oben, 2.Kapitel, S.92ff.

2 „Wissen" ist (auch hier) immer im Sinne einer Voraussetzung für die begriffliche Formulierung dessen, was zu tun nötig ist, um die Komposition „ins Werk zu setzen", gebraucht. Das ist etwas ganz anderes als das Wissen des Komponisten über die Struktur, die „Tiefe" oder die „Bedeutung" seiner Werke. Hier geht es - um es nochmals ausdrücklich zu betonen - keineswegs um die Behauptung, der Begriff des Musikwerks fordere etwa einen in jeder Phase „bewußten", also stets auch intellektuell gesteuerten kompositorischen Schaffensprozeß, schließe also das Faktum „intuitiven", unreflektierten Schaffens aus.

3 S. unten, 2.Kapitel, S.118f.

4 Vgl. oben, 2.Kapitel, S.90f.

5 Die etymologische Homonymität von „Komposition" und „Synthese" wird eben dem Umstand gerecht, daß es sich bei diesem Werktyp von der gedanklichen, vorstellungsmäßigen „Komposition" bis zur hörbaren Realisierung um einen durch die Exaktheit der Fixierung garantierten „Konstruktionsgang" handelt, so daß - im Idealfall - synthetische Komposition und synthetische Realisation ihrer Struktur als Gestalt nach identisch sind.

6 Vgl. unten, 2.Kapitel, S.120.

7 Vgl. Herbert Eimert und Hans Ulrich Humpert, Das Lexikon der elektronischen Musik, Regensburg 1973, Artikel „Notation", S.225ff. u. „Notenschrift", S.233.

8 Das alles bedeutet sicher nicht, synthetische Kompositionen könnten nicht auch „gut", „gekonnt", „virtuos" oder eben „schlecht", „stümperhaft", „dilettantisch" realisiert werden.

9 Anmerkung zur Kennzeichnung eines Zitats (aus Mozarts Zauberflöte) in einem Trio

G-Dur für zwei Violen und Violoncello von Johann Nepomuk Hummel, op. posth.

10 In der schon erwähnten biblischen Sonate von Johann Kuhnau (vgl. oben, 1.Kapitel, S.59).

11 Beethoven, Streichquartett a-moll op.132.

12 Poetische Anmerkungen zu musikalischen Zusammenhängen aus dem 2. und 3. Satz der 8. Sinfonie von Anton Bruckner.

13 Vgl. oben, 1.Kapitel, S.59, 60, 61, 83.

14 In einem Brief an Walter Levin, den Primarius des LaSalle String Quartet, das die Uraufführung spielte.

15 Vgl. gerade zu diesem Problem mit Bezug auf das angeführte Beispiel: Emil Platen, Ein Notierungsproblem in Beethovens späten Streichquartetten, in: Beethoven-Jahrbuch 1971-72, Bonn 1975, S.147-156.

16 „Das Tempo jedes Stückes wird vom kleinsten zu spielenden Zeitwert bestimmt: So schnell wie möglich. Wenn dieses Tempo ermittelt und metronomisch fixiert ist, können alle komplizierteren Zeitproportionen in Klammern (‚··········‚, ‘----------’) durch Tempowechsel ersetzt werden." (Karlheinz Stockhausen, Nr.2, Klavierstücke I-IV, London 1954, S.1).

17 Werner Meyer-Eppler: Statistische und psychologische Klangprobleme, in: Die Reihe I, Wien 1955. Der zitierte Satz stammt von Eimert; vgl. Herbert Eimert und Hans Ulrich Humpert: Das Lexikon der elektronischen Musik, Regensburg 1973, S.416 (sowie die Artikel: aleatorisch, Würfelmusik, Zufall).

18 Ebd., Artikel „Vibrato", S.376.

19 Pierre Boulez: Alea, in: La nouvelle Revue Française, 59 (November 1957). - Deutsch unter dem gleichen Titel in: Darmstädter Beiträge zur Neuen Musik, Bd.I, Mainz 1958 (übersetzt von Heinz-Klaus Metzger).

20 Vgl. oben, 2.Kapitel, S.127f.

21 Z.B. Gustav Mahler, Das Lied von der Erde, Nr.1 („Das Trinklied vom Jammer der Erde"), Ziffer 33, wo der Komponist anmerkt: „So lange das Engl. Horn diesen Ton nicht besitzt, mag es h statt b blasen."

22 Z.B. Aaron Copland, Quiet City (1940): „Use Oboe only if no English Horn is available."

23 Gustav Mahler, a.a.O., Nr.6 („Der Abschied"), Ziffer 9, Anm.: „Wenn der Flötist keinen großen Ton hat, so übernimmt die Oboe dieses Solo."

24 Witold Lutosławski, Streichquartett (1965); Beginn, Violine I: „Repeat the phrase between repeat marks until you see the audience has become completely quiet."

25 Etwa die je nach „Neuheit" oder „Schwierigkeit" eines Stücks empfohlene Repetition der Exposition des Sonatesatzes.

26 In seinem Klaviertrio a-moll stellt Tschaikowsky die Ausführung oder Streichung der ganzen Fuge sowie der riesenhaften Schlußvariation den Interpreten anheim.

27 John Cage: Unbestimmtheit, in: Die Reihe 5 (1959) 74. - Ein Vergleich drängt sich auf, der belegt, daß diese Intention keine besonders neue ist, und daß auch versucht worden ist, sie sprachlich zu formulieren: „Es zwitschert eine Lerche im Kamin / wenn du sie hörst" (Ringelnatz).

6. *Das Musikwerk als zu vollziehender Gegenstand. Seine Fixierung als Anweisung zur Gestaltproduktion.*

Blicken wir abschließend noch einmal auf die soeben vorgenommene Differenzierung des Begriffs des „Musikwerks" in seine typischen Ausprägungen zurück, um das Prinzip der Einteilung im Zusammenhang mit der ratio der Abfolge der Betrachtung mit Bezug auf die unterschiedenen drei Werktypen zu sichern! - Zunächst ist noch einmal darauf hinzuweisen, daß sicher nicht der Versuch einer systematischen „Einordnung" aller auf uns gekommenen Musikwerke das Ziel dieser Typisierung sein sollte; es ging in ihr - wie schon mehrfach betont[1] - um die prinzipiellen Grundlagen für eine schlüssige Trennung möglicher Intentionen des Komponisten, der ein Musikwerk schafft.

Die erste Trennung zwischen synthetischem und nicht synthetischem Werktyp erfolgte aufgrund der Betrachtung des Verhältnisses zwischen der Fixierung der Komposition und ihrer Realisation: Was, so lautete die zur ersten Unterscheidung führende Frage, legt der Autor fest? Als die beiden möglichen Antworten ergaben sich:

1. Die Fixierung enthält (ausschließlich) Angaben zur extensiven Beschaffenheit der fundierenden Elemente der komponierten Gestalt; die „Notation" erfolgt überwiegend in Größenbestimmungen.
2. Der ausführende Musiker (und nicht nur die auszuführende Musik) wird „beschrieben"; die Fixierung enthält (auch) Angaben zur „Musiziertätigkeit" des Ausführenden; die Notation erfolgt in Imperativen, d.h. die zur Realisierung erforderlichen Handlungen oder auch Einstellungen des Interpreten werden ebenso beschrieben wie die für die komponierte Gestalt relevanten Beschaffenheiten ihres fundierenden, materiellen „Anteils".

Es zeigte sich, daß für die letztere Seite dieser Alternative eine weitere Differenzierung hinsichtlich des folgenden Unterscheidungsprinzips nötig wurde: Worauf beziehen sich die vom Autor fixierten Imperative; und welche Rolle spielt die Beschreibung des hörbaren „Materials" mit Bezug auf die - aus der Forderung der Ganzheit des Musikwerks sich ergebende - musikalische Gestalt? Wieder ergaben sich zwei alternative Antworten:

1. Der Fixierung liegt eine abgeschlossene musikalische Komposition, eine komponierte und zu fundierende Gestalt zugrunde; der Ausführende ist durch die in der Fixierung mitgeteilten Anweisungen zu einer *adäquaten* Herstellung des materiellen Substrats aufgefordert; er ist als „Interpret" derjenige, der die komponierte Gestalt zunächst „reproduziert" und aufgrund dieses Nachvollzugs deren extensive Qualitäten realisiert.
2. Der Fixierung liegt die Intention des Autors zugrunde, den Ausführenden seinerseits zur „Erfindung" einer Gestalt zu bringen; der Ausführende ist aufgefordert, eine musikalische Gestalt anhand des vom Autor vorgegebenen Materials zu produzieren und diese auch zu hörbarer Realität zu bringen. Ihm ist mithin, so könnte man auch sagen, die Realisierung der dem Material „innewohnenden" Qualitäten abverlangt, welche dieses zur Fundierung einer Gestalt „auszeichnen"; mithin die Gestaltung eben des vom Autor noch nicht ganzheitlich gestalteten Materials. Als „Interpret" obliegt es ihm dabei aller-

dings stets, „seine" Realisierung gemäß der vom Autor geforderten Werkidee zu gestalten.

Auf zwei Stufen erfolgte diese Differenzierung des Werkbegriffs in der Musik hinsichtlich seiner typischen Ausprägungen also; erstens mit Bezug auf das Verhältnis zwischen Fixierung und Ausführung (ist ein „Interpret" als notwendige Zwischeninstanz angesprochen oder nicht?) und zweitens mit Bezug auf das vom Autor intendierte Verhältnis zwischen Interpret und Ausführung (soll der Interpret „nur" nachschaffend die kompositorisch bereits „fertige" Gestalt realisieren oder soll er sie gemäß seinem eigenen, der „kreativen" Gestaltproduktion fähigen, kompositorischen Vermögen allererst zur Ganzheit fügen und erst daraufhin realisieren?). Es sei gestattet, diese schrittweise Differenzierung der drei Werktypen noch einmal schematisch darzustellen:

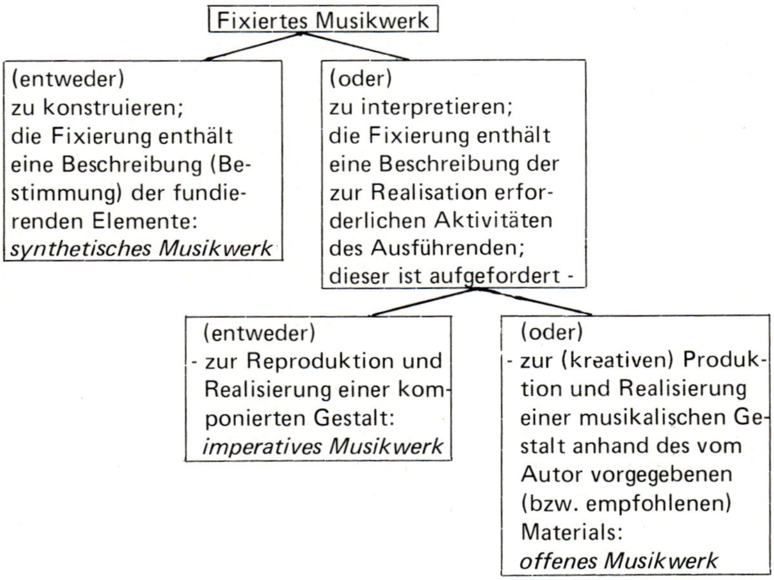

Dreimal also steht am Ende der jeweiligen Differenzierung die Tätigkeit eines das Werk zur Hörbarkeit bringenden Realisators, und dreimal ist diese Aktivität dem Prinzip einer vom Autor in seinem Werk intendierten Gestaltganzheit unterstellt. Im synthetischen Werktyp hat die Ausführung „*korrekt*" zu sein, im nicht-synthetischen ist sie stets auch produktiv (als nicht bloß auf die Realisation der fundierenden Elemente bezogen): entweder bloß reproduktiv - als „*adäquate*" Ausführung eines imperativen Werks - oder auch „*kreativ*" - als Ausführung eines offenen Werks.

Wieder drängt die Klärung des Begriffs der Werktreue in den Vordergrund. Auf welche Weise und nach welchen Prinzipien differenziert sich die *Wertung* der Realisierung eines Musikwerks in die Prädikate „korrekt", „adäquat" und „kreativ" (bzw. „schöpferisch", „genial" oder wie auch immer man die vom Interpreten selbst produktiv gestaltete Realisierung bezeichnen mag)? - Nun, sicher gehört gerade diese ganze Frage in den Zusammenhang des abschließenden, die Wertung von Musikwerken - und mithin auch ihrer Realisierungen - behandelnden, Kapitels; eines allerdings muß schon jetzt aufgrund der bis hier gewonnenen Ergebnisse vorweggenommen werden: Treue zum Werk ist sicher nicht nur Treue zum Text, zum „Buchstaben" der Fixierung. Sie setzt zwar Texttreue im Sinne des gesicherten Text*verständnisses* voraus, jedoch ist es immer die Ganzheit des Werks selbst, vor deren Hintergrund jedes einzelne Detail auch des kritischen Blicks des Interpreten bedarf; er ist es ja letztlich auch, der Notationsfehler und falsche Metronomisierungen erkennt und ausmerzt. Das Kriterium für die Richtigkeit seiner Beurteilung der „Stimmigkeit" eines ganzen Abschnitts oder eines winzigen Details ist dabei jedoch immer das Werk in seiner Ganzheit und erst danach Stilkenntnis und sogar spezielles Wissen um die musikalische Persönlichkeit des Komponisten.

Die Frage endlich, ob denn dieses Problem der Werktreue für alle drei Werktypen - für den synthetischen und offenen also ebenso wie für den imperativen - entsteht, kann nach allem, was sich zur Kennzeichnung des Werkbegriffs in seinen verschiedenen Ausprägungen ergab, uneingeschränkt bejaht werden. Wenn überhaupt ein Komponist „sich" im Medium der Musik mitzuteilen unternimmt, so äußert er sich zunächst doch demjenigen gegenüber, der sein Werk ausführt. Dieser ist es, der die zur Realisierung des Werks notwendigen und unerläßlichen Informationen sozusagen „aus erster Hand" empfängt: er verfehlt das „Werk" in genau dem Moment, in dem er der Intention des Autors nicht gerecht wird; so wenn er etwa ein offenes Werk, das ihn zur eigenständigen Mit-gestaltung auffordert, als imperatives mißversteht, oder wenn er ein imperatives sozusagen synthetisierend „erstellt", statt es zu „musizieren", wenn er es eben statt adäquat nur korrekt ausführt.

Jedoch ist gerade diese Frage, inwieweit der Ausführende - besonders auch mit Bezug auf den Typ des imperativen Musikwerks - sich als „getreuer Musikmeister" und inwieweit er sich als mitschaffender Künstler zu verstehen hat, eben von der anderen Frage nicht zu trennen, was es endlich ist, das ein Musikwerk zum musikalischen „Kunstwerk" „adelt". Für das bloße Musikwerk läßt sich hier - ungeachtet aller möglichen künstlerischen Valenzen - zusammenfassend nur festhalten, daß es als Verwirklichung einer Intention des Komponisten bzw. Autors stets, in allen seinen typischen Ausprägungen, die Aufgabe repräsentiert, eine musikalische Gestalt zu realisieren; sie sei nun bloß zu konstruieren, reproduktiv zu „musizieren" oder auch schöpferisch zu produzieren.

Anmerkung

1 Vgl. oben, 2.Kapitel, S.127.

III. Kapitel

Musikwerk und musikalisches Kunstwerk. Zur Problematik des Werturteils in der Musik.

1. *Musikästhetik als Wertungswissenschaft. Das musikalische Kunstwerk als Gegenstand sui generis.*

Wir haben im Bereich erfahrbarer Gegenstände überhaupt die „Musik" bestimmt, innerhalb des musikalischen Bereichs den der „Musikwerke", und nun geht es darum, innerhalb des Bereichs der Musikwerke den der musikalischen *Kunst*werke auszugrenzen. Damit stehen die Möglichkeitsbedingungen für eine spezifische *Wertungs*rücksicht zur Diskussion; gefragt ist nunmehr nach jenen Prinzipien, nach denen wir Musikwerken die Zugehörigkeit zum Reich der Kunst absprechen oder aber zusprechen. Die Analyse des Musikwerks geht damit von bloßer Gegenstandstheorie über zur Betrachtung jenes spezifischen *Anspruchs*, den bestimmte Musikwerke ihrem „Publikum" gegenüber repräsentieren; somit gerät nun der wertende Rezipient in seiner Relation zum zu bewertenden Gegenstand mit in den Blick. So entsteht bei der Frage nach der Struktur des musikalischen Kunstwerks die Aufgabe, die mit Bezug auf das Musikwerk möglichen Wertungsrücksichten in der Weise zu differenzieren, daß die ästhetische von allen anderen prinzipiell unterschieden ist. Erst daran anschließend kann die Frage nach der Struktur desjenigen *Urteils* gestellt werden, in dem ästhetische Wertung ihre begriffliche Fassung erfährt, und weiterhin die Frage nach seiner spezifischen Bestimmtheit, Geltungsdifferenz und auch *theoretischen* Valenz: es ergibt sich die Frage nach den Möglichkeitsbedingungen der Kunst-, hier der Musikwissenschaft.

Das Ziel des Ganzen, - dies wurde in der Einleitung schon angedeutet - besteht in einer Entscheidung folgender Alternative: Entweder es sind Kriterien auffindbar, nach denen sich das Urteil „Dies ist ein musikalisches Kunstwerk" überzeugend begründen läßt, oder es kann nachgewiesen werden, aus welchen Gründen es unsinnig ist, nach solchen Kriterien zu suchen. - Die philosophische Disziplin, die es mit der Untersuchung dieser Frage zu tun hat, heißt „Ästhetik"; hier ist sie die spezielle Ästhetik der Musik. Die Ästhetik bestimmt im Rahmen der prinzipientheoretischen Begründung des Begriffs des „Schönen" den Begriff der „Kunst". Somit kann die Musikästhetik auch eine Theorie des musikalischen Kunstwerks genannt werden.

Zwar ist die Gefahr, daß die Ästhetik nicht für eine *Theorie* gehalten wird, heute nicht mehr allzu groß, im Bereich der musikalischen Kritik allerdings wird jedoch noch häufig von der „Ästhetik" eines Musikstücks gesprochen, wenn der Inbegriff der ihm gegenüber möglichen oder angebrachten ästhetischen Urteile (des Gefallens) gemeint ist. Um dieser terminologischen Verwirrung hier vorzubeugen, sei ausdrücklich darauf hingewiesen, daß Ästhetik stets *Theorie* ist, und daß sie somit in *theoretischen* Urteilen und Urteilsverknüpfungen „erfolgt": es sind daher nie etwa ästhetische Urteile, welche die Ästhetik ausmachen. Das ästhetische Urteil ist eben kein theoretisches, zu denjenigen Urteilszusammenhängen gehöriges

Urteil, das innerhalb der Ästhetik zur *Bestimmung* eines spezifischen Gegenstands gefällt wird. Es ist vielmehr selbst eines der *Probleme*, die den Bereich der Ästhetik bilden, ebenso wie empirische Urteile nicht Momente einer Theorie der Erfahrung sind, sondern ihr Problem. Ästhetische Urteile sind Urteile *über* Ästhetisches und nicht Urteile der Ästhetik als Theorie des Ästhetischen.

Als Musikästhetik kann man also die Wissenschaft bezeichnen, die über die Möglichkeitsbedingungen des Begriffs des „Musikwerks" hinaus auch noch die seiner - ästhetischen - Beurteilung: eben als musikalisches *Kunst*werk ergründet. Nun könnte man allerdings einwenden, es sei unvorsichtig, den Begriff der „Kunst" hier ohne seine „Herleitung" zu verwenden, insbesondere wenn man sich vor Augen führt, wie unsicher es doch gerade heute um die Theorie dieses Bereichs bestellt ist; in einer Zeit, in der es „zur Selbstverständlichkeit wurde, daß nichts, was die Kunst betrifft, mehr selbstverständlich ist"[1] - also auch nicht die ihrem Begriff zugrundeliegenden Möglichkeitsbedingungen. Man mag nun mit Adorno darin übereinstimmen, daß dem Begriff der Kunst selbst schon „das Ferment beigemischt ist, das ihn aufhebt"[2], oder man mag mit ihm von der Nichtdefinierbarkeit des Begriffs von Kunst im Sinne seiner uneingeschränkten Geschichtlichkeit überzeugt sein[3]; - allerdings zu behaupten, die Unterscheidung Kunst — Nichtkunst sei unter keinerlei methodischer Voraussetzung möglich oder komme mit dem Kunstbegriff selbst in Konflikt, hieße nichts weiter, als das Faktum negieren, um dessentwillen wir überhaupt von Kunst sprechen. Dieses Faktum mag in einem Bereich „bloß-gegenständlicher" Objektivität bestehen oder aber durch einen spezifischen Bereich subjektiver Stellungnahme konstituiert sein; oder es mag schließlich auch in einem Bereich bestimmter Relationalität anzusetzen sein, - es selbst jedoch ist einfach nicht in Frage zu stellen. Woran im Zusammenhang mit der theoretischen Bemühung um den Begriff von der Kunst und den Künsten auch immer gezweifelt worden sein mag, - an der Nützlichkeit von Kunst, ihrer Lehrbarkeit, ihrer spezifischen Dignität, ihrer besonderen Stellung im Zusammenhang der menschlichen Vermögen der „Selbstverwirklichung", ja gar an der Nachweisbarkeit von Prinzipien zu ihrer allgemeingültigen Beurteilbarkeit - an einem ist zu keiner Zeit gezweifelt worden: am Phänomen der Kunst selbst. Wiewohl also niemand sagen können mag, was überhaupt Kunstwerke in spezifischer Weise aufbaut, so vermag andererseits doch auch niemand an der Möglichkeit zu zweifeln, daß wir „Großes" von „Unbedeutendem", Kitsch von Kunst, Mißlungenes von Geglücktem in gewissem Rahmen zu unterscheiden in der Lage sind, oder, wie Kant es einmal sehr treffend ausgedrückt hat, daß wir uns eben „anmaßen, Geschmacksurtheile zu fällen"[4].

Nun mag man allerdings darauf hinweisen, daß es ja gerade darum geht, ob diese Unterscheidungen denn jemals „zurecht" zu treffen sind. Zu allen Zeiten haben sich doch Kunstkenner „geirrt", etwa wenn Mendelssohn Bartholdys Streichquartette denen des späten Schubert vorgezogen wurden, wenn ausgerechnet „Wellingtons Sieg bei Victoria" zu den populärsten (und wirtschaftlich gewinnbringendsten) Stücken Beethovens gehörte oder wenn etwa Hugo Wolf mit Bezug auf die zweite Brahmssche Cellosonate in F-Dur sich nach dem Erscheinen des Werks wie folgt äußert: „Ja, was ist denn heutzutage Musik, was Harmonie, was Melodie, was Rhythmus, was Inhalt, was Form - wenn dieses Tohuwabohu in allem Ernste Musik sein will? "[5] - Nun, an diesen Beispielen wird eines sicher deutlich: die bewertete „Qualität" des ästhetischen Kunstobjekts ist diesen Wertungen gegenüber in gewisser Weise unabhängig. Es nimmt dem Wert oder der Güte der Brahmsschen Cellosonate nichts, wenn Hugo Wolf sie verdammt; es macht die zeitgenössische Wertschätzung das Beethovensche Schlachtengemälde nicht besser oder schlechter, und die abfälligen Bemerkungen der Freunde Schuberts über dessen späte Streichquartette mögen zwar deren Wirkungsgeschichte beeinflußt haben, den Stücken selbst aber haben sie weder „genützt" noch „geschadet".

Für unsere Ausgangsfrage kann dies nur einen Hinweis auf die *von Werturteilen eben unabhängige Valenz* eines Kunstwerks bedeuten. Diese betrifft eben jenen „analysierbaren Bestand", welcher stets bleibt, was er ist, welcher durch Werturteile nicht modifiziert wird und welcher demjenigen als Anregungspunkt dient, der es unternimmt, ein musikgeschichtliches Fehlurteil über ein bestimmtes Werk zu widerlegen[6]. - Andererseits steckt in der Bezeichnung eines Gegenstands als Kunstwerk schon ein wertendes Moment: das ästhetische Artefakt besitzt eine Qualität, die es vor jeglichem anderen Gegenstand rangieren läßt, welcher unter ästhetischen Rücksichten entweder überhaupt nicht zu beurteilen ist (als ästhetisch indifferent) oder eben nur negativ (als „häßlicher" Gegenstand). All dies aber heißt, daß die ästhetische Valenz stets auf die Instanz des Werturteils bezogen bleibt, daß eben Kunstwerke nur in der Relation zum ästhetisch wertenden Subjekt „bestimmt" werden können.

Erschwert wird die Problemlage noch dadurch, daß unter den vielen verschiedenen Möglichkeiten, ein Kunstwerk zu werten, die der ästhetischen Wertung nur *eine* ist, so daß die Gefahr besteht, heterogene, nicht-ästhetische „Momente" oder Beziehungen des Kunstwerks als zu seinem Begriff gehörig zu betrachten, bzw. mißzuverstehen. Das „Tabu von Kunst", so heißt es einmal bei Adorno[7], „und soweit sie definiert ist, gehorcht sie einem Tabu, Definitionen sind rationale Tabus -", verbiete, „daß man zum Objekt animalisch sich stellt, seiner leibhaft sich bemächtigen will". Kunst, so kann man dies einfacher sagen, ist, soweit sie als Kunst definiert ist, jedenfalls kein Objekt des bloßen „Begehrungsvermögens"; sie ist Teil einer vom rein praktischen Bezug auf das betroffene Subjekt zu unterscheidenden - eben ästhetischen - Relation zwischen Werk und Rezipienten. Keineswegs sollen damit wichtigste und tiefgreifendste praktische Beziehungen zwischen dem Kunstwerk, seinem Autor und dem „Abnehmer", für den es gemacht ist, geleugnet werden; nur daß solche eben für die *Ästhetik* nicht unmittelbar relevant sind. Kunstwerke mögen zwar auch gemäß physikalischen, physiologischen, historischen, ökonomischen, biologischen, soziologischen oder psychologischen Methoden betrachtet und erforscht werden; - als *Kunst*werke aber erschöpfen sie sich gerade nicht in diesen Beziehungen. So mag eine „Ästhetik", die etwa unter Berücksichtigung der „Gesellschaftsrelevanz" von Kunst in Kunstsoziologie umschlägt, - *soziologisch* - wesentliche Resultate herausarbeiten, nur daß sie dann nicht mehr *Ästhetik* ist. Diese hätte nämlich zu klären, *was* das für ein Gegenstandsbereich ist, der da so gesellschaftsrelevant ist, und wenn sie diese Frage aus dem Blick verliert, so verfehlt sie „ihren" Gegenstand ebenso, wie das z.B. auch eine sogenannte „empirische Rezeptionsforschung" tut, die, physiologische Reaktionen auf Kunstwerke auswertend, zu einem Kunstbegriff „auf statistischer Basis" kommt.

Die Analyse des Kunstgegenstands hat diesen gegen andere Objektivationsgebilde abzugrenzen. Bei der Frage nach der Struktur des ästhetischen Artefakts wurde allzuoft der Schwerpunkt der Analyse auf das am Gegenstand verlegt, was ihn zwar auch an prinzipiellen Momenten aufbaut, was aber gerade nicht den Inbegriff derjenigen Momente ausmacht, die ihn vom nichtästhetischen Artefakt unterscheiden. So lassen sich viele Beispiele für Strukturanalysen von Kunstwerken aller möglichen Gattungen finden, die über eine eingehende Betrachtung ihres „Geschichtetseins" nicht hinausgeraten, die also ihr Ergebnis nur darin haben, daß sie diese Kunstwerke (der jeweiligen Gattung) als so oder so beschaffene Gegenstände objektivierten Geistes verstehen. Welche eigentümlichen Momente aber es sind, die es uns gestatten, bezüglich der Produkte objektivierenden Geistes einen „qualitativen" Unterschied zu machen zwischen den Gebilden, die *als solche* ästhetisch relevant sind, und anderen, die jedenfalls keine *ästhetische* Würdigung fordern, dazu stoßen diese Untersuchungen oft gar nicht mehr vor.

Aber auch von der entgegengesetzten Seite her droht Gefahr. Das Kunstwerk als „reinen Gegenstand", als „geschichtsenthobene", „ewige", in uneingeschränkter Autonomie verharrende oder wie auch immer verabsolutierte Gegebenheit zu verstehen, hieße genau dann nämlich seinen ästhetischen Valenzen Abbruch tun, wenn doch diese - als auf das konkrete Subjekt notwendig bezogene - nur in der Verschränkung von geschichtlichen und geltungshaften Bezügen voll bestimmbar wären. Der Gegenstand des Kunstwissenschaftlers ist jedenfalls ein geschichtlicher; die Methode des Kunstwissenschaftlers historisch: entzöge er dem konkreten Kunstwerk seine Stilgebundenheit, so nähme er ihm eine wesentliche und für die ästhetische Würdigung nachgerade entscheidende Dimension. Aus diesem Grunde wäre eine Ästhetik ohne Rücksicht auf die „monadische", konkret subjektive, und geschichtliche Bedingtheit ihres Gegenstands eben keine; sie wäre allenfalls Theorie des theoretischen, vielleicht auch des praktischen Gegenstands, könnte sich aber nicht als die Wissenschaft von den Bedingungen der Möglichkeit ästhetischer Wertung oder Würdigung entfalten. Die „Kriterienfrage" und das Problem des stilistischen Kontextes sind auf das engste miteinander verbunden. Sowohl Verstehbarkeit - als die eine Seite des Verhältnisses - wie auch „Aussage" - als die andere - sind nur vom Stilbezug her zu erfassen. In ihm nämlich ist das „Vokabular" der Künste zusammengefaßt; an ihm als einem der Prinzipien ästhetischer „Geltung" entscheidet sich die eigenartige Valenz kunsthafter Verständigung in weitem Maß.

Anmerkungen

1 Theodor W. Adorno: Ästhetische Theorie, Frankfurt/Main 1970, S.5.

2 Ebd., S.14.

3 „Kunst hat ihren Begriff in der geschichtlich sich verändernden Konstellation von Momenten; er sperrt sich der Definition." (Ebd., S.11).

4 Immanuel Kant, Kritik der Urtheilskraft, S.67, § 22 (Original-Ausgabe); Akad.-Ausg. Bd.V, S.239.

5 Zitiert nach: Hugo Wolfs Musikalische Kritiken, hrsg. v. R. Batka u. H. Werner, Leipzig 1911, S.308.

6 Vgl. unten, 3.Kapitel, S.177ff.

7 A.a.O., S.24.

2. *Erste Betrachtung der in den Begriffen von „Musik" und „Musikwerk" enthaltenen Bedeutungsmomente für Wertung „überhaupt". Methodische Ansatzpunkte für eine Ausgrenzung ästhetischer Wertungsrücksichten.*

Immer wieder war im Verlauf dieser Untersuchung darauf zu achten, daß bei der Analyse des Musikbegriffs ebenso wie bei der des „Musikwerks" auf die zu weit führende Entfaltung derjenigen Bedeutungsmomente zunächst verzichtet wurde, die auf die Dignität ihres Gegenstands abzielten; nur so geriet die Analyse gar nicht erst in Gefahr, entweder in Dogmatik umzuschlagen oder zur Darstellung nur privater Wertungen zu geraten. Zweifellos sind solche Momente für beides - „Musik" und „Werk" - im alltagssprachlichen Bereich stets mitgedacht[1]; gleichwohl aber war um der Forderung nach größtmöglicher Allgemeinheit willen und zur Vermeidung möglicherweise vorurteilsbedingter Beurteilungen das Moment jedes möglichen Werts einzelner Musikwerke und -typen zugunsten einer völligen Unvoreingenommenheit zunächst noch auszuklammern. Das Ergebnis (die für „Werk" und „Musik" erreichten Definitionen) enthält keinerlei Einschränkung der einzelnen Gegenstands*bereiche*: die getroffenen Bestimmungen umfassen - um die schon angeführten Beispiele nicht noch einmal zu wiederholen[2] - den Gesamtbereich von „Musik", bzw. den des „Musikwerks" überhaupt.

Im jetzt vorliegenden Zusammenhang jedoch ist den Begriffen „Musik" und „Werk", die übrigens alltagssprachlich - wie von selbst - nur im Bereich des ästhetisch Relevanten, als „Ton*kunst*" und „*Kunst*werk" ihre Anwendung haben, das Moment wertender Stellungnahme dessen, der sie gebraucht, zurückzugeben, welches oben aus methodischen Gründen weitgehend unbeachtet bleiben mußte. Damit wird alles das thematisch, was als Wertung, Beurteilung, Gewicht, Dignität, Würdigung, Stellungnahme, Anspruch o.ä. auf die ästhetische Valenz von Musikwerken bezogen wird; es geht um die Prinzipien, nach denen Musikwerke mit ästhetischem „Anspruch" von solchen ohne diesen unterschieden werden können, bzw. auch um die Möglichkeit der Entscheidung, ob sie in ihrer „Faktur" dem ästhetischen „Anspruch" entweder des Komponisten selbst oder aber des Rezipienten genügen. - Bei der Klärung dieser Fragen verfahren wir zunächst so, daß wir die Wertungsmomente, die in den Begriffen von „Musik" und „Musikwerk" - im Alltagsdenken - mitgedacht sind, zunächst einmal weiter entfalten und auf ihre Bedingungen zurückführen.

„Musik" hatte sich als Bereich hörbarer Objektivation erwiesen. Damit ist gesagt, daß sie als vom Menschen „gemachte" Realität *für* hörende Menschen hergestellt ist. Ihr kommt zunächst also der spezifische Wert zu, der die geistbestimmte Realität vor der bloß naturbestimmten rangieren läßt, oder, anders gesagt: Musik ist Gegenstand der Geschichte. Als verständigungsbestimmte Objektivation wurde Musik als „Medium" bestimmt, als Träger von „Bedeutung" also[3]. Wieder differenziert sich damit ihre Struktur hinsichtlich ihrer möglichen Würdigung: nicht nur als bloßes Artefakt, dem sich nur mit der Absicht zweckmäßiger „Verwendung" zuzuwenden „lohnt", tritt der Rezipient ihr gegenüber, sondern als „Verstehender", der dann auch das vermittels des Mediums „Gesagte" selbst noch einmal seinem Gehalt nach zu werten oder zu würdigen imstande ist. Ja mehr noch: Bedingt durch die Funktion eines Mediums der Verständigung ist Musik einerseits auf ihren Autor beziehbar (*Wer* sagt dies?) und andererseits auf ihren kulturgeschichtlichen Kontext (Welches sind die *geistigen Voraussetzungen* für diese Aussage des Autors?). Wieder sind mit Bezug auf diese beiden Momente Interpretation, Wertung, Stellungnahme des Rezipienten möglich, ja sogar „gefordert", da dieser sich die Frage vorzulegen hat, inwieweit der gehörten Musik nun etwa eine *herausragende* geistige Leistung des Autors zugrundeliegt, bzw. ob das zu wertende Musikwerk „seinen" kulturellen Kontext z.B. in entscheidender Weise beeinflußt hat oder nicht. Aber auch an der Möglichkeit, das Medium Musik praktisch - gemäß einem Zweck - „anzuwenden", soll hier - bei der Betrachtung und Differenzierung möglicher Wertungsaspekte - nicht vorbeigegangen werden: als verständigungsbestimmte Objektivation ist Musik Medium, als Medium kann sie zwecksmäßig verwendet, „eingesetzt" werden. Die für Musik erreichte Definition zielt, auch das ist schon betont worden[4], eben nicht ausschließlich auf die Ton*kunst*, also nicht allein auf einen Gegenstandsbereich, der nur ästhetisch „adäquat" zu würdigen wäre, sondern auf ein Umfassenderes: auf das Medium Musik, als einen Gestaltungsbereich, innerhalb dessen auch „Kunst" - Gegenständlichkeit also mit spezifischer Verständigungsvalenz - gewollt werden kann.

Das Spezifische der bloß „musikalischen Verständigung" nun, so ergab sich im ersten Kapitel[5], besteht darin, daß das Substrat der Verständigung mit den „in der Gestalt beschlossenen Beziehungen"[6] koinzidiert: Musik ist „fundiertes" Medium, und die Funktion, die ihr als Verständigungsträger zugesprochen werden muß, ist die einer direkten, „anschaulichen" und erlebnishaften - insofern eben „unmittelbaren" Verständigung. Daher ergibt sich ein berechtigter Zweifel an der Forderung, daß, wenn jedes Kunstwerk verständigungsbestimmte Objektivation ist, Ästhetik notwendig in Informationstheorie einzumünden habe[7], denn nicht um Verständigung im Sinne von Zeichen und Symbol geht es hier, sondern um „unmittelbare" Verständigung, deren Träger durch die Notwendigkeit des Verhältnisses zwischen seinem fundierenden und seinem produzierten „Anteil" als Konkretion eines Prinzips auftritt, das er in seiner Ganzheit - extensiv - selbst abgibt[8].

Als „*Werk*", so ergab sich im zweiten Kapitel, ist Musik hinsichtlich aller Momente, die der Komponist als integrierende Bestandteile seiner Komposition „zusammengestellt" hat, sprachlich formuliert[9]. Nichts am Musikwerk, so war daraus zu folgern, ist daher zufällig, oder, mit anderen Worten, alles in der Niederschrift des Autors Festgehaltene ist ipso facto für das Werk „wesentlich". Man halte dem nicht den überaus häufigen Fall des Fehlens von wesentlichen Angaben in der überkommenen Fixierung entgegen. Daß, wie schon im vorigen Kapitel ausführlich dargelegt[10], von den vielen „relevanten" Einzelheiten der Komposition oft nur diejenigen in die Niederschrift eingingen, die eben nicht als ohnehin selbstverständlich galten, ist sicher kein Symptom für vom Autor etwa intendierte, also zum Werk gehörige, „Unbestimmtheitsstellen" oder „Freiräume" für den Interpreten, denn in allen diesen Fällen ist dieser an die dem Komponisten möglicherweise ebenso geläufige wie verbindliche Konvention oder an den zeitgenössischen „guten Geschmack" verwiesen. - Auch der Hinweis auf häufig auftretende Schreib- oder gar Kompositionsfehler widerlegt in keiner Weise die These, daß nichts am Musikwerk zufällig ist, denn das Prinzip, nach dem solche Inkonsistenzen bereinigt werden könnten, ja nach dem sie allererst erkannt werden, ist nichts anderes als die in sich geschlossene Ganzheit des Werkes selbst und dessen stilistischer „Kontext". Die zu Abschluß des zweiten Kapitels erwähnte „Werktreue"[11], welche von dem in verantwortlicher Weise gestaltenden - und das heißt: von dem in einer dem Eigenwert des Musikwerks gerecht werdenden Weise interpretierenden - Musiker gefordert wird, ist eine Qualität, die den Wert seiner Interpretation gemäß jener selben Instanz hebt: der nämlich des Musikwerks selbst, das so, wie es ist, als Ausdruck des kompositorischen Wollens eines Autors, mit dem Anspruch auftritt, *das Gewollte* „reproduzierbar" zu machen. Wieder rückt an dieser Stelle das Moment der Originalität in den Vordergrund: jedes Musikwerk ist als Werk auf einen Autor, auf einen Zeitpunkt, auf eine stilgeschichtliche Situation beziehbar, und in diesen nur für es selbst möglichen Beziehungen besteht seine Einmaligkeit und Unwiederholbarkeit. Die Bezeichnung für die dieser Einmaligkeit entsprechende werthafte Qualität lautet „Echtheit".

Im Ausgang von der ursprünglichen Bedeutung dieser Bezeichnung, der Feststellung des Tatbestandes nämlich, daß der ein Werk Signierende auch wirklich dessen *Autor* ist (des Gegenteils also zum Tatbestand der Fälschung), enthält das Prädikat der „Echtheit" - in der für den „terminologischen" Anspruch auf typische Weise übersetzten Form - als „Authentizität" darüber hinaus die Forderung des Neuen, des Persönlichen und schließlich des Unverkennbaren („ein echter Beethoven"). In dieser Bedeutung entspricht dem „Echten" das bloß Originale, dem „Authentischen" aber das Originelle; - Gegenbegriff zu beidem ist das Kopierte, das Nachgemachte, das Epigonale. Die spezifische Einmaligkeit des ästhetisch relevanten Gegenstands, die mit „Echtheit", „Originalität" oder „Authentizität" gekennzeichnet wird, ist an die - künstlerische - Individualität des Autors gekoppelt; sie dient jedenfalls nicht bloß der Bezeichnung der Einmaligkeit schlechthin jedes realen Gegenstands, sondern, so drücken wir es in vorläufiger Weise aus, auch der seines „Gehalts".

Zum Abschluß sei noch innerhalb dieser - immer noch bloß sammelnden und sichtenden - Betrachtung möglicher in den Begriffen „Musik" und „Musikwerk" enthaltener Wertungsrücksichten einem Moment Rechnung getragen, das sich aus der puren Gegebenheitsweise von Musikwerken ergibt. In ihnen wird musikalisches Material - akustische Gegebenheiten also, die geeignet sind, als Medium, als Gemeinschaft von Bedeutungsträgern, zu fungieren - in der Weise angeordnet, daß zwischen Hörbarem Beziehungen mannigfacher Art entstehen. Musik ist fundiert und produziert zugleich; nur hinsichtlich ihres produzierten „Anteils" (der *musikalischen Beziehungen*) ist es sinnvoll, von ihrer „Fundierung" zu sprechen, und ein Gleiches gilt von ihrer „Produziertheit": sie ist der Bezug sinnlich gegebener Elemente *aufeinander*, und sie betrifft nicht etwa den Bezug auf ein „übergeordnetes" Gedachtes (wie bei der Sinnganzheit); Gegenstandsbestimmtheit und Erlebnisbestimmtheit fallen bei der Musik zusammen, so lautete die Formulierung des Resultats dieses Zusammenhangs im ersten Kapitel[12]. - Dazu trat hinsichtlich der Forderung extensiver Ganzheit, die mit dem Gestaltbegriff verbunden für das Musik*werk* entstand, die „Idee des erfolgten (Erlebnis-) Vollzugs": Musikwerke sind nicht bloß in zeitlicher Erstreckung erlebte Gegenstände, sondern werden - als Gestalten - „von einem Standpunkt aus betrachtet, der ihre Überschaubarkeit verbürgt"[13], so nämlich, „als ob" sie in allen ihren Einzelheiten, zu jedem Zeitpunkt ihres gedachten „Verlaufs" oder auch ihrer realen Ausführung *als Ganzes* „präsent" wären; - die „Idee des erfolgten Vollzugs" ist Bedingung für die prinzipielle Einzeitigkeit der im Musikwerk unter dem Prinzip seiner nur durch seine eigene Ganzheit verbürgten „Gemeinschaft" aller seiner Elemente. - Diese Zusammenhänge lassen sich, so wurde soeben angedeutet, auf ein weiteres Wertungsmoment am Musikwerk beziehen: es betrifft die positive oder negative Einschätzung des musikalischen „Effekts".

Daß die komponierte „Überraschung", der plötzliche Kontrast oder die unerwartete Wendung als Effekt im schlechten wie im guten Sinn gewertet werden kann, belegt, daß es ein übergeordneter Zusammenhang ist, der allererst zur Konstitution der Wertungsmöglichkeit des Überraschenden erforderlich ist. Je nach dem Stellenwert, nach der „Bedeutung" einer plötzlichen Generalpause etwa, oder auch einer ungewöhnlichen Modulation, entscheidet es sich, ob sie als wirklich „effektvoll" zu bezeichnen ist, oder eben bloß als Beleg für den Versuch der „Effekthascherei". Die in die Komposition sicher miteinzubeziehende „Hörerwartung" des Rezipienten muß sich, sollen die auf sie bezogenen Elemente der Komposition deren Wert nicht schmälern, in die ganzheitliche Gestalt bruchlos einfügen und dieser - als oberstes Prinzip mit Bezug auf ihre, alle musikalische Bedeutung „bestimmende", Funktion - gehorchen.

Für jedes konkrete Musikwerk bedeuten diese Beziehungen, daß sich zwar alles, was überhaupt „am" Werk von musikalischer Bedeutung sein mag, in zeitlicher Aufeinanderfolge für den Hörenden ergibt, daß dieser aber nicht bloß psychisch oder physisch - gleichsam wie auf bloß akustische „Reize" - reagiert, sondern daß er - spontan - die Ganzheit der durch das Musikwerk realisierten Gestalt „produziert". Aus diesem Grund sind musikalische „Effekte" im Sinne von kompositorisch sorgfältig „begründeten" „Überraschungen" sehr wohl komponierbar; werden sie allerdings gemäß der Intensität der psychophysischen „Reaktion" (z.B. Schreck) beurteilt, so liegt ein anderes Wertungsprinzip vor, als wenn sie unter dem Gesichtspunkt der Ganzheit der Gestalt einer Würdigung unterliegen; es ist eben nur dieser Gesichtspunkt, welcher als Prinzip der Gemeinschaft (und das heißt auch: der musikalischen Bedeutung) aller Einzelmomente der musikalischen Gestalt fungiert. Aus der „Doppelnatur" der sowohl zeitlichen Gegebenheit (als eines hörbaren Faktums) wie auch der Gegebenheit als Gestaltganzheit (welche die Idee des bereits erfolgten Vollzugs voraussetzt) ergibt sich das Prinzip für eine *wertende* Unterscheidung zwischen „effektvoll komponierten" Stükken (als positive Wertung gemäß dem Prinzip der Ganzheit der Gestalt, allerdings in Verbindung mit der durch den Faktor „Stil" bestimmten „Hörerwartung") und bloßer „Effekthascherei" (als negativer Wertung nur gemäß demselben Prinzip).

Es steht mithin um den ganzen Bereich der wechselseitigen Bezogenheit zwischen überraschender Wirkung, „Effekt" und „Hörerwartung" nicht anders als um die Frage der Möglichkeitsbedingungen von „Dissonanz", „musikalischer Spannung" oder von „Mehrdeutigkeit". Diesen Problemkreisen wird sich die Aufmerksamkeit bei der Betrachtung der Funktion des „Stils" als des Prinzips der geistigen Kontinuität von Gestalten untereinander im Sinne ihres geschichtlichen Zusammenhangs noch zuzuwenden haben[14]. Es wird aber gerade an dem hier betrachteten Moment deutlich, daß - autonome - Gestaltganzheit und „Gefühlsantwort" des Rezipienten bei bestimmten Wertungsrücksichten ineinandergreifen können, ohne daß dabei der geschichtlichen Bedingtheit der gewerteten Gestalt oder des wertenden Rezipienten Abbruch getan würde.

Angesichts dieser Fülle von Wertungsrücksichten, die sich, wie wir sahen, allein schon aus der bloß sichtenden Sammlung von Wertungsmomenten ergibt, welche in den Begriffen „Musik" und „Musikwerk" mitgedacht sind, stellt sich naturgemäß zunächst einmal die Frage, ob diese alle denn nun als „ästhetische" Wertungen zu bezeichnen sind. Oder, anders formuliert: Fordert denn die Kategorisierung eines Musikwerks als „gut" oder auch „schön" nun auch schon dessen „Verstehbarkeit", „Echtheit", kompositorische Stimmigkeit, Ganzheit, Stilbezogenheit usw.? Oder schließt z.B. Epigonalität ästhetisch positive Wertung eines Musikwerks grundsätzlich (und für einen jeden) schlicht aus?

Wenn wir an dieser Stelle vorsichtig genug sind, einerseits dem ästhetischen Objekt nicht zuviel „zuzumuten" und andererseits Gegenstände des Gefallens und Gegenstände kunstwissenschaftlicher Betrachtung zunächst noch sorgfältig auseinanderzuhalten, so tun wir wohl am besten daran, auf eine positive Unterscheidung zwischen Gegenständen, die uns gefallen, von solchen, die uns nicht gefallen, hinzuarbeiten, und erst danach zu betrachten, welchen Bedingungen nun jene Gegenstände unterliegen, die uns in der spezifischen Weise gefallen, daß wir es in allem Ernst jedem anderen Menschen meinen „zumuten" zu können, unserem Urteil „Dieser Gegenstand ist wirklich schön" unter jeder Bedingung beizustimmen.

Anmerkungen

1 Vgl. oben, Einleitung, S.9ff. und 2.Kapitel, S.88ff. und S.97ff.

2 Siehe oben, z.B. Einleitung, S.17.

3 Vgl. oben, 1.Kapitel, S.55ff.

4 Vgl. oben, 1.Kapitel, S.79ff.

5 Vgl. oben, 1.Kapitel, S.77f.

6 Richard Hönigswald, Wissenschaft und Kunst, S.61.

7 „Gefertigte Signalstrukturen, die die Optimalbedingungen für die Wahrnehmung erfüllen, werden als Kunstwerke bezeichnet." (H.W. Franke, Grundriß einer kybernetischen Ästhetik. In: Information und Kommunikation, München/Wien 1968, S.141).

8 Vgl. oben, 2.Kapitel, S.109f.

9 Vgl. oben, 2.Kapitel, S.90ff.

10 Vgl. oben, 2.Kapitel, S.124f.

11 Vgl. oben, 2.Kapitel, S.137.

12 Vgl. oben, Einleitung, S.22 und 1.Kapitel, S.70f.

13 Vgl. R. Hönigswald, Meth II 243f., WuK 36 und siehe oben, 2.Kapitel, S.105f. sowie S.109f.

14 Vgl. unten, 3.Kapitel, S.169ff.

3. *Subjektive Urteile des Gefallens und ästhetisches „Geschmacksurteil". Zur Formalstruktur des theoretischen, praktischen und ästhetischen Urteils.*

Als höchst vielschichtiges Problem stellt sich uns an dieser Stelle die Frage nach den Bedingungen der Möglichkeit der ästhetischen Wertung von Musikwerken. Ist es der Genuß des Einzelnen, nach dessen Bedingungen gefragt wird, ist es der „Geschmack" einer Epoche; steht vielleicht die Kriterienfrage zur Diskussion, die der Kunstwissenschaftler zu thematisieren hat, wenn er sich - in theoretischer Absicht - einem Musikwerk oder einer Gruppe von Musikwerken zuwendet?

Wenn wir uns einer Position entsinnen, die oben[1] im Zusammenhang mit der Grundproblematik des Werkbegriffs in der Musik skizziert worden war, so finden wir eben dieses „Bündel" von Problemen schon in den wenigen Thesen gleichsam komprimiert, welche dort referiert wurden. Wenn man davon ausgeht, daß Werturteile in der Form „Es gefällt mir" wie auch in der Form „Es ist schön" auftreten können, so ist zu fragen, ob sie in diesen beiden Formen auf dieselbe Weise nur mit „dem subjektiven Befinden einer Person", nicht aber „mit sachlichen Kriterien einer Musik" konfrontieren. Weiter stellt sich die Frage, ob die Kunstwissenschaft diese beiden Typen von Urteilen - die ja beide von subjektiven Einstellungen Kunde geben - in allen ihren Aussagen immer schon voraussetzt, und daß daher auch „deskriptive und deutende" Urteile in den Kunstwissenschaften unter allen Umständen „ihrer wertbezogenen Prämissen halber" ebenfalls „gar nicht wertneutral" sein können. Von der Entscheidung dieser Frage hängt schließlich auch das Gefüge der Methoden der Musikwissenschaft ab: stehen im „Blickfeld" einer Kunstwissenschaft der Musik (die Tibor Kneif als „Musikästhetik" bezeichnet) wirklich „dem Ansatz ihrer Methode nach gar nicht Musikwerke, sondern anders geartete Aussagen über diese"[2]?

Es soll im folgenden zumindest der Weg angedeutet werden, auf dem diese, die Musikwissenschaft auch als „Wertungswissenschaft" betreffenden, Fragen einer Beantwortung nähergeführt werden können. Angelpunkt ist bei diesem Versuch eine ins Grundsätzliche gehende Analyse des Verhältnisses - der Differenzen wie der Abhängigkeiten - zwischen dem „Geschmacksurteil" des Musik rezipierenden „Hörers" und dem theoretischen Urteil des ein Musikwerk erforschenden Kunstwissenschaftlers.

Die erste Frage, die bei der Klärung dieses Verhältnisses entsteht, ist naturgemäß die nach der Struktur des Urteils überhaupt und sodann die nach den Modifikationen dieser „Grundschematik" in den einzelnen Bereichen von Urteilsgeltung: Wie modifiziert sich die Struktur des theoriegebundenen Urteils in den Feldern der Praxis und Ästhetik?

Um hier auf einem einigermaßen gesicherten Weg zur Grundschematik des ästhetischen „Urteils" zu gelangen, sei es gestattet, auch im Rahmen dieser, das *musikalische* Kunstwerk behandelnden, Spezialuntersuchung ein wenig weiter auszuholen, denn es soll zunächst einmal begründet werden, inwiefern es nicht sinnvoll ist, dem „ästhetischen Urteil" den Charakter der „*Bestimmungs*relation" auch mit dem Anspruch auf *theoretische* Geltung (Wahrheit) völlig abzusprechen.

- Gehen wir dabei von der Grundschematik aus, wie sie sich in der einfachsten Form zunächst im theoretischen Akt bietet, und danach, wie sie im Wollensakt vollzogen wird.

a. *Theoretisches Urteil*

Das theoretische Urteil ist die logische Grundlage eines theoretischen Satzes, in dem von einem Gegenstand etwas zu dessen *Bestimmung* ausgesagt wird; in dieser Bestimmung wird der *Erkenntnis* vom Gegenstand Ausdruck verliehen. Die Beziehung zwischen dem erkennenden (bestimmenden) Subjekt und dem erkannten (bestimmten bzw. zu bestimmenden) Objekt, die Erkenntnisrelation, wird einerseits als theoretischer Akt des Subjekts („Noesis") und andererseits als vermittels dieses Akts gewonnener Gehalt („Noema") bezeichnet[3]. Entscheidend ist dabei, daß im theoretischen Urteil alle vier Urteilsinstanzen (Subjekt, Akt, Gehalt, Objekt) zwar eine Korrelation bilden, daß aber der theoretische Gegenstand, das „obiectum", als ein in seinem „Bestand" von dieser Korrelation Loslösbares, ihr „gleichgültig" Gegenüberstehendes gedacht wird. Die Subjekts- und Urteilsunabhängigkeit des theoretischen Gegenstands wird im theoretischen Urteil stets mitvollzogen. Der Urteilsgehalt eines theoretischen Akts ist somit in jedem Fall ein Bestimmungsgehalt: der Gegenstand wird im theoretischen Urteil bestimmt, das theoretische Urteil ist - wie jedes Urteil - eine *Bestimmungsrelation*: der im Subjektsbegriff (S) gedachte Gegenstand wird mit einer im Prädikatsbegriff (P) gedachten Bestimmung einem logischen Verhältnis gemäß, dessen Entsprechung im Urteilssatz wir Relator (R) nennen wollen, *in Beziehung gesetzt*. - Schließlich ist noch einem weiteren wesentlichen Moment des theoretischen Urteils Rechnung zu tragen, bevor versucht werden soll, die Grundschematik auch des praktischen Urteils auf ebendieselbe verkürzte und auf einige wesentliche Strukturen beschränkte Weise zu betrachten: der sogenannten *„Geltungsdifferenz"*. Als Leistungen eines stets konkreten, endlichen Subjekts können theoretische Urteile wahr oder falsch sein. Werden sie aber als theoretische Urteile gefällt und ausgesprochen (und nicht etwa in der nicht-theoretischen Absicht der bewußten Täuschung), so beanspruchen sie zumindest stets Wahrheit. Jedes theoretische Urteil (U) läßt sich mithin in folgende Form bringen:

„U (S R P) ist wahr"

Über die konkrete Wahrheit eines konkreten Urteils kann vermittels des Inbegriffs der theoretischen Geltungsprinzipien entschieden werden. Nun erfolgt aber auch die Begründung der Wahrheit theoretischer Urteile wieder in theoretischen Urteilen, die ebenderselben Geltungsdifferenz selbst wieder unterliegen, jedoch auch diese treten als theoretische Urteile wieder mit demselben *Anspruch auf Wahrheit* auf, mit dem Anspruch, aufgrund ihrer widerspruchslosen Vereinbarkeit mit dem Inbegriff der theoretischen Geltungsprinzipien eben theoretische Geltung zu haben. Dieser grundsätzliche Anspruch modifiziert sich auch nicht mit z.B. dem hypothetischen Charakter irgendeines theoretischen (Teil)urteils. Das in einem Urteilsgefüge etwa auftretende Urteil „Gesetzt, S R P" tritt um nichts weniger als jedes andere theoretische Urteil mit dem Anspruch auf Wahrheit auf, nur daß hier eben *etwas anderes* wahr sein soll als in dem ihm entsprechenden kategorischen Urteil „S R P".

Von jedem theoretischen Urteils*gefüge* gilt also entsprechend:

„ [(S R P) R (S R P)] ist wahr"

b. *Praktisches „Urteil"*

Wie stellt sich die Situation nun beim „praktischen Urteil" dar? - Wieder treten im Wollensakt Subjekt und Objekt auseinander, hier nur das *wollende* Subjekt, sein Wollensakt und das gewollte Objekt; und ihr Auseinandertreten weist einen wesentlichen Unterschied zum theoretischen Gefüge auf: gewollter - vorgestellter - Gehalt und gewollter - vorgestellter - Gegenstand (eine Sache, eine Situation, eine Tätigkeit oder ein sonstiger „Inhalt") fallen zum Zeitpunkt des Wollensaktes, also *vor* der Realisierung des Gewollten, zusammen. Der Gegenstand des Wollensaktes steht nicht „eigenbestimmt und selbstgenugsam" der wollenden Subjektivität als zu bestimmender gegenüber, sondern das Subjekt ist ganz im Gegenteil geradezu Ursache des Gegenstands selbst, indem es ihn - intentional - als einen zu realisierenden Gegenstand allererst vorstellt. Die kantische Formulierung, in Akten des „Begehrungsvermögens" sei das Subjekt „Ursache der Gegenstände seiner Vorstellungen"[4] hebt gerade diesen entscheidenden Unterschied des Wollensakts zum theoretischen Akt hervor: gewollt werden kann nur, was eben nicht - im Sinne eines Objekts der Theorie - „ist". Der Einwand, auch jenes Stück Brot dort (das es doch schon „gibt") könne von mir gewollt werden, vernachlässigt, daß der Satz „Ich will jenes Stück Brot dort" insofern nicht „genau" oder doch zumindest mißverständlich ist, als ich ja dieses Stück Brot dort nicht so will, wie es jetzt *dort* liegt, sondern so, wie es in meiner Hand oder in meinem Magen „ist" bzw. eben sein soll. - Dieses Ergebnis bezüglich der grundlegenden Struktur des Wollensakts macht die Frage notwendig, in welchem Verhältnis nun ein praktisches *Urteil* zum Wollens*akt* steht, und weiter, in welcher Weise sich dieses Verhältnis von den für den Bereich der Theorie soeben beschriebenen unterscheidet.

Zunächst einmal ist der im Wollensakt intendierte Gegenstand kein Gegenstand der tatsächlichen Erfahrung. Er ist „intentionaler" Gegenstand und kann aus diesem Grund nur in wohlverstandener Einschränkung „Objekt" heißen. Denn unabhängig vom wollenden Subjekt „ist" der gewollte Gegenstand nicht nur nicht, sondern er ist auch nicht *möglich*: Das Subjekt - insofern es wollendes Subjekt ist - „schafft", „zeugt", „entwirft" das praktische Objekt. Solches „Schaffen", „Zeugen", „Entwerfen" kann nun sicher nicht ohne weiteres - in simpler terminologischer Parallelität zum Korrelationsgefüge der theoretischen Grundschematik - praktisches „Urteilen" heißen, wenn wir daran festhalten wollen, nur *Bestimmungsrelationen zwischen Begriffen* „Urteile" zu nennen. Auf welche Weise, so lautet vielmehr die Frage, gewinnt der praktische Akt, das korrelative Gefüge zwischen intendierendem Subjekt und intendiertem Objekt, Urteilsstruktur, oder, anders formuliert, wie wird der Gegenstand des Wollens - und damit auch der Wollensakt und das wollende Subjekt selbst - zum Gegenstand und mithin zum Problem der Theorie?

Wenn soeben festgestellt wurde, das praktische Objekt, der intendierte Gegenstand, also das Gewollte, sei als intentionaler Gegenstand kein Gegenstand der Erfahrung, so war damit keineswegs ausgeschlossen, daß das wollende Subjekt sich selbst als wollendes - und das heißt: gewollte Gegenstände „verursachendes" - *weiß*: es ist in dieser Hinsicht mithin als konkret - in der Erfahrung - wollendes Subjekt auch sich selbst Erfahrungsgegenstand. Und insofern als „ich" weiß, daß „ich" will und was „ich" will, bin ich des Urteils „S will P" fähig.

Der Relator dieses Urteils repräsentiert nun allerdings keinen theoretisch formalen, logischen Bezug zwischen dem Subjektsbegriff S (der hier den Zusammenfall von reflexiv-theoretischem Objekt und wollendem Subjekt bedeutet) und dem Prädikatsbegriff P (der als Begriff des intendierten Objekts bestimmt ist), sondern einen „praktischen": diejenige Bestimmung, die S in einem durch den Relator „will" konstituierten Urteil erfährt, ist eine *„praktische"*. - Was bedeutet dies für die Urteilsstruktur? Zunächst einmal, daß die Geltungsdifferenz „wahr — falsch" sich nun am Faktum des Wollens oder Nichtwollens, was immer dies in letzter Konsequenz bedeuten mag, entscheidet. Und zweitens: es bedeutet eine neue geltungstheoretische Forderung an den neuen Relator, denn zu der theoretischen Alternative „wahr — falsch" tritt nun die praktische „falsch — richtig" oder, weniger mißverständlich, „gut — nicht gut" bzw. „zweckmäßig — nicht zweckmäßig". Das „praktische Urteil": „Dieser Wollensakt ist gut" bzw. „Diese Handlung war richtig" bildet somit dem theoretischen Urteil „Dieser Wollensakt ist erfolgt" bzw. „Diese Handlung fand statt" gegenüber eine echte Weiterbestimmung: „Diese Handlung ist erfolgt *und* war richtig" bzw. „Dieser Wollensakt ist erfolgt und ist gut".

Zur Verdeutlichung des theoretischen Anspruchs, den auch dieses - praktische - Urteil mit sich führt, sei es nochmals formal ausgedrückt, wobei U für die ganze Urteilsverknüpfung steht, S für die zu beurteilende „Handlung", R_{th} für den theoretischen und R_{pr} für den praktischen Relator und P_1, P_2 für die beiden Prädikatsbegriffe:

$$„U \left[(S\ R_{th}\ P_1) \text{ und } (S\ R_{pr}\ P_2) \right] \text{ ist wahr"}$$

Zweierlei ist mit Bezug auf dieses - seiner Form nach relativ kompliziert ausgedrückte - „praktische Urteil" festzuhalten: erstens erfüllt es alle Anforderungen an das Korrelationsgefüge des theoretischen Urteils, und zweitens enthält es einen Relator, der eine von der theoretischen grundsätzlich verschiedene Objektsstruktur in das Urteil „hineinträgt": das praktische Urteil enthält in seiner Grundstruktur somit ein dem theoretischen gegenüber neues inhaltliches Moment, welches für sich betrachtet als ein Moment anderer Formalität bezeichnet werden muß. Anders ausgedrückt: dieses - inhaltlich - neue Moment besteht darin, eine der theoretischen Formalität (= Grundschematik des theoretischen Urteils) heterogene Formalität (= Grundschematik des praktischen Urteils) auszumachen. Demgemäß differenzieren sich eben auch die Korrelate des strukturell zugrundeliegenden Gefüges. Das Subjekt ist einerseits wollendes, andererseits um dieses sein Wollen reflexiv-wissendes Subjekt; sein Akt ist einerseits Wollensakt und andererseits Wissensakt, sein Gehalt (Noema) einerseits ein intendiertes Objekt und andererseits ein diesen - praktischen - Gehalt beinhaltendes Noema und, schließlich - als reflexiv-theoretisches Objekt -, ein praktisches Subjekt, welches dieses intendierte Objekt „schafft", „zeugt", „entwirft".

Wieder schließt sich das Problem der *Geltungsdifferenz* an: nur nunmehr der neuen , der praktischen Geltungsdifferenz, die zur theoretischen hinzutritt. - Die Prinzipien, nach denen das Urteil „S will P" *wahr* ist, sind zweifellos wieder die der theoretischen Geltung; sie sind allerdings andere als die, nach denen das Subjekt seinen Gegenstand „gültig", d.h. zurecht, *will*. Was immer jener Inbegriff der *praktischen Geltungsprinzipien* im einzelnen auch umfassen mag, - er allein ist das letzte Kriterium für die praktische Geltung des beurteilten Wollens und auch - und das ist hier entscheidend: - für die *theoretische Geltung* (Wahrheit) des entsprechenden *praktischen Urteils* „S will P zurecht".

Zweierlei fällt beim Übergang vom theoretischen Urteilsgefüge zur Grundschematik des praktischen Urteils ins Auge. Zum ersten wird ein theoretisches Urteil („S will P") mit einem praktischen verbunden („S will P *und* dieses Wollen von S kann im Fall P als ‚gut' bezeichnet werden") und zweitens wird zur Gültigkeit des praktischen Urteils widerspruchslose Übereinstimmung mit dem Inbegriff theoretischer *und* praktischer Geltungsprinzipien erfordert. Es ist Sache der praktischen Philosophie, die im Inbegriff der „Normen" praktischer Geltung enthaltenen Prinzipien zu ergründen; hier genügt der Hinweis auf die Aufstufung der Struktur des praktischen gegenüber dem theoretischen Urteil und auf die in dieser Aufstufung liegende Komplexion seiner Geltungsstruktur.

c. *Ästhetisches Urteil*

Im ästhetischen Urteil sieht zunächst alles wie im theoretischen aus: ein Subjektsbegriff, der sich auf ein Objekt der Erfahrung bezieht, wird durch einen Prädikatsbegriff - man störe sich nur an dem Wort nicht: - *bestimmt*. Enthielte das Urteil „S ist schön" keine Bestimmung, so könnte man gar nicht sagen, daß es ein Urteil ist, oder man müßte davon abgehen, Urteile als Bestimmungsrelationen zwischen Begriffen zu verstehen. Dies aber würde im Fall des ästhetischen Urteils „S ist schön" zu den größten Schwierigkeiten führen. Zunächst wäre die Kopula „ist" zweideutig gebraucht; im theoretischen Urteil bedeutete sie etwas anderes als im ästhetischen. Dies allein wäre sicher noch nicht bedenklich, ja man könnte sogar sagen, daß es geradezu die Aufgabe der Ästhetik ist, die Funktion des „ist" im ästhetischen Urteil zu bestimmen; eine andere Schwierigkeit jedoch wiegt ungleich schwerer. Dem ästhetischen Urteil die Funktion einer Bestimmungsrelation zwischen Begriffen abzusprechen, hieße ja auch, es der Geltungsalternative „wahr — falsch" zu entziehen: die kontradiktorischen Urteile „S ist schön" und „S ist nicht schön" wären logisch miteinander vereinbar. Man wende diesem Bedenken gegenüber nun nicht ein, die Urteile „S will P" und „S will P nicht" schlössen sich ja ebenfalls nicht aus, da S ja jetzt noch wollen kann und schon im nächsten Moment nicht mehr, denn selbstverständlich ist der Subjektsbegriff in den beiden angeführten Urteilen nicht derselbe: das S des ersten Urteils ist eben nicht das S des zweiten. Ebendasselbe Verhältnis liegt auch im praktischen Urteilsgefüge vor: „S will P zurecht" und „S will P nicht zurecht" schließen sich gegenseitig aus, wenn S und P in beiden Urteilen dasselbe bedeuten soll.

Wenn also „S ist schön" und „S ist nicht schön" miteinander vereinbar wären, so könnte eben nicht von demselben S die Rede gewesen sein, oder es hätte sich eben gar nicht um ein *Urteil* gehandelt; dieses nämlich ist allemal ein theoretisches Gebilde, und es muß als ein solches mit allen anderen Urteilen auch in einen logisch möglichen theoretischen Zusammenhang gebracht werden können.

Wenn wir also aus den soeben angeführten Gründen daran festhalten wollen, auch das ästhetische Urteil als eine Relation zu bezeichnen, in der ein Subjektsbegriff seine Bestimmung durch den ihm zugeordneten Prädikatsbegriff erfährt, so ist damit jedoch noch keineswegs behauptet, daß es sich bei dieser Bestimmung auch schon um eine Bestimmung des *Objekts* im Sinne der *Theorie* handeln müsse; das Urteil „S ist schön" bedeutet zunächst einmal nichts weiter als das Urteil „S ist ein ästhetisches Objekt" (und, so könnte man es ergänzen, S mag darüber hinaus auch theoretisch bestimmt und betrachtet werden).

Damit erfährt die Frage nach der Struktur des ästhetischen Urteils eine weitere Differenzierung. Sie lautet nun: Was bedeutet die Bestimmung eines Gegenstands als ästhetisches Objekt?

Es war insbesondere Immanuel *Kant*, der dem gerade angedeuteten und auf höchst verkürzte Weise skizzierten Zusammenhang zwischen dem ästhetischen Urteil und seinen logischen Funktionen in seiner „Kritik der Urtheilskraft" besondere Aufmerksamkeit gewidmet hat, indem er das Geschmacksurteil - ausgehend von der in der „Kritik der reinen Vernunft" entwickelten Tafel der Kategorien der reinen Verstandesbegriffe[5] - auf die Bedeutung seiner Qualität, seiner Quantität, seiner Relation und seiner Modalität *im ästhetischen Bereich* (und nicht bloß rücksichtlich seiner logischen Funktionen) untersuchte.

Zur Beantwortung der Frage also, was die Bestimmung eines Gegenstandes als ästhetisches Objekt für die logischen Funktionen „bedeutet", und auf welche Weise die Kategorien der Logik im Bereich ästhetischer Urteile abgewandelt erscheinen, versuchen wir zunächst zu verstehen, auf welche Weise *Kant* die Bedeutung und die Kategorien des „Geschmacksurteils" erläutert hat[6].

Anmerkungen

1 Vgl. oben, 2.Kapitel, S. 83ff., wo diese Position Tibor Kneifs (Artikel Musikästhetik, 1971) referiert wurde.

2 Ebd., vgl. oben, 2.Kapitel, S.83f.

3 Vgl. zu diesem ganzen Abschnitt: Hans Wagner, Philosophie und Reflexion, München/ Basel 1959; insbesondere § 1-4, S.15-36 und § 25, S.224-237.

4 „Metaphysik der Sitten", Einleitung: „Begehrungsvermögen ist das Vermögen durch seine Vorstellungen Ursache der Gegenstände dieser Vorstellungen zu sein." (Akad.-Ausg. Bd.VI, S.213).

5 KrV A 80 = B 106, Akad.-Ausg. Bd.III, S.93 (Zur Zitierweise vgl. Anm.6).

6 Die „Kritik der Urtheilskraft" (im folgenden abgekürzt als KU) wird nach den Seitenzahlen der Originalausgabe, die „Kritik der reinen Vernunft" (abgekürzt KrV) nach den Seitenzahlen der ersten bzw. zweiten Auflage (z.B. A 73 = B 98) zitiert; die „Logik" nach den Seitenzahlen der Akademieausgabe. Allen Stellenangaben ist die Seiten- und Bandzahl der Akademie-Ausgabe hinzugefügt, nach der sich auch die Orthographie richtet. Zusätzlich wird - soweit möglich - auf Kants Einteilung nach Paragraphen verwiesen.

4. *Kants Analyse des Geschmacksurteils in seiner „Kritik der Urtheilskraft". Zur Unterscheidung zwischen ästhetischen und logischen Funktionen des Geschmacksurteils.*

a. *Qualität*

Die Kategorien der Qualität sind Realität, Negation und Limitation; ihrer logischen Qualität nach sind alle Urteile also bejahend, verneinend oder unendlich. In den bejahenden (positiven) Urteilen, so führt Kant in seiner „Logik"[1] aus, wird der Subjektsbegriff „*unter* der Sphäre eines Prädicats gedacht", im verneinenden (negativen) „*außer* der Sphäre" des letzteren und im unendlichen (limitativen) Urteil schließlich wird er „in die Sphäre eines Begriffs, die außerhalb der Sphäre eines anderen liegt, gesetzt."[2] Kant weist ausdrücklich darauf hin, daß der Unterschied zwischen negativem und limitativem Urteil seinen klarsten Ausdruck in der lateinischen Sprache findet, da in ihr deutlich wird, daß beim negativen Urteil („S non est P") die Verneinung stets die Kopula betrifft, beim limitativen („S est non P") dagegen „das Prädicat durch die Negation afficirt wird[3]. Anders als in der soeben zitierten „Logik" und auch anders als in der „Kritik der reinen Vernunft" beginnt Kant bei den Momenten, „worauf diese Urtheilskraft in ihrer Reflexion Acht hat, [...] nach Anleitung der logischen Functionen zu urtheilen", in der „Kritik der Urtheilskraft" nicht mit der Quantität der Urteile, sondern mit deren Qualität, da es ihm zunächst um den *Inhalt* der ästhetischen Urteile geht und „das ästhetische Urtheil über das Schöne zuerst auf diese[n Inhalt] Rücksicht nimmt"[4]. Seine Ausgangsfrage ist also die, *was* eigentlich durch das Urteil, ein Gegenstand sei schön, bestimmt wird. „Die *Qualität* eines Urtheils, wenn man dabei auf den Inhalt desselben sieht, betrifft also die Beantwortung der Frage: was vereinige ich also eigentlich durch ein solches Urtheil in eine Einheit des Bewußtseyns? oder, was denke ich unter der Vorstellung im Prädicat, und was ist das, was ich unter diese Vorstellung bringe (subsumire)?"[5]

Zwei Momente sind es insbesondere, die Kant zur Kennzeichnung der ästhetischen Qualität des Geschmacksurteils (zur Kennzeichnung also der - kantisch gesprochen - Sphäre des Prädikats „schön") hervorhebt: seine Beziehung auf das „Gefühl der Lust und Unlust" und seine „Interesselosigkeit". - Daß es nicht ein logisches, sondern ein ästhetisches Urteil ist, bedeutet, daß sein „Bestimmungsgrund *nicht anders* als *subjektiv* sein kann"[6] und nicht, wie beim logischen Urteil, objektiv. Mit Bezug auf ein logisches Urteil ist es stets so, daß der Grund, warum es so oder so ausfällt, in der Struktur des *Gegenstands*, und allein in dieser, liegt; beim ästhetischen Urteil aber liegt eben dieser Grund im Urteilenden selbst. Nicht etwas über den Gegenstand unter Absehen vom Urteilenden also wird ausgesagt, sondern etwas über den Gegenstand unter Berücksichtigung seiner Wirkung auf das „Gefühl der Lust und Unlust" des Urteilenden. Nichts an der Vorstellung des Gegenstands ästhetischer Beurteilung geht hinsichtlich des Gefühls der Lust und Unlust auf den Gegenstand (zu dessen Bestimmung): durch das Gefühl der Lust und Unlust, so formuliert Kant, wird „gar nichts im Objecte bezeichnet", sondern das Subjekt nimmt wahr, wie es sich bei der Beurteilung eines Gegenstands „*fühlt*", oder, in der kantischen Formulierung: In der „Beziehung der Vorstellungen [...] auf das Gefühl der Lust und Unlust" fühlt sich das Subjekt selbst,

„wie es durch die Vorstellung afficirt wird"[7].

Als erstes Moment des Geschmacksurteils „S ist schön" halten wir also fest, daß von einem Gegenstand geurteilt wird, er verursache gleichsam einen subjektiven Zustand (Lust); das Urteil beschränkt sich allerdings nicht auf die Konstatierung dieses subjektiven Zustands (Lust), sondern bringt ihn in Verbindung mit eben diesem Gegenstand.

Die nächste Differenzierung, die Kant vornimmt, erfolgt im Ausgang von der Frage, welcher Art nun diese Lust sei, die das ästhetisch urteilende Subjekt am Gegenstand empfindet. Sicher ist es nicht eine Lust, die wir am *Dasein* eines Gegenstandes haben, den wir benutzen können, mit dem wir unsere Bedürfnisse befriedigen können, den wir besitzen oder veräußern können. Nennt man nun diejenige Lust „Interesse", die man angesichts des Daseins eines Gegenstands empfindet, mit dem man seine Bedürfnisse und Neigungen befriedigen kann, der also Gegenstand unseres „Begehrungsvermögens" sein kann, so kann man die Lust am *schönen* Gegenstand als „interesselos" bezeichnen. Jenes Wohlgefallen, welches eben nicht an der Existenz eines Gegenstandes interessiert ist, ist das, welches im Urteil „S ist schön" seinen Ausdruck findet. „Man muß nicht im mindesten für die Existenz der Sache eingenommen, sondern in diesem Betracht ganz gleichgültig sein[8], um in Sachen des Geschmacks den Richter zu spielen."[9] Diesen Satz hält Kant für von „vorzüglicher Erheblichkeit", zumal er voraussetzen kann, „daß es nicht mehr Arten des Interesse gebe als die eben jetzt namhaft gemacht werden sollen"[10]. Und dann folgt seine Unterscheidung zwischen den drei Arten des Wohlgefallens: am Angenehmen, am Guten und am Schönen.

Das Wohlgefallen am Angenehmen gründet sich auf einen Sinnenreiz, denn „Angenehm ist das, was den Sinnen in der Empfindung gefällt"[11]. Es handelt sich also beim Wohlgefallen am Angenehmen um eine „praktische Lust", die mit dem Begehren des Gegenstands verbunden ist (bzw. mit dessen Dasein). Mit ebendemselben Begehren des Gegenstands ist aber auch das der praktischen Lust der Sinne entsprechende Interesse der Vernunft verbunden: nicht allerdings an der Realität des Objekts, sondern eben an dessen Begriff. Das Wohlgefallen, das durch den *Begriff* eines Gegenstands vermittelt wird, nennt Kant „Schätzung" oder „Billigung"; insbesondere das „Gute" erweckt ein solches „Vernunftinteresse". „*Gut* ist das, was vermittelst der Vernunft durch den bloßen Begriff gefällt."[12] Stets ist es der Begriff eines Zwecks, der dem Vernunftinteresse am Wollen, mithin am Dasein, des Gegenstands zugrundeliegt; entweder als Mittel (gut zur Erreichung eines anderen) oder auch als Selbstzweck (an sich selbst gut). Die dritte Art des Wohlgefallens schließlich ist diejenige Lust, welche nicht notwendig mit dem Begehren des Gegenstands verbunden ist; sie nennt Kant im Gegensatz zur praktischen Lust „contemplative Lust" oder „interesseloses Wohlgefallen". Sie ist weder eine Lust bloß der Sinne noch eine Lust bloß der Vernunft; sondern ein „unthätiges, freies Wohlgefallen"; sie ist eine „Gunst" weder gegenüber der Realität des Objekts noch gegenüber dem Begriff des Objekts, sondern „gegenüber der bloßen Reflexion über das Objekt"[13].

Beziehen wir diese Verhältnisse zwischen den drei „specifisch verschiedenen Arten des Wohlgefallens"[14] auf die ihnen zuzuordnenden Beurteilungsvermögen, so lassen sich die drei Bereiche schematisierend deutlich voneinander abheben:

„Das Beurteilungsvermögen	- des sinnlichen Gefühls
	- der Begriffe
	- des Geschmacks
beurteilt den Gegenstand	- der Empfindung
	- des Vernunftinteresses
	- der bloßen Beurteilung
als	- angenehm."
	- gut."
	- schön."

Aus der Analyse der (ästhetischen) Qualität des Geschmacksurteils gewinnt Kant die folgende erste Erklärung des Geschmacks und des Schönen: „*Geschmack* ist das Beurtheilungsvermögen eines Gegenstandes oder einer Vorstellungsart durch ein Wohlgefallen oder Mißfallen *ohne alles Interesse*. Der Gegenstand eines solchen Wohlgefallens heißt *schön*"[15].

b. *Quantität*

Die Kategorien der Quantität sind Allheit, Vielheit und Einheit; ihrer logischen Quantität nach sind also alle Urteile allgemeine, besondere oder einzelne. Im (generellen bzw. universellen[16]) Allgemeinurteil wird die „Sphäre" des Subjektsbegriffs „ganz innerhalb der Sphäre eines anderen" (des Prädikats) beschlossen, im besonderen (partikulären) Urteil wird nur „ein Theil des erstern unter die Sphäre des andern" gebracht und im (singulären) Einzelurteil wird unter den Prädikatsbegriff ein Subjekt gebracht, das als Begriff „gar keine Sphäre hat", da es sich auf ein einziges, individuelles Objekt bezieht. - Zu beachten ist hinsichtlich des partikulären Urteils, daß das Verhältnis des Umfangs des Subjektsbegriffs zu dem des Prädikatsbegriffs entweder als das des Einschlusses auftritt (z.B. „Einige Menschen sind Kinder") oder als das der partiellen Überschneidung (z.B. „Manche Kinder sind blond").

Die *logische* Quantität eines Urteils betrifft mithin stets den Umfang des Prädikatsbegriffs in seinem Verhältnis zum Umfang des Subjektsbegriffs: wieviele Gegenstände, so läßt sich die Frage nach der logischen Quantität eines ästhetischen Urteils (wie jedes Urteils) vereinfacht formulieren, werden unter das Prädikat subsumiert: aller (einer Gattung), mehrere oder nur ein einziger? Die *ästhetische* Quantität eines Geschmacksurteils betrifft dagegen den Umfang des Prädikatsbegriffs in seinem Verhältnis zum urteilenden Subjekt, da dieses ja im ästhetischen Urteil den Gegenstand in Beziehung auf sein Gefühl der Lust und Unlust beurteilt. Somit läßt sich die Frage nach der ästhetischen Quantität des Geschmacksurteils vereinfacht so formulieren: „Finde nur ich selbst dieses ästhetische Objekt schön, finden es viele schön oder finden es alle schön, die es ästhetischer Beurteilung unterziehen? "

Wiederum sind es zwei Momente, die Kant hinsichtlich der ästhetischen Quantität hervorhebt: das ästhetische Objekt ist ein Gegenstand „*allgemeinen* Wohlgefallens"[17] und dieses allgemeine Wohlgefallen wird „nur als subjektiv vorstellt"[18].

Aus der in der Analyse der Qualität der Geschmacksurteile nachgewiesenen „Interesselosigkeit" folgert Kant nun hinsichtlich der Quantität, daß ein Geschmacksurteil stets ein *allgemeines* Wohlgefallen am schönen Gegenstand behauptet, da ja der Urteilende „sich in Ansehung des Wohlgefallens [...] völlig *frei* fühlt": frei von jeglicher Neigung und frei von jeglichem „anders überlegten Interesse"; er kann mithin „keine Privatbedingungen als Gründe des Wohlgefallens auffinden". Hier sieht Kant auch den Grund dafür, daß das Geschmacksurteil - obwohl es den Gegenstand rücksichtlich des subjektiven Gefühls beurteilt - so formuliert wird, „als ob Schönheit eine Beschaffenheit des Gegenstands und das Urtheil logisch [...] wäre"[19]. Daß das Geschmacksurteil aber stets ästhetisch (auf das Gefühl bezogen) ist, bedeutet geradezu, daß diese Allgemeinheit eben nicht „aus Begriffen entspringen" kann, denn „von Begriffen giebt es [außer beim Vernunftinteresse am Begriff des Guten] keinen Übergang zum Gefühle der Lust oder der Unlust"[20]. Da auf diese Weise das Wohlgefallen am als schön beurteilten Gegenstand jedermann „angesonnen" wird, „ohne sich doch auf einem Begriffe zu gründen"[21], kann man das Geschmacksurteil zwar als „allgemeingültig" bezeichnen, seine „Allgemeingültigkeit" ist aber keine objektive - wie die des theoretischen Urteils - sondern eine subjektive Allgemeingültigkeit"[22].

So bestimmt sich das Verhältnis zwischen logischer und ästhetischer Quantität von Geschmacksurteilen zwar scheinbar konträr: „In Ansehung der logischen Quantität sind alle Geschmacksurtheile *einzelne* Urtheile"[23], da sie stets jeweils nur auf einen einzigen Gegenstand bezogen sind; in Ansehung der ästhetischen Qualität sind sie von subjektiver Allgemeinheit. Jedoch weist Kant auf einen Übergang von logisch singulären (ästhetischen) Urteilen auf logisch universelle (auf ästhetische gegründete logische) Urteile hin; wenn nämlich die Einzelvorstellung von einem Gegenstand, auf die sich ja ein Geschmacksurteil stets bezieht, „durch Vergleichung in einen Begriff verwandelt wird"[24]. Das Urteil „Die Rose ist schön" ist ein ästhetisches (logisch singuläres) Urteil von subjektiver Allgemeinheit; das Urteil „Rosen sind schön" dagegen ist ein „auf einem ästhetischen gegründetes, logisches Urtheil"[25].

Mit der Forderung der subjektiven Allgemeinheit, die Kant als Resultat der Analyse der Quantität ästhetischer Urteile in dem Satz formuliert: „*Schön* ist das, was ohne Begriff allgemein gefällt"[26], hat sich die konstitutive Funktion des Geschmacks deutlich herausgestellt. Es mag schon sein, daß jeder einzelne in seinen konkreten Geschmacksurteilen sich irrt und nicht jener Idee einer „allgemeinen Stimme" gemäß urteilt, so betont Kant; „daß er es [sein Urteil] doch darauf beziehe, mithin daß es ein Geschmacksurtheil sein solle, kündigt er durch den Ausdruck der Schönheit an."[27]

c. *Relation*

Die Kategorien der Relation sind „*Inhärenz* und Subsistenz (substantia et accidens), *Causalität* und Dependenz (Ursache und Wirkung), *Gemeinschaft* (Wechselwirkung zwischen dem Handelnden und dem Leidenden)"[28]; ihrer logischen Relation nach sind also alle Urteile kategorisch, hypothetisch oder disjunktiv.

Gemäß dem Verhältnis von Substanz und Akzidens heißen die Urteile ihrer logischen Form nach „kategorisch": ein Prädikat wird von einem Urteilssubjekt *ausgesagt* („S ist P"); gemäß dem Verhältnis von Ursache und Wirkung bzw.

Grund und Folge heißen die Urteile „hypothetisch": es wird ein Bedingungsverhältnis zwischen zwei Urteilen *unterstellt* („Wenn A, dann B"); und gemäß dem Gemeinschaftsverhältnis von miteinander in Wechselwirkung stehenden Gegebenheiten heißen die Urteile ihrer logischen Form nach „disjunktiv": es werden in einer „eingetheilten Erkenntniß" die „gesammleten Glieder" *unterschieden*[29].

Die logische Relation des kategorischen Urteils betrifft ein Verhältnis zwischen zwei Begriffen; diese beiden Begriffe machen den jeweiligen Urteilsinhalt aus. Beim hypothetischen Urteil handelt es sich dagegen um eine Relation zwischen zwei (kategorischen) Urteilen; diese bilden die Materie des hypothetischen Urteilsgefüges. Die hypothetische Form allerdings besteht in nichts anderem als in dem spezifischen Verhältnis, das zwischen einem Vordersatz (antecedens) und einem Nachsatz (consequens) besteht und welches als logische Grund-Folge-Relation bezeichnet wird: „die Vorstellung dieser Art von Verknüpfung beider Urtheile unter einander zur Einheit des Bewußtseins wird die C o n s e q u e n z genannt, welche die F o r m der hypothetischen Urtheile ausmacht"[30]. - Die disjunktive Relation schließlich betrifft ein Gefüge von (wieder kategorischen) Urteilen, die die Sphäre eines Begriffs einteilen (S ist A oder B). Kant betont, daß es zwar immer kategorische Urteile sind, die jeweils die Materie von hypothetischen oder disjunktiven Urteilsgefügen ausmachen, daß sich aber weder die hypothetische noch die disjunktive logische *Relation* auf die kategorische zurückführen läßt: weder die Form der „Consequenz" noch die der „*Disjunction* selbst, d.h. [...] der Bestimmung des Verhältnisses der verschiedenen Urtheile, als sich wechselseitig einander ausschließender und einander ergänzender Glieder der ganzen Sphäre des eingetheilten Erkenntnisses"[31], läßt sich auf das kategorische Verhältnis zwischen den beiden, durch eine Kopula verbundenen, Begriffen des Urteilssubjekts und des Urteilsprädikats zurückführen.

Worin besteht nun die „*ästhetische* Relation" der Geschmacksurteile? Ihrer logischen Relation nach sind sie insgesamt kategorisch: daß ein schöner Gegenstand als schön beurteilt wird, bedarf weder jemals etwa hypothetisch zu unterstellender unerläßlicher Bedingungen noch auch jemals der Form der Alternative. Wenn auch mit Bezug auf Geschmacksurteile Urteilsgefüge hypothetischer oder disjunktiver Form möglich sind („Wenn dieses Stück keine Kopie ist, so ist es schön" - bzw. „Mozarts Konzert K.V. 314 verliert nichts von seiner Schönheit, wenn man es, dem Willen des Komponisten gemäß, entweder als Flöten- oder als Oboenkonzert spielt"), so betrifft diese Relation doch stets nur das *logische* Verhältnis ästhetischer zu anderen Urteilen und nicht etwa auch schon die „ästhetische Relation" des Geschmacksurteils selbst: diese nämlich findet in einem (logisch) kategorischen Urteil ihren adäquaten Ausdruck und niemals in hypothetischen oder disjunktiven Urteilsgefügen.

Welche Relata sind es nun, die im Geschmacksurteil in einem spezifisch ästhetischen Verhältnis zueinander stehen? Wieder gewinnt Kant den ersten Ansatzpunkt zur Beantwortung dieser Frage aus den Ergebnissen der Analyse der ästhetischen Qualität der Geschmacksurteile: der Prädikatsbegriff betrifft einen subjektiven Zustand des Gefühls; dieser wird von dem im Subjektsbegriff des Geschmacksurteils betroffenen schönen Gegenstand „prädiziert". Somit besteht die Frage nach der ästhetischen Relation zwischen dem Gegenstand und dem Prädikat des Geschmacksurteils darin, ob nun die Beschaffenheit (P) des Gegenstands Bedingung sei für den Zustand des Urteilenden oder ob umgekehrt dieser als Bedingung für die ästhetische „Qualität" des Gegenstands angesehen werden muß.

Das Gefühl der Lust, auf welches sich jedes Geschmacksurteil als auf seinen Bestimmungsgrund beziehen läßt, ist frei von jeglichem Interesse und mithin ist mit ihm allein noch keine Bestimmung des Begehrungsvermögens verbunden. Dies erlaubt die Folgerung, daß dem Geschmacksurteil jedenfalls nicht die Vorstellung eines subjektiven Zwecks zugrundeliegt: der als schön beurteilte Gegenstand ist nicht aufgrund eines Aktes des Begehrungsvermögens „zweckmäßig". Er bildet zwar als schöner Kunstgegenstand die Verwirklichung einer Absicht, indem er das Resultat künstlerischer Bemühung repräsentieren mag, jedoch das im Geschmacksurteil mit Bezug auf ihn prädizierte Wohlgefallen beruht eben keineswegs auf einer *praktischen* Lust an dieser Verwirklichung.

Da das Geschmacksurteil nun andererseits auch nicht auf einem Begriff beruht[32], so liegt ihm auch nicht die Vorstellung eines objektiven Zwecks zugrunde: der als schön beurteilte Gegenstand wird im Geschmacksurteil nicht in den Zusammenhang einer objektiv erkennbaren Zweck-Mittel-Relation gestellt, sondern im Geschmacksurteil wird geradezu im Gegenteil seine Unabhängigkeit von jedem derartigen Verhältnis betont.

Da nun weder ein subjektiver Zweck (der ein *Interesse* am Gegenstand voraussetzte) noch ein objektiver Zweck (der auf einem *Begriff* von der Zweckmäßigkeit des Gegenstands beruhte) dem Geschmacksurteil als Bestimmungsgrund zugrundeliegt, so hat das Geschmacksurteil „nichts als die *Form der Zweckmäßigkeit* eines Gegenstandes (oder der Vorstellungsart desselben) zum Grunde"[33].

Im Anschluß an die Entscheidung der Alternative zwischen materialer und formaler Zweckmäßigkeit wendet sich Kant der Frage zu, ob jene formale Zweckmäßigkeit nun als objektive oder als subjektive den Bestimmungsgrund des Geschmacksurteils ausmacht. Als Beispiel für einen Gegenstand, der als objektiv zweckmäßig betrachtet werden muß, ohne daß doch ein Zweck anzugeben nötig wäre, um seine Möglichkeit einzusehen, führt Kant die geometrische Figur eines Kreises an. Es handelt sich hier - also bei der „Cirkelfigur" - um „eine Anschauung, die durch den Verstand nach einem Princip bestimmt worden", wobei „die Einheit dieses Princips [...] die Einheit vieler sich auch der Construction jenes Begriffs ergebender Regeln, die in mancherlei möglicher Absicht zweckmäßig sind, begreiflich" macht, ohne daß es jedoch nötig wäre, diese Zweckmäßigkeit als materiale zu unterstellen, ohne also „dieser Zweckmäßigkeit einen *Zweck*, oder irgendeinen andern Grund derselben unterlegen zu dürfen."[34] Diese formale Zweckmäßigkeit der geometrischen Figur ist sicher nicht dieselbe wie die des Gegenstands eines Geschmacksurteils, denn sie beruht auf einem Erkenntnisurteil und betrifft nicht ästhetische Urteile. So bleibt bei der Suche nach dem Grund des Wohlgefallens, „welches wir, ohne Begriff, als allgemein mittelbar beurteilen", nichts anderes „als die subjective Zweckmäßigkeit in der Vorstellung eines Gegenstandes ohne allen (weder objectiven noch subjectiven) Zweck, folglich die bloße Form der Zweckmäßigkeit in der Vorstellung, wodurch uns ein Gegenstand *gegeben* wird"[35].

Damit hat sich bei der Untersuchung der Relation der Zwecke, welche hinsichtlich des Geschmacksurteils in Betrachtung zu ziehen sind, als Grund des ästhetischen Wohlgefallens „das Bewußtsein der bloß formalen Zweckmäßigkeit im Spiele der Erkenntnißkräfte des Subjekts" ergeben, so daß Kant als dritte Bestimmung des Schönen abschließend definieren kann: „*Schönheit* ist die Form der *Zweckmäßigkeit* eines Gegenstandes, sofern sie *ohne Vorstellung eines Zwecks* an ihm wahrgenommen wird"[36], oder, an späterer Stelle, zur Betonung der Subjektivität dieser Zweckmäßigkeit, wo Kant von „Schönheit als formaler subjectiver Zweckmäßigkeit" spricht[37].

d. *Modalität*

Die Kategorien der Modalität sind Möglichkeit, Wirklichkeit und Notwendigkeit; ihrer logischen Modalität nach sind alle Urteile problematisch, assertorisch oder apodiktisch. Diese letzte Einteilung der Urteile betrifft „das Verhältniß des ganzen Urtheils zum Erkenntnißvermögen"[38], sie geht „nur den Werth der Copula in Beziehung auf das Denken überhaupt"[39] an; kurz: nach der Modalität der Urteile wird unterschieden, *wie* etwas geurteilt (bejaht oder verneint) wird.

Bei der Frage nach der Modalität des Geschmacksurteils geht es nun um den Bezug der Kategorien der Möglichkeit, Wirklichkeit und Notwendigkeit auf die Vorstellung der Schönheit in einem Geschmacksurteil: nach welchem „Modus" ist das Gefühl der Lust oder Unlust auf die Vorstellung der Schönheit bezogen? Zur Beantwortung dieser Frage gliedert Kant die unter dem Gesichtspunkt der Modalität der Urteile unterscheidbaren Beziehungen zwischen dem Gefühl der Lust und Unlust und denjenigen Vorstellungen, die mit Lust oder Unlust verbunden sind, in folgender Weise:

> Der *Möglichkeit* nach ist schlechthin jegliche Vorstellung auf das Gefühl der Lust oder Unlust zu beziehen: „Von einer jeden Vorstellung kann ich sagen: wenigstens sei es m ö g l i c h , daß sie (als Erkenntniß) mit einer Lust verbunden sei."[40]
>
> Der *Wirklichkeit* nach sind es bestimmte Vorstellungen, die nämlich des Angenehmen oder Unangenehmen, die mit einer Lust oder Unlust verbunden sind: „Von dem, was ich a n g e n e h m nenne, sage ich, daß es in mir w i r k l i c h Lust bewirke"[41].
>
> Der *Notwendigkeit* nach ist es nur die Vorstellung des Schönen (oder eben des Häßlichen), welche auf das Gefühl der Lust oder Unlust bezogen ist: „Vom S c h ö n e n aber denkt man sich, daß es eine n o t h - w e n d i g e Beziehung auf das Wohlgefallen habe."[42]

Welcher Art ist diese Notwendigkeit nun, welche als die „ästhetische Modalität" des Geschmacksurteils bezeichnet werden kann? Zunächst einmal ist sie keine theoretisch-objektive Notwendigkeit, denn das Geschmacksurteil ist kein Erkenntnisurteil; es beruht nicht auf einem Begriff vom Gegenstand, so daß seine Notwendigkeit („daß jedermann dieses Wohlgefallen [...] *fühlen werde*"[43]) nicht etwa a priori erkannt oder nachgewiesen werden könnte. Sie ist aber auch keine „praktische" Notwendigkeit, die das Gefühl der Lust aufgrund eines objektiven Gesetzes (welches auf einem Vernunftbegriff beruht) notwendig zur Folge hätte, denn das Geschmacksurteil ist frei von allem Interesse, von dem der Sinne ebenso wie von dem der Vernunft[44].

Aus diesen Gründen kann die spezifische Notwendigkeit der Geschmacksurteile nicht als objektive bezeichnet werden, sondern eher als „exemplarische": „d.i. eine Nothwendigkeit der Beistimmung a l l e r zu einem Urtheil, was als Beispiel einer allgemeinen Regel, die man nicht angeben kann, angesehen wird."[45]

An dieser Stelle, nämlich des Nachweises einer bestimmten „Nothwendigkeit", die allen Geschmacksurteilen zuzudenken ist, wird die Idee eines „sensus communis aestheticus", die Idee also der faktischen Übereinstimmung des Vermögens eines jeden, Geschmacksurteile überhaupt zu fällen, mit der eines jeden anderen, unabdingbar. Da es nämlich einerseits kein objektives Prinzip für die Gültigkeit von Geschmacksurteilen (wie etwa für alle Erkenntnisurteile) geben kann, da man sich aber andererseits, wenn es überhaupt kein Prinzip für sie gäbe, „gar keine Nothwendigkeit derselben in die Gedanken kommen lassen" würde[46], so können sie nicht schlechthin ohne jedes Prinzip gefällt werden, wie dies bei den Urteilen aufgrund „des bloßen Sinnengeschmacks" der Fall ist[47]. Aus der Überlegung heraus, daß schon zur Mitteilbarkeit jeglichen Gefühls, jeglicher Stimmung, eben jeglichen subjektiven „Zustands" ein Gemeinsinn als unerläßliche Bedingung vorausgesetzt werden muß, schließt Kant, daß mithin die „Stimmung der Erkenntnißkräfte", welche im Falle des Geschmacksurteils ja „nicht anders als durch das Gefühl (nicht nach Begriffen) bestimmt werden" kann[48], als Voraussetzung einen Gemeinsinn fordert, und dies aufgrund der - erkenntnistheoretischen - Forderung der „allgemeinen Mittheilbarkeit unserer Erkenntniß" und nicht etwa aufgrund der Ergebnisse „psychologischer Beobachtungen"[49].

Es ist eben dieser Gemeinsinn, welcher die logische Grundlage für den Umstand bildet, daß unser - stets einen subjektiven Zustand des Gefühls prädizierendes - Geschmacksurteil in jedem Fall allen anderen „angesonnen" oder „zugemutet" wird: wir fällen ein Geschmacksurteil stets „für alle", d.h. wir „verstatten [...] keinem anderer Meinung zu sein"[50]. Auf diese Weise wird die subjektive Notwendigkeit der im Geschmacksurteil geforderten allgemeinen Beistimmung „unter der Voraussetzung eines Gemeinsinns als objectiv vorgestellt"[51], allerdings niemals in der Weise, daß es etwa - nach der Art von Naturgesetzen - die hinreichenden Voraussetzungen dafür enthielte, ein jeder werde nun auch wirklich diesem Geschmacksurteil zustimmen, sondern stets so, daß ein jeder nun auch so urteilen *solle*.

Kant ist vorsichtig genug, selbst die Frage zunächst noch beiseite zu lassen, ob es diesen „geforderten" Gemeinsinn in Geschmackssachen wirklich gebe, oder ob nicht vielmehr „ein noch höheres Princip der Vernunft es uns nur zum regulativen Princip mache, allererst einen Gemeinsinn [...] in uns hervorzubringen"[52]; - worauf es ihm jedoch ankommt, ist die *Forderung* dieses Gemeinsinns, wenn überhaupt von Geschmacksurteilen die Rede soll sein können[53].

In der abschließenden vierten Erklärung des Schönen, welche sich aus der spezifischen Modalität der Geschmacksurteile ergibt, ist es jene Notwendigkeit, welche Kant „exemplarisch" nennt, die zugleich bedingt ist dadurch, daß sie aufgrund eines subjektiven Zustands für die Beistimmung eines jeden bei der Beurteilung eines schönen Gegenstands gefordert wird: „*Schön* ist, was ohne Begriff als Gegenstand eines *nothwendigen* Wohlgefallens erkannt wird."[54]

Anmerkungen

1 Gemeint ist die sogenannte „Jäsche-Logik" (zitiert nach der Akademieausgabe Band IX).

2 Ebd., S.103f. (§ 22).

3 Ebd., S.104 (§ 22).

4 KU, S.4 (§ 1); Akad.-Ausg. Bd.V, S.203.

5 George Samuel Albert Mellin: Encyclopädisches Wörterbuch der kritischen Philosophie, 5 Bde., Züllichau/Leipzig 1797/1803, - Bd.IV, S.916.

6 KU, a.a.O.

7 KU, S.4 (§ 1); Akad.-Ausg. Bd.V, S.203f.

8 Im heutigen Wortgebrauch: „man darf nicht ... sondern muß ...".

9 KU, S.6f. (§ 2); Akad.-Ausg. Bd.V, S.205.

10 KU, S.7 (§ 2); Akad.-Ausg. Bd.V, S.205.

11 KU, S.7 (§ 3); Akad.-Ausg. Bd.V, S.205.

12 KU, S.10 (§ 4); Akad.-Ausg. Bd.V, S.207.

13 KU, S.14 (§ 5); Akad.-Ausg. Bd.V, S.209.

14 Ebd.

15 KU, S.16 (§ 5); Akad.-Ausg. Bd.V, S.211.

16 Zwischen „generalen und universalen Sätzen", so merkt Kant in der „Logik" (Akad.-Ausg. Bd.IX, S.102) an, besteht ein „realer" (inhaltlicher) Unterschied, „der aber freilich die Logik nichts angeht. G e n e r a l e Sätze nämlich sind solche, die bloß etwas von dem Allgemeinen gewisser Gegenstände und folglich nicht hinreichende Bedingungen der Subsumtion enthalten, z.B. der Satz: man muß die Beweise gründlich machen. U n i v e r s a l e Sätze sind die, welche von einem Gegenstande etwas allgemein behaupten."

17 KU, S.17 (§ 6); Akad.-Ausg. Bd.V, S.211.

18 KU, S.21 (§ 8); Akad.-Ausg. Bd.V, S.213.

19 KU, S.17f. (§ 6); Akad.-Ausg. Bd.V, S.211.

20 KU, S.18 (§ 6); Akad.-Ausg. Bd.V, S.211.

21 KU, S.21 (§ 8); Akad.-Ausg. Bd.V, S.214.

22 Kant schlägt zur Kennzeichnung logischer Allgemeinheit (als logischer Quantität) den Terminus „(objektive) A l l g e m e i n gültigkeit" im Unterschiede zu dem Terminus

„(subjektive) G e m e i n gültigkeit" zur Kennzeichnung ästhetischer Allgemeinheit (als ästhetischer Quantität) vor, verfährt aber selbst nicht konsequent in diesem Wortgebrauch. Vgl. KU, S.23ff. (§ 8); Akad.-Ausg. Bd.V, S.214f.

23 KU, S.24 (§ 8); Akad.-Ausg. Bd.V, S.215.

24 KU, S.24 (§ 8); Akad.-Ausg. Bd.V, S.215.

25 Ebd.

26 KU, S.32 (§ 9); Akad.-Ausg. Bd.V, S.219.

27 KU, S.26 (§ 8); Akad.-Ausg. Bd.V, S.216.

28 KrV, A 80 = B 106; Akad.-Ausg. Bd.III, S.93.

29 KrV, A 73 = B 98; Akad.-Ausg. Bd.III, S.88.

30 Logik, Akad.-Ausg. Bd.IX, S.105 (§ 25).

31 Ebd., S.106 (§ 28).

32 Vgl. oben, 3.Kapitel, S.158f.

33 KU, S.34 (§ 11); Akad.-Ausg. Bd.V, S.221.

34 KU, S.274f. (§ 62); Akad.-Ausg. Bd.V, S.364 (heutiger Sprachgebrauch = „unterlegen zu müssen").

35 KU, S.35 (§ 11); Akad.-Ausg. Bd.V, S.221.

36 KU, S.61 (§ 17); Akad.-Ausg. Bd.V, S.270.

37 KU, S.270 (§ 61); Akad.-Ausg. Bd.V, S.361.

38 Logik, Akad.-Ausg. Bd.IX, S.108 (§ 30).

39 KrV, A 34 = B 100 (§ 9,4); Akad.-Ausg. Bd.III, S.89.

40 KU, S.62 (§ 18); Akad.-Ausg. Bd.V, S.236.

41 Ebd.

42 Ebd.

43 KU, S.62 (§ 18); Akad.-Ausg. Bd.V, S.237.

44 Vgl. oben, 3.Kapitel, S.158f.

45 KU, S.62f. (§ 18); Akad.-Ausg. Bd.V, S.237.

46 KU, S.64 (§ 20); Akad.-Ausg. Bd.V, S.238.

47 Ebd.

48 KU, S.66 (§ 21); Akad.-Ausg. Bd.V, S.239.

49 Ebd.

50 KU, S.66 (§ 22); Akad.-Ausg. Bd.V, S.239.

51 Ebd.

52 KU, S.67f. (§ 22); Akad.-Ausg. Bd.V, S.240.

53 „Diese unbestimmte Norm eines Gemeinsinns wird von uns wirklich vorausgesetzt: das beweiset unsere Anmaßung Geschmacksurtheile zu fällen." (KU, S.67, § 22; Akad.-Ausg. Bd.V, S.239).

54 KU, S.68 (§ 22); Akad.-Ausg. Bd.V, S.240.

5. *Die Abhängigkeit der ästhetischen Rezeption von Wissen und Wollen und die Notwendigkeit der Trennung der Bereiche ästhetischen Erlebens und kunstwissenschaftlicher Forschung.*

Nichts am Gegenstand, so ergab die Analyse des Geschmacksurteils, außer eben dessen „Bestehen" vor dem Gefühl, macht ihn zum ästhetischen Objekt. Jedoch auch alles am Gegenstand, und nichts von seinem Kontext, ist Bedingung der Möglichkeit seiner ästhetischen Rezeption: der Gegenstand *selbst* ist das Prinzip seiner immanenten Zweckgemäßheit; er ist Zweck und Realisierung dieses Zwecks in einem. Wenn wir uns an die Bestimmung des Musikalischen im ersten Kapitel dieser Untersuchung erinnern, so fällt auf, daß diese Struktur uns auch dort begegnete: Nichts am Material adelt dieses auch schon auf der Seite des Gegenstands zu musikalischem Material, und alles an ihm ist von „Bedeutung", ist fundierendes Element. Und noch weiter geht die Parallelität zwischen den Ergebnissen bei der Bestimmung des Musikalischen und den soeben gewonnenen Resultaten bei der Betrachtung des ästhetischen Objekts: schlechthin alles Hörbare könnte - als Hörbares - Musik „sein", wenn man eben vom musikalische Zusammenhänge „produzierenden" Rezipienten absieht; und ebenso gibt es schlechthin keinen Gegenstand, der sich - unter Absehung vom wahren Geschmack des Rezipienten - als bloßer Gegenstand schon der ästhetischen Beurteilung entzöge: Geschmacksurteile sind schlicht jeglichem Gegenstand gegenüber möglich. Stets allerdings bleiben **sie**, auf welches Objekt auch immer sie sich beziehen mögen, ästhetische Urteile, die ihren Gegenstand nicht bestimmen, sondern ihn eben als ästhetisch „bestimmt" beurteilen. Daß das ästhetische Urteil mithin nicht zur Bestimmung der objektiven Beschaffenheit gefällt wird, heißt nun allerdings ebensowenig, daß dieser somit keiner praktischen Bezüge („Verwendung") mehr fähig wäre, wie auch nicht, daß er nicht mehr theoretisch erfaßt werden könnte: selbst noch als ästhetisches Objekt ist er den Bereichen menschlicher Praxis und Theorie nicht entzogen. Ja, es kann sogar für die Möglichkeit der ästhetischen Erfassung eines Objekts, für das Fällen von Geschmacksurteilen über dieses Objekt, von höchster Bedeutsamkeit sein, ob ich von diesem Gegenstand persönlich „betroffen" bin (ob ich ihn begehre, besitzen möchte; ob ich ihn verabscheue, ihn zerstören möchte; ob ich mit ihm handele oder ihn zu restaurieren habe usw.) - und es mag zum Fällen eines Geschmacksurteils ebenfalls höchst wichtig sein, ob ich etwas und was ich von diesem Gegenstand *weiß*[1].

Für beides - die ästhetische Relevanz dessen, was ein Gegenstand für mein Wollen *bedeutet*, und was er für mein Wissen *ist* - hat Kant einmal ein schlagendes Beispiel gegeben. Gesetzt, der als berückend schön empfundene Gesang einer Nachtigall, den der Besucher eines im Wald gelegenen Gasthauses an einem warmen Sommerabend genießt, entpuppt sich als Trick des Wirts, der eine mechanische Nachtigall hat anfertigen und aufhängen lassen, um seinen Umsatz zu steigern, so ist es eben für die ästhetische Erfahrung dieses „künstlichen" Vogelgesangs entscheidend, ob der Hörer von der Künstlichkeit des Mechanismus weiß, und auch, ob er sich durch die Täuschung betrogen fühlt.

Es zeigt sich schon an diesem kleinen Beispiel deutlich, daß das - theoretische - Wissen um die objektive Bestimmtheit des Gegenstands nicht ohne Auswirkung auf die reale Möglichkeit eines ästhetischen Erlebens dieses Gegenstands bleibt, wobei dahingestellt sein soll, ob und wann sich solches Wissen im einzelnen Fall nun positiv oder negativ auf diese Möglichkeit auswirkt, ob also die theoretische Bestimmung eines schönen Gegenstands die Chance des Kunstgenusses nun erhöht oder mindert; - entscheidend ist hier nur die Verbindung zwischen Geschmacksurteil und theoretischem Wissen vom Gegenstand.

Nach allem, was wir über den „Wert" eines Musikstücks nunmehr wissen, wäre es ebenso richtig wie falsch, ihn entweder als *stets* stil- und damit geschichtsbezogen zu kennzeichnen oder aber auch als „unvermittelt", also selbst nach „Abzug" aller geschichtsbedingten Faktoren weiterbestehend. Vor der Instanz des *Gefühls* ist der musikalische Gegenstand eben stets das, was er - für „mich" - „ist", was er - „mir" - „bedeutet" und wie „ich" ihn bestimmt habe. Hinsichtlich „meiner" ästhetischen Rezeption „dieses" konkreten Musikwerks wäre es mithin ebenso unangebracht, von „allen" geschichtlichen Bedingtheiten des Gegenstands zu abstrahieren, wie auch ihn als „uneingeschränkt" geschichtlichen zu kennzeichnen. Daß nun bei dieser „ästhetischen" Einstellung sich das „Privatgefühl" zum „Geschmack" bildet, wenn ich meine Würdigungen von Musikwerken, *die mir gefallen*, auch vor allen anderen begründen und verteidigen können soll, dies weist auf die Notwendigkeit der - nachträglichen - theoretischen Erforschung der bestimmbaren Gründe und Ursachen für deren „exemplarischen" Charakter hin. Hier setzt die Wissenschaft der Kunstgeschichte mit allen ihren Hilfswissenschaften ein: sie bestimmt den Gegenstand, indem sie ihn einerseits - soweit wie irgend möglich - als stilistisch „bedingt" und als auf mannigfache Weise „verursacht" versteht, und indem sie ihn andererseits auch wieder als „Ursache" und Grund für die Fortentwicklung der Stilgeschichte auf seine „Wirkungen" hin überprüft. Je tiefer sie bei dieser Arbeit am Gegenstand in das vielfältige und komplizierte Netz des Bedingungsgefüges der kunstgeschichtlichen „Ausgangssituation", welcher der Gegenstand „entsprang", eindringt, umso mehr „weiß" sie um seinen Ursprung und je genauer sie die Wirkungsgeschichte dieses Gegenstands analysiert, umso genauer „versteht" sie seine Bedeutung.

Es gibt begreiflicherweise keine der Kunstwissenschaft parallele „Schönheitskunde der Natur", und keine „schönheitswissenschaftliche" Analyse einer herrlichen Landschaft wäre denkbar, die sich eben nicht - mittelbar - wieder auf ein bestimmtes Gemälde, ein bestimmtes poetisches Werk, eine bestimmte Tonmalerei - eben einen *kunst*wissenschaftlichen Gegenstand bezöge. Kunstgegenstände sind zwar ebenso wie die Schönheiten der Natur ästhetisch rezipierbar; nur sind sie eben in ihrer *Beschaffenheit* - anders als die Gegenstände der Natur - nicht auf ihre physikalischen Ursachen zurückzuführen, - denn sie gehen auf einen künstlerisch-freien Entwurf zurück. Die Kunstwissenschaft hat auch die Aufgabe, diesen Entwurf, eben das Maß an „Freiheit in der Erscheinung" des Kunstwerks, zu bestimmen, indem sie soviel wie irgend möglich an allgemeingeschichtlichen, biographischen, psychologischen, stilgeschichtlichen und materialbedingten Faktoren nachzuweisen sucht, welche die Beschaffenheit dieses konkreten Kunstwerks beeinflußt haben mögen. Was darüber hinaus nicht mehr mit positiv-wissenschaftlichen Methoden zu bestimmen ist, was - ganz banal gesagt - dann noch „übrigbleibt", dies mag den nur noch ästhetischen Wert dieses Gegenstands ausmachen; jedenfalls bleibt zur Beurteilung der „Notwendigkeit" dieses „irrationalen Rests" nur noch die Instanz des „Gefühls", welche im sowohl subjektiven als auch allgemeingültigen Urteil den Anspruch erhebt, die übersubjektive Instanz des einen „wahren Geschmacks" zu repräsentieren.

Wie lassen sich die bis hierhin gediehenen Überlegungen nun auf den Gegenstandsbereich der Musikwerke anwenden, auf den Bereich der musikalischen Gestalten, der hörbaren Gegenstände also, die hinsichtlich einer Beurteilung gemäß der Instanz des „Gefühls" ..komponiert", und das heißt: in spezieller Weise „hergestellt", wurden? Nun, zunächst ist ein negatives Ergebnis festzuhalten: ästhetischer Akt und Geschmacksurteil einerseits sowie ästhetisches Urteil und kunstwissenschaftliches Urteil auf der anderen Seite sind streng voneinander zu trennen. Der ein Musikwerk genießende, schätzende oder mit der Partitur würdigende Hörer tritt dem Musikwerk in einer grundsätzlich anderen Einstellung gegenüber als der es erforschende Kunstwissenschaftler. Wohl ist es die kunstwissenschaftliche Arbeit, die beim Hörer den Wissensstand allererst ermöglicht, der ihn allein schon zur „ungestörten" Wahrnehmung eines Musikwerks befähigt; wohl ist es die Kunstwissenschaft, die das musikalische Kunstwerk auch als *Mitteilung* des Künstlers und eben nicht nur in der Weise des „nur" schönen Gegenstands ästhetisch rezipierbar macht. Nie aber ist ästhetisches Erleben überhaupt notwendig an die *Bestimmung* eines Musikwerks, an das *Wissen* um seine geschichtlichen Bedingungen (den geschichtlichen „Hintergrund": Entstehungsjahr, Komponist, Stil, Kulturkreis) geknüpft; - um es pointiert zu sagen: niemand *muß* Epigonales langweilig oder häßlich finden. Jedoch ist es umgekehrt die Aufgabe des Kunstwissenschaftlers, von eigenen Präferenzen bei der Bearbeitung seines Forschungsgegenstands abzusehen. Ihm obliegt es sicher nicht nur, Strukturen und Abhängigkeiten zu „beschreiben", sondern gewiß auch die Ableitung von Kriterien für die „Dignität" der auf uns gekommenen Werke. Jedoch - und das ist ein wesentliches Ergebnis - geht es dabei niemals um ästhetische Dignität überhaupt (diese läßt sich nicht „ableiten", sonst hätte das „Streiten" in Geschmackssachen längst dem „Disputieren" Platz gemacht), sondern um Dignität unter stetem Bezug auf die „Geschichte der musikalischen Gestalten". Schon in den grundlegenden und einfachsten Kategorien der Kunstwissenschaft von der Musik zeigt sich jene Bezogenheit des konkreten Musikwerks auf seine jeweilige geschichtliche Wirklichkeit, welche - um es noch einmal zu wiederholen - zwar für die Möglichkeit der ästhetischen Rezeption nicht konstitutiv, jedoch für die Würdigung im Sinne der *Verständigung* durch Kunst unabdingbar ist.

Die These, daß schlechthin *jede* musikwissenschaftliche „Kategorie" erst durch den Bezug auf die stilgeschichtliche Wirklichkeit einer bestimmten Epoche ihren Inhalt erlangt, sei am Beispiel der Begriffe der „Dissonanz" und der „Mehrdeutigkeit" erhärtet.

Anmerkung

1 Als denkbar einfacher Beleg für die Relevanz des Wissens um den Gegenstand für seine ästhetische Würdigung sei darauf hingewiesen, wie entscheidend es sein kann, ob ich ein Musikstück zum ersten Mal höre, ob ich es schon kenne, oder ob ich es etwa schon zu oft gehört habe.

6. *„Dissonanz" und musikalische „Mehrdeutigkeit" als Beispiele für die stilgeschichtliche Gebundenheit jedes musikalischen „Inhalts" wie auch jeder wissenschaftlichen Kategorisierung musikalischer Forschungsgegenstände.*

„Jeder Komponist", so stellt der Physiologe Theodor Billroth einmal fest, „will nach seinem Stil behandelt sein"[1]. Um die Anwendbarkeit dieser Erkenntnis auf geradezu alle Grundbegriffe musikwissenschaftlicher Beschreibung und Kategorisierung zu belegen, machen wir uns an dieser Stelle zunächst einmal klar, unter welchen Bedingungen wir überhaupt solche Kategorien, die auf den ersten Blick eher geschichtsenthoben als stilbezogen wirken, anwenden. Aufgrund welcher Gegebenheiten, so fragen wir beispielsweise, können wir etwa von der „Mehrdeutigkeit" eines musikalischen Zusammenhangs sprechen? - Insbesondere mit Bezug auf die funktionale Harmonik speziell des späteren 19. Jahrhundert spricht man von solcher „Mehrdeutigkeit"; im Ausgang der Romantik wurde sie geradezu zum „Stilprinzip" erhoben. Ein oft zitiertes Beispiel dafür bilden die Einleitungsakkorde des Wagnerschen Vorspiels zu „Tristan und Isolde", welche als „Tristan-Akkorde" exemplarisch immer dann angeführt werden, wenn von solcher „rätselhafter" Mehrdeutigkeit in der Musik, speziell der Harmonik, die Rede ist.

Zwar ist es - ganz im Sinne der Ergebnisse des ersten Kapitels dieser Arbeit[2] - wieder der Zusammenfall des Bedeutungsträgers mit seinem „fundierenden" Korrelat, der Zusammenfall des „Mediums" Musik mit dessen hörbarem Substrat, nämlich dem musikalischen Material, welcher die Struktur auch der musikalischen Mehrdeutigkeit kennzeichnet: musikalische Bedeutung, welche sich aufgrund „interner" musikalischer Bezüge und Relationen ergibt[3], bestimmt sich zunächst einmal an der Instanz der konkret vorliegenden Gestalt. Doch tritt in unserem Beispiel, in welchem ja gerade von der „aenigmatischen Valenz" einer Akkordverbindung die Rede sein kann, ein weiterer, höchst wesentlicher Bezugspunkt hinzu, - der „externe" nämlich des übergreifenden Zusammenhangs einer im Sinne der Verständigung untereinander verbundenen Gemeinschaft, in der musikalicher Ausdruck, musikalische Darstellung, musikalisches Selbst- und Fremdzitat, kurz: musikalische Bedeutung jeglichen Typs komponiert und nachvollzogen wird.

Jegliche musikalische Merhdeutigkeit, so können wir danach feststellen, bestimmt sich jedenfalls an beiden soeben genannten Instanzen: Gemäß der Instanz der *Gestalt* ergibt sich z.B. die Bedeutung einer charakteristischen, hier einer Dominantfunktion für einen C-Dur-Akkord, je nachdem nämlich, ob der als musikalische Gestalt vorliegende musikalische Zusammenhang als seinen Grund- und Schlußklang etwa F-Dur fordert oder nicht. Gemäß der Instanz der *stil*geschichtlichen Kontinuität, innerhalb deren die konkreten Musikwerke eines Kulturkreises, einer Epoche oder einer Verständigungsgemeinschaft stehen, bestimmt sich - ebenfalls! - die Bedeutung der Dominantfunktion für einen C-Dur-Akkord, je nachdem ob der in Frage stehende musikalische Zusammenhang überhaupt stilgeschichtliche Kategorien wie „Grundtonart", „Dominante" oder „Dominantfunktion" rechtfertigt.

Betrachten wir die Wechselwirkung dieser beiden musikalische Bedeutung aufbauenden Faktoren an unserem Ausgangsbeispiel der vielzitierten „Tristanakkorde", so ergibt sich ein, z.T. eben auf die Hörerwartung gegründetes, Ineinandergreifen von Erwartetem und Überraschendem. Vor dem stilgeschichtlichen Hintergrund des Entwicklungsstandes klassisch-romantischer Harmonik wird dort auf deren Zielpunkt hingewiesen; mit den Mitteln des temperierten Systems wird dieses in gewisser Weise ad absurdum geführt. Träger dieser, nur gemäß der Instanz des *Stils* bestimmbaren, Bedeutung ist die nur von den im Konkreten Faktor *Gestalt* auftretenden Relationen der Töne und Akkorde her zu bestimmende ganz spezifische harmonische Mehrdeutigkeit jener Anfangstakte. Aus den in der konkreten musikalischen Gestalt sich ergebenden Beziehungen erwächst die Rätselhaftigkeit dieser Takte hinsichtlich der zur Verfügung stehenden Termini, mit Hilfe derer zur Sprache gebracht werden könnte, was sich harmonisch vollzieht. Mit anderen Worten: Für sich genommen, und das heißt in unserem Zusammenhang: *nur* der Instanz der Gestalt gemäß, ergäbe sich die musikalische Bedeutung nur nach der einen Seite hin, die wir im 1.Kapitel als „interne" Komponente bezeichneten[4] - als funktionale Mehrdeutigkeit innerhalb der vorliegenden Akkordverbindung. Wir sehen, daß ihre isolierte oder gar ausschließliche Betrachtung dem künstlerischen *Ausdruck* des „Tristan"-Vorspiels gerade nicht gerecht werden kann; die Rätselhaftigkeit dieses Beginns, die Schwierigkeit, ihn mit den überkommenen Kriterien und Begriffen zur sprachlichen Bestimmtheit bringen zu können, ermißt sich eben am Hineinwirken jener geschichtlich-externen Instanz, die als die des „Stils" zu kennzeichnen ist.

Ein ähnliches Resultat ergibt sich auch bei der näheren Betrachtung des musikalischen Grundverhältnisses zwischen Konsonanz und Dissonanz, deren Unterscheidung eigentlich immer auf der Basis bloßer Materialanalyse des Naturklangs getroffen wurde. Im Laufe der Zeit wurde der Terminus allerdings mehrdeutig; aus der Musik - wo er für Auflösungsbedürftigkeit stand - wurde er in alle möglichen anderen Bereiche übertragen als Wort für etwas Störendes, Inadäquates. Aus dem ursprünglichen „Auseinanderklingen" (im Sinne von „musikalisch nicht zusammenpassen") wurde die - meist eine negative Wertung enthaltende - Bezeichnung für „Mißklang" ebenso wie für „Störung" überhaupt, welche durch - wiederum meist negativ zu bewertende - Verhältnisse etwa verursacht wurde. In jeder dieser Bedeutungen aber fordert der Begriff der „Dissonanz" deren nicht-dissonanten Hintergrund, ein „Substrat" des „Wohlklangs", einer - vielleicht auch nur gewohnheitsmäßigen - Ordnung, an der allein dissonante Verhältnisse oder Gegebenheiten Realität zu erlangen vermögen. Die Doppeldeutigkeit von „dissonant" findet gerade in der Verbindung mit der ursprünglich ausschließlich musiktheoretischen Anwendung dieses Worts ihren schärfsten Ausdruck. Zu Beginn scheint es diejenigen Intervalle innerhalb des abendländischen tonalen Systems zu bezeichnen, die eben nicht in „möglichst" einfachen Schwingungsverhältnissen natürlicher Zahlen auszudrücken sind. Die „absolute" Konsonanz, das Zusammenklingen zweier gleicher Töne, die Prime, betrifft das Schwingungsverhältnis 1:1. Der bloße Hinweis auf die sich fortsetzende Reihe der „natürlichen" Intervalle, auf die ihnen zugeordneten „Naturtöne" und auf die „natürlichen" Zahlen, in denen ihre Schwingungsverhältnisse ausdrückbar sind (Oktave 1:2, Quinte 2:3, Quarte 3:4, Terz 4:5 usw.) genügt hier, um anzudeuten, woran es liegen mag, daß so oft versucht wurde, den „Relationscharakter" des Begriffs der „Dissonanz" zugunsten einer „Regelmäßigkeit" zu übersehen, die in der

Struktur dessen liegt, was immer „musikalisches Material" genannt wurde. Jedoch sehen wir nach allem, was wir zur Wechselbezogenheit der beiden Instanzen der Gestalt und des Stils bisher feststellen konnten, daß auch die musiktheoretische Kategorie der „Dissonanz" zwar ein Material notwendig voraussetzt, „an" dem sie „auftritt", daß sie aber keineswegs darum auch schon durch dessen Struktur voll bestimmt ist. „Dissonanz" als Begriff einer auf den Hörenden bezogenen Relation musikalischer Materialmomente ist zwar durch die Forderung an die Bindung an akustische Gegebenheiten bedingt, erschöpft sich aber nicht in deren Beziehungen. Nur aus diesem Grund kann auch nie von einer „absoluten" Dissonanz die Rede sein, einer Dissonanz also, gemäß der sich alle anderen Dissonanzen als Dissonanzen zu bestimmen hätten. In der musikalischen Handwerkslehre des Mittelalters z.B. galt „dieselbe" große Terz als der Auflösung in ein konsonantes Intervall bedürftig, die seit der Dur-moll-Harmonik des frühen Barock - genau entgegengesetzt - als Zielpunkt der Spannung des Dominant-Sept-Akkords aufgefaßt wurde. Damit ist auf die Tatsache verwiesen, daß es sich bei der Frage, an welcher Stelle der Reihe der Schwingungszahlenverhältnisse für die musikalischen Intervalle eine Grenze zwischen Konsonanz und Dissonanz anzusetzen sei, um eine *historische* Frage handelt. Aus der physikalischen Beschaffenheit des Naturklangs wird ebensowenig wie aus der physiologischen seiner Wahrnehmung zu ergründen sein, warum im mittelalterlichen Kontrapunkt die Terz als der Auflösung bedürftig, warum sie seit dem Barock als „schlußfähig" betrachtet wurde, und warum sie schließlich etwa bei Schubert, Brahms oder auch Mahler - als Indikator für Dur oder Moll - eine Bedeutung erlangt, als ob „von ihr die Welt abhinge". In keiner stilgeschichtlichen Darstellung der neueren Musik fehlt die Rede von der „Emanzipation der Dissonanz", um die Aufweichung und schließlich die Abschaffung der funktionalen Harmonik - samt der „tieferen Bedeutung" einer derartigen Entwicklung - gebührend hervorzuheben. Auch an Deutungen des stilgeschichtlichen „Stellenwerts" dieser Emanzipation hat es nicht gefehlt. So wurde die Verselbständigung des dissonanten Klangs, dessen Befreiung aus dem Regelsystem seiner „Behandlung", seiner Vorbereitung und Auflösung, seiner harmonischen „Leit"-funktionen und seiner nachgerade unerläßlichen Bezogenheit auf die ihm je „übergeordnete" Konsonanz, die er „zur Notwendigkeit zu bringen" habe, als Ausdruck für die Befreiung des Komponisten, der Kunst, der Person, der Gesellschaft usw. von Herrschaftsstrukturen, Repression, Affirmation, Manipulierung usw. interpretiert. Der Komponist Dieter Schnebel z.B. sieht in diesem Zusammenhang in der Musik „geradezu ein Abbild gesellschaftlicher Situationen"; die Termini „Tonika" und „Dominante" selbst sind für ihn schon ein Beleg für das Anklingen von Herrschaftsverhältnissen: „So betrachtet", formulierte er in einem Interview, „war es sicher auch kein Zufall, daß gerade die zweite Hälfte des 19. Jahrhunderts, die Epoche von Marx und Engels, im Bereich der Harmonik die Emanzipation der Nebenstufen brachte, die Ablösung vom Primat eines einzigen Grundtons, und daß zu Beginn des 20. Jahrhunderts bei Schönberg die Gleichberechtigung aller Stufen, also Demokratie, erstmalig sich verwirklichte, sogar rationalisiert wurde."[5]

Ohne die Bedeutsamkeit der Erkenntnis schmälern zu wollen, daß stilistische Entwicklungen aufs engste mit allgemeingeschichtlichen verbunden sind; ohne auch die Relevanz der Kenntnis musikalischer Kompositionstechniken für die Beurteilung des für sie zeitgenössischen „Geistes" zu bezweifeln, sei hinsichtlich der Rede von der „Emanzipation der Dissonanz" (besonders im 20. Jahrhundert) aufgrund der bisher angestellten Überlegungen doch einiges Kritisches angemerkt.

Zunächst einmal wäre auf die Tatsache zu verweisen, daß sich der Begriff der Dissonanz - wie gezeigt - nicht „an sich", sondern an seinem Gegensatz bestimmt. Und umgekehrt: „konsonant" klingt eben nur Nicht-Dissonantes; nicht schwer wäre ein musikalischer Zusammenhang vorstellbar, aus dem heraus etwa ein Terzgang oder eine IV-V-I-Kadenz sich buchstäblich zur Qual des Hörers gestaltete. - Wollte man dem allem entgegnen, die Redeweise von der emanzipierten Dissonanz ziele ausschließlich auf jenen „Kunstausdruck", wie er sich entsprechend der klassisch-romantischen Harmonielehre bestimmt, so bliebe immer noch wenig einsichtig, warum dann dem Umstand so wenig Bedeutung beigemessen wird, daß sich mithin ja längst auch die Konsonanz „befreit" hätte, ja hat. Eine „Emanzipation der Konsonanz" wäre - genau wie die des Gegenstücks - unter zwei Aspekten zu verstehen: einmal als Verselbständigung gegenüber dem sie „Vorbereitenden", dem sie plausibel machenden Kontext; und zum anderen geradezu als Erweiterung ihrer Kompetenzen innerhalb einer musikalischen „Sprache", eines musikalischen Mediums einer Stilepoche: nämlich auch als Ausdruck für „Unversöhntes", für den Affront, für das, was Adorno öfters den „Bruch" genannt hat, fungieren zu können. Der Gebrauch des „Dur-Wohlklangs" in manchen abgrundtraurigen Liedern Schuberts, die Verbindung höchster Verzweiflung im Liedtext mit einer manchmal geradezu frivoler Banalität der ihm musikalisch unterlegten Konsonanzen, etwa aus der „Winterreise", belegt auch unter dem Aspekt der Verselbständigung der Konsonanz, des „Wohlklangs", das, was oben über die dissonante Wirkung gesagt wurde. Dem Einwand, „Dissonanz" sei ein Terminus für etwas, was gewissermaßen „systematisch" bestimmt werden könnte, ist zumindest entgegenzuhalten, daß ihr Begriff damit der ihm innewohnenden Bedeutung der Spannung, der Beunruhigung, der Offenheit (des „So-nicht-enden-Könnens") entleert würde. Fassen wir die Dissonanz nicht als - wesentlich geschichtlich bestimmte - Stilkategorie, so reduzieren wir ihren Begriffsinhalt auf die Zusammenhänge mit den Verhältnisangeban der Naturtonreihe und leugnen ihre Anwendbarkeit auf jenen ganzen musikalischen Bereich, der auf andere als naturklangbestimmte akustische Substrate gegründet ist.

Aber noch in einer anderen Hinsicht wäre an einer derartigen positivistischen Einschränkung des Dissonanzbegriffs Kritik zu üben. Spräche man z.B. musikalischen Erscheinungsformen wie Rhythmus, Form, Klang (im Sinne der Instrumentation), Proportion oder ähnlichem die „Dissonanzfähigkeit" grundsätzlich ab, indem man den Begriff der Dissonanz in der Weise einschränkte, daß er sich nur auf Gegebenheiten beziehe, die nach dem Parameter der Tonhöhe, der Frequenz also, zu bestimmen sind, so wäre in erster Konsequenz für die anderen eben genannten Bereiche ein anderer Terminus zu finden, mit Hilfe dessen in derselben Weise die Verschränkung gestalt- und stilbezogener „Unstimmigkeit", eben der künstlerische „Affront" in Verbindung mit dem ihm korrelativen „Erschrecken" im verständigungsbetroffenen Hörer getroffen und gekennzeichnet werden könnte.

Wir sehen, wie im Begriff der Dissonanz, die dem musikalischen Ausdruck eines Inadäquaten gilt, aufs neue jene beiden Instanzen ineinandergreifen, die schon für „Musik überhaupt" - deren Erlebnis wie deren Begriff - konstitutiv waren: auch die Dissonanz ist „fundiert" *und* „produziert". Darüber hinaus bestimmt sie sich allerdings noch an jenem Dritten: dem Prinzip des die einzelnen Gestalten im Sinne der Verständigung durch die Kunst miteinander verbindenden „Stils".

Anmerkungen

1 Theodor Billroth: Wer ist musikalisch? 4. Aufl. Berlin 1912, S.99 Anm.

2 Vgl. oben, 1.Kapitel, S.78.

3 Vgl. oben, 1.Kapitel, S.63f.

4 Vgl. oben, 1.Kapitel, S.63ff.

5 Hansjörg Pauli: Für wen komponieren Sie eigentlich? Gespräche mit Komponisten, Frankfurt/Main 1971, S.14f.

7. *Typen kunstwissenschaftlicher Wertung von Musikwerken. Das musikalische Kunstwerk selbst als Zentrum in der Schematik dieser Differenzierung.*

Wenn es so ist, daß ebenso wie bei ,,Mehrdeutigkeit" und ,,Dissonanz" sich schlechthin alle Bedeutung von Musikwerken am Bezug auf die konkrete Gestalt wie auch auf den ihr zuzuordnenden stilistischen Kontext bestimmt, am ,,Was" also ebenso wie am ,,Wer", ,,Wann" und ,,Wo", so gilt dies auch für ihre ,,Bedeutungshaftigkeit" im wertenden Sinn. Carl Dahlhaus hat vorgeschlagen[1], ästhetische Urteile (denen gegenüber er übrigens - ganz im Gegensatz zu Kant - auch als ,,Geschmacksurteilen" den fortgesetzten ,,Ideologieverdacht" für angebracht hält) grundsätzlich von allen Werturteilen des Kunstwissenschaftlers zu trennen, die sich stets auf ,,sachliche Kriterien" und nicht nur aufs ,,Gefühl" gründen[2]. Sachurteile, so ist seine Folgerung, sind die Grundlage für auf diese Weise eben ,,begründete" Werturteile. Das ,,Kunsturteil" stützt sich - anders als das ,,Geschmacksurteil" - allemal auf Sachurteile, wenn es mit dem Anspruch wissenschaftlicher Haltbarkeit soll vorgebracht werden können. Ganz im Sinne der sauberen Trennung zwischen dem Verfahren des Kunstwissenschaftlers und der ,,ästhetisch rezipierenden" Haltung des vom Kunstwerk unmittelbar Betroffenen wird durch die Forderung der Differenzierung möglicher Werturteile dem Kunstwerk gegenüber in ästhetische und kunstwissenschaftliche dem simplen Umstand Rechnung getragen, daß eben nicht alle Werturteile, die zu einem Kunstwerk gefällt werden können, ipso facto auch schon Geschmacksurteile sind, selbst dann nicht, wenn sie ,,stimmen".

In drei mögliche Wertungsrücksichten lassen sich die Werturteile des Kunstwissenschaftlers einem Musikwerk gegenüber differenzieren; keine dieser Wertungsrücksichten fällt dabei mit der ,,einen" ästhetischen zusammen, wie sie im Geschmacksurteil ihren Ausdruck findet. - Aus der bloßen Analyse des konkreten Musikwerks, aufgrund der Betrachtung also der musikalisch-,,internen" Beziehungen, die zwischen seinen Einzelheiten und Zusammenhängen bestehen, ergibt sich die *gestalt*bezogene Wertung von Musikwerken; aus der Analyse des ,,Stellenwerts" eines Musikwerks innerhalb eines kunstgeschichtlichen Zusammenhangs - etwa des Stils einer Epoche -, und dies sowohl seiner ,,Herkunft" als auch seinen ,,Folgen" nach, ergibt sich die *stil*bezogene Wertung von Musikwerken; und aus dem analysierenden Bezug schließlich der stilbezogenen konkreten Musikwerke auf den jeweiligen Komponisten, bzw. dessen ,,Welt", ergibt sich die *bedeutungs*bezogene Wertung von Musikwerken.

Aus keinem dieser drei unterscheidbaren Wertungstypen lassen sich jedoch materiale Kriterien ableiten, die so, wie sie inhaltlich bestimmt sind, schon einen Wert des Musikwerks, auf das sie sich beziehen, begründeten, so daß - konsequenterweise - die Verwirklichung ihres Gegenteils ein negatives Werturteil, ein kunstwissenschaftliches Verdikt also, rechtfertigte. Stets treten in allen drei ,,Wertungsgruppen" inhaltlich konträre Kriterienpaare auf, welche eben nur ,,je nachdem" entweder den künstlerischen Wert oder aber die künstlerische Nichtigkeit eines Musikwerks begründen. Dies soll im folgenden an einigen exemplarischen Wertungen zu jedem der drei kunstwissenschaftlichen Wertungstypen erläutert werden[3].

a. *Gestaltbezogene Wertung*

Steht nur das Musikwerk selbst vor dem analysierenden Wissenschaftler und wird es unter Absehung von stilgeschichtlichen wie auch allgemeingeschichtlich-biographischen Beziehungen betrachtet, so mag sich der kritische Blick (und das heißt stets auch der wertende Blick) des Prüfenden zunächst auf das an der vorliegenden musikalischen *Gestalt* richten, was auf der Seite des „Materials" ihre Ganzheit „fundiert". Hat der Komponist zum *„richtigen" Material* gegriffen? so lautet seine erste Frage dann. - Ein Klavierstück folgt anderen Gesetzen als ein Streichquartett (die Streichquartette Schumanns hat man der „klavieristischen" Faktur geziehen), eine gesungene Melodie anderen als eine instrumentale (Vorwurf der instrumentalen Behandlung der Stimme durch Wagner) und die kammermusikalische Besetzung eines Klaviertrios anderen als die eines großen sinfonischen Orchesters (so hat man die klangliche „Überforderung" der drei Spieler in ausgedehnten, „orchestral" komponierten Partien des Tschaikowskyschen Klaviertrios kritisiert). Aber schon bei diesen drei Beispielen ergeben sich auch mögliche positive Bewertungsmaßstäbe, „je nachdem" nämlich, unter welchen Voraussetzungen ein Musikwerk gewertet wird. Es lassen sich mithin alle drei inhaltlich klar bestimmbaren Kriterien „je nachdem" zum Vorteil oder auch zum Nachteil der bewerteten Werke auslegen: instrumentale „Gemäßheit" einer durchweg „klavieristisch" komponierten Klavieretüde z.B. kann bedeuten, daß das Stück „dankbar" ist, daß es also „gut liegt"; es kann aber auch bedeuten, daß das Stück als „langweilig", uninteressant, eben als sogenannter „Pianistenzwirn" abgetan wird. Auch das Gegenteil, die Komposition, welche auf dem vom Autor vorgesehenen Instrumentarium „schwer zum Klingen zu bringen ist", schlecht „liegt" oder gar „gegen ein Instrument" komponiert ist, läßt beide - grundsätzlich verschiedenen Wertungen zu: den Tadel „ungeschickter" Instrumentation, „gesuchter" Schwierigkeit, „verkrampfter" Virtuosität auf der einen Seite und die Anerkennung „spröder" Größe, des Mittels etwa der Steigerung der Expressivität durch „anstrengende" Instrumentation auf der anderen Seite. - Gerade für diesen letzteren Fall gibt es - um auch einige Beispiele für positive Wertungen des „gegen" das Material komponierten Musikwerks anzuführen - bedeutende Belege aus so gut wie allen Zeiten der Musikgeschichte. Beethovens höchst ungehaltene Beschimpfungen eines Geigers, der ihm vorhielt, daß er nicht violingemäß komponiere, belegen die Souveränität des „Meisters", der eben nicht aus purer Unerfahrenheit schwierig auszuführende Partien schreibt, sondern Werke, die den „Aufwand lohnen". Auch das Brahmssche Violinkonzert galt als so „ungeigerisch" komponiert, daß es - selbst nach seiner Uraufführung durch Joseph Joachim - noch lange Jahre als „unspielbar" galt; selbst ein Geiger wie Pablo de Sarasate schützte kompositorische Mängel vor, um den Anforderungen einer Aufführung zu entgehen: „Ich will gar nicht leugnen, daß das an sich ganz gute Musik ist," so äußerte er sich, „aber halten Sie mich für so geschmacklos, daß ich mich auf das Podium stelle, um mit der Geige in der Hand zuzuhören, wie im Adagio die Oboe dem Publikum die einzige Melodie des ganzen Stückes vorspielt? "[4] Und auch von Gustav Mahler ist bekannt, daß er gern bewußt „gegen" die Orchesterinstrumente schrieb, da er die hörbare Bemühung des ausführenden Musikers - ganz ähnlich übrigens wie der späte Strawinsky[5] - als ein höchst wesentliches Moment musikalischen Ausdrucks ansah: „Wenn ich einen leisen verhaltenen Ton hervorbringen will, lasse ich ihn nicht ein Instrument spielen, das ihn leicht hergibt, sondern lege ihn in jenes, welches ihn nur mit Anstrengung und gezwungen, ja oft mit Überanstrengung und Überschreitung seiner natürlichen Grenzen zu geben vermag. So müssen mir Bässe und Fagott oft in den höchsten Tönen quieken, die Flöte tief unten pusten."[6]

Das Problem der Antithetik der Wertung des verwendeten Materials scheint sich nun aber doch unschwer unter dem übergeordneten Prinzip der „Ökonomie der Mittel" auflösen zu lassen: es ist eben die Frage, so könnte man argumentieren, ob jeweils die kompositorische „Größe" den Aufwand der angewendeten Mittel „rechtfertigt"; mögen sich diese nun auf die Zahl der Musiker, die Schwierigkeit der Partien, den zeitlichen „Umfang" der Komposition, die Wahl der „Gattung" oder ähnliches beziehen. Doch sogleich stellt sich ein Bedenken gegen dieses Argument ein: rechtfertigt die musikalische Substanz z.B. einer der vielen barokken Fest- oder Tafelmusiken allein schon den „Pomp" der instrumentalen Aufmachung? Fordern Weberns aphoristische Stücke für Orchester wirklich den Riesenapparat, den der Komponist verlangt? An welcher Stelle, so kann dieses Bedenken anders formuliert werden, schlägt Ökonomie der Instrumentation in Eintönigkeit, in kompositorische „Knauserei" um, und wo ist die Grenze zwischen der „Einheitlichkeit" des thematischen Materials und der Einfallslosigkeit einer Komposition, in der - letztlich doch wieder gar nicht ökonomisch - ein einziger Einfall „zu Tode geritten" wird? - Dieselbe Antithetik besteht - mutatis mutandis - aber auch zwischen „bewundernswürdigem Einfallsreichtum" und „allzu wechselhafter Sprunghaftigkeit", zwischen „thematischer Farbigkeit" und „chaotischer Zerfahrenheit", zwischen dem Durchhalten einer Grundstimmung und musikalischer Langeweile, zwischen „verschwenderischer Fülle" und dem „zerfallenden Potpourri". Selbst noch Kategorien wie „intellektuelle" und „intuitive" Komposition lassen sich nach beiden Seiten deuten: die erstere mag als „durchgeistigt" wie auch als „gesucht", „artifiziell", die letztere als „natürlich", „lebensvoll" wie auch als „unreflektiert", „naiv-unbedeutend" gewertet werden. Ja, sogar das kompositorisch Inkonsistente, das sich aus dem Gestaltzusammenhang gerade nicht „Ergebende", kann als „Witz", aber auch als Ungeschicklichkeit auftreten.

Bei all diesen möglichen Wertungen bildet der jeweilige Gestaltzusammenhang des konkreten Werks zwar stets den Wertungs*anlaß*; aus welchen *Gründen* aber Ökonomie, Kontrast, Konstruktion, Fülle, Stimmigkeit, Virtuosität oder ähnliches einmal zum Vorteil, ein anderes Mal zum Nachteil eines Musikwerks ausschlägt, läßt sich allerdings kaum einmal nur aus dem - absolut betrachteten - Zusammenhang der Gestalt heraus nachweisen. In nahezu allen Fällen geht die Entscheidung über Wert oder Unwert eines nach bestimmten Kompositionsprinzipien gestalteten Musikwerks eben nur aus der die Gestaltanalyse begleitenden Betrachtung der stilgeschichtlichen Situation hervor, in die das zur Diskussion stehende Werk von seinem Autor „hineingeschrieben" wurde.

b. *Stilbezogene Wertung*

Wenn Carl Dahlhaus in seiner schon öfter zitierten Arbeit über „Analyse und Werturteil"[7] in der Musik dem „Ave Maria" von Gounod einerseits „kompositorische Makellosigkeit" bescheinigt, andererseits den „Kitschcharakter" dieser Bach-Bearbeitung aber nicht verkennt, so gibt er ein schlagendes Beispiel für das

Nebeneinandertreten der beiden Wertungstypen, von denen soeben die Rede war. Das Lob vom hohen kompositorischen Rang bezieht sich nur auf die Gestalt: die Faktur der Melodie in ihrem Verhältnis zur harmonischen „Grundierung". Der Tadel des Verdikts „Kitsch" jedoch trägt zunächst einmal dem Umstand Rechnung, daß hier ein - vielleicht allzu - beliebtes Praeludium Bachs, das - wenn schon nicht für sich selbst zu wirken - zur Vorbereitung einer Fuge erfunden wurde, durch „Umfunktionierung" zur Begleitung „gezwungen" worden ist; darüber hinaus mag das Verdikt sich vielleicht auch auf die „gestohlene Popularität" jenes Vokalstücks beziehen, bzw. auf die Tatsache, daß Gounod zu einem der bekanntesten Stücke der Klavierliteratur griff, die es überhaupt gibt. Jede dieser beiden kritischen Wertungen bezieht sich auf die musikgeschichtliche Stellung der Bearbeitung Gounods, und auf die Bachsche Komposition nur insoweit, als sie hinsichtlich ihrer Wirkungsgeschichte zur Diskussion steht; wir können sie daher als die stilbezogene Wertung des Musikhistorikers bezeichnen.

Wieder ergibt sich auch für die Kategorien, welche sich mit Bezug auf diesen zweiten Wertungstyp ergeben, deren Ambivalenz: das Avantgardistische und das Konservative, das Eigene und das Übernommene mag sich jeweils positiv oder negativ auf die stilbezogene Wertung eines Musikwerks auswirken, und dies wiederum - um es absichtlich noch nicht endgültig auf einen bestimmten Bereich von Wertungsrücksichten einzuschränken - eben „je nachdem".

Es sind samt und sonders stilgeschichtliche Kategorien und Charakterisierungen, welche den Abstand zwischen dem Eigenen und dem Nachgemachten benennen: sämtlich beziehen sie sich auf die bewußte Haltung oder eben die unreflektierte Stellung eines Komponisten zur „Geschichte" der Musik. Wollte man es versuchen, diese möglichen Charakterisierungen nach systematischen Gesichtspunkten zu ordnen, so könnte man zunächst danach differenzieren, ob das betrachtete Musikwerk eher an der Tradition orientiert ist oder eher auf „Fortschritt" ausgerichtet. - Für die *traditionell-konservative Seite* ergeben sich als negative Wertungen das Epigonale, das Nachgemachte, das Kopierte; als ambivalente Wertungen das Prädikat der „Stilkopie", der „schulmäßigen" Komposition oder des „historisierenden" kompositorischen Rückbezugs auf Stile und Techniken früherer Epochen bis hin zum „Archaisierenden"; und als positive Wertungen die Charakterisierung eines Komponisten als „getreuer Musikmeister", als des in seinem Metier erfahrenen „Meisters" einer „Schule", eines die Errungenschaften kompositorischer Entwicklungen „Bewahrenden" und „Sichernden". Für den *Bereich des „Zeitgemäßen"* ergibt sich die Kritik am Musikwerk, das bloß in eine Mode hineinkomponiert wurde, die ambivalente Wertung des „Konventionellen" sowie das Lob des „Modernen", bei dem das Eigenständige überwiegt und somit nicht selten zur stilistischen Fortentwicklung auffordert, allerdings noch nicht zum allzu Neuartigen - „je nachdem" - „gediehen" oder „denaturiert" ist. Der *Wertungsbereich des „Neuen"* umfaßt die Ablehnung des „Unverständlichen", „Verkrampften" und der „nihilistischen Scharlatanerie", die ambivalente Wertungen des „Konzessionslosen", des „Bruchs", des „Unerhörten" sowie die Bewunderung für das „Mutige", „Revolutionäre" und „Einsame"[8] des aufgrund eigener Souveränität sich über eine Tradition erhebenden Komponisten.

Als Beleg für die Ambivalenz mancher, wohl gar der meisten, Wertungsrücksichten, soweit sie auf den stilgeschichtlichen „Stellenwert" eines Musikwerks bezogen sind, sei auf einen Begriff hingewiesen, der beim erbitterten Streit um die Musik Richard Wagners immer wieder benutzt wurde; es handelt sich um den von den Verehrern wie von den erbitterten Gegnern gleichermaßen ins Feld geführten Begriff der „Zukunftsmusik". Von Richard Wagner selbst in der Form „Musik der Zukunft", „Kunstwerk der Zukunft" erfunden und propagiert, wurde der Ausdruck für die einen zur Devise auf dem Panier derer, die Kunst zu neuen Ufern geführt sahen; für die anderen wurde er zum Schimpfwort, zur Verspottung einer Musik, welche sich um den positiven Kontakt zum Stil der Zeit nicht mehr zu bemühen schien und welche im Verdacht stand, gar nicht mehr als Medium der Verständigung für den Hörer der Gegenwart fungieren zu wollen.

c. *Bedeutungsbezogene Wertung*

Noch einen dritten Typ möglicher Wertungsrücksicht dem musikalischen Kunstwerk gegenüber gilt es zu charakterisieren; er betrifft weder nur die musikalische Gestalt des Musikwerks mit der Wertung ihres Reichtums oder ihrer Armut an „internen Beziehungen", noch auch betrifft er bloß die Würdigung der Abhängigkeiten, der Eigenständigkeit oder der wirkungsgeschichtlichen „Brisanz" bzw. Folgenlosigkeit eines Musikwerks im Zusammenhang mit der „Geschichte der musikalischen Gestalten", sondern er bezieht sich auf diejenigen Momente, die ein Musikwerk im Sinne der Verständigung „bedeutungsvoll" machen. Dieser Wertungstyp betrifft mithin die Relation zwischen dem Musikwerk und seiner „Umwelt", d.h. den Motiven für sein Entstehen, der biographischen „Situation" seines Autors, seinem „Ausdruck", seiner „Absicht" und auch seiner Wirkung ins Außermusikalische.

Bedenken wir nur, daß es in der Musikgeschichte eine Zeit gab, in der die Instrumentalmusik, folgte sie nicht einem Programm, das ihren „Inhalt" bestimmte, als „leer", „stumm", eben „nichtssagend" galt, so wird deutlich, daß auch die Würdigung der „Tiefe", „Ausdruckskraft", der „persönlichen Aussage", der musikalischen „Poesie" des religiösen „Gehalts", der „Illustration" eines Textes, jedoch auch der „geschichtlichen Zeugenschaft"[9], der „Widerspiegelung" einer gesellschaftlichen Situation oder des „Reflexes" auf eine Zeit und deren „Zeitgeist" zunächst einmal möglich und zum Verständnis auch durchaus nötig ist, darüber hinaus jedoch auch in einer anderen „Blickrichtung" erfolgt als die gestalt- und die stilbezogene kunstwissenschaftliche Wertung. Schon die Frage, welche *Funktionen* die Musik im allgemeinen Bewußtsein der Zeit des Komponisten hatte: ob sie z.B. (1) einer bestimmten Funktion (und nur dieser) zu dienen hatte; ob sie (2) aufgrund gesellschaftsgeschichtlicher Gründe eine Kunst ausschließlich für die Oberschicht war; ob sie (3) dem Krieg oder dem Frieden zu dienen komponiert wurde; und ob sie schließlich - um ganz Heterogenes zu nennen - (4) zur „Hausmusik" werden „sollte"; - schon diese Fragen machen die Analyse von Funktion, beabsichtigter Wirkung und tatsächlicher Wirkung sowie der allgemeingeschichtlich-soziologischen Stellung der Musik im Zusammenhang mit dem zu würdigenden Musikwerk unerläßlich. Erst die Resultate dieser Analyse machen es möglich, das konkrete Musikwerk seinem - über das rein Musikalische hinausgehenden - „Gehalt" nach zu „verstehen", denn „Geschichte darf der Gehalt der Kunstwerke heißen. Kunstwerke analysieren heißt soviel wie der in ihnen aufgespeicherten immanenten Geschichte innezuwerden."[10]

Zur Verdeutlichung der - eigenständigen - Wertungsrücksicht der zum guten Teil eben außermusikalischen „Bedeutung" von Musikwerken sei jedem der vier soeben angeführten Wertungsgesichtspunkte ein konkretes Beispiel zur Seite gestellt. - (1) Nur unter der Voraussetzung der historischen Kenntnis jener bestimmten Funktion kann die „Bedeutung" eines in diesem Sinn funktionalen Musikstückes erfaßt und gewürdigt werden. (2) Nur gemäß gesellschaftshistorischer Resultate läßt sich abwägen - und somit auch würdigen - was Gustav Mahler damit „sagen" wollte, wenn er im 3. Satz seiner dritten Sinfonie „die Musik der armen Leute zu Wort kommen läßt", und danach auch erst die Frage stellen, ob überhaupt die Posaune im großen Rezitativ des ersten Satzes „zum Aufstand bläst"[11]. (3) Nur unter Kenntnis der Gründe, der Entwicklung und der Bedeutung des Patriotismus in Deutschland bis zum Ausbruch des Ersten Weltkriegs läßt sich Max Regers „Vaterländische Ouvertüre" op. 140 - gewidmet „Dem deutschen Heere!" - richtig einordnen. (4) Nur unter der Berücksichtigung der Tatsache, daß sich die meisten Laienmusizierenden angesichts der unüberwindlichen Schwierigkeiten wie auch eines gewissen „Mangels" an zeitgenössischer Kammermusik endgültig in die Vergangenheit „zurückzuziehen" drohten, ist Hindemiths Bemühung um „spielbare" und doch progressive Musik richtig zu würdigen.

Vor dem Hintergrund dieser Überlegungen wird es einsichtig, auf welchen Grundlagen die marxistisch-leninistische „Widerspiegelungstheorie" der Kunst - und somit auch der Musik - fußt: alle Musik ist, insofern sie Medium der Verständigung ist und insofern ihre Sprache „wie eine jegliche vom kollektiven Unterstrom konstituiert" ist[12], auch auf die Wertung der Verbindung einer „gesellschaftlichen Aussage" mit einer „adäquaten künstlerischen Formung"[13] hin zu betrachten. Nicht nur vom Komponisten ausdrücklich „angesteuerte" Darstellungs- oder Ausdrucksfunktionen also sind es, die die geschichtliche „Bedeutung" eines Musikwerks „ausmachen", sondern auch sein „Reflex", seine vielleicht gerade nicht beabsichtigte kompositorische Reaktion auf seine Zeit. Diese mag sich auch in den Problemen der Form und der Gattungen widerspiegeln, so daß die - für die Gesellschaftswissenschaft von der Musik aufgestellte - Forderung Tibor Kneifs: „Gegenstand der Musiksoziologie sind die geschichtlich konkreten Formen des gesellschaftlichen Daseins, die sich in der musikalischen Gattungs- und Stilgeschichte niederschlagen"[14], unter dem Aspekt der primär bedeutungsbezogenen Wertung des Kunstwissenschaftlers nur allzu berechtigt ist. Es ist demgegenüber jedoch stets zu bedenken, daß diese Forderung *so* auf die positive *Kunst*wissenschaft von der Musik nicht zu übertragen ist; diese hat nämlich eher - wenn auch „indirekt" so doch primär - den ästhetischen irrationalen „Rest" der Kunstwerke zu bestimmen, und dies eben in Abgrenzung vom Inbegriff der Faktoren, die an ihnen - theoretisch - bestimmt werden mögen, als die Kunstwerke „restlos" in „uneingeschränkter Geschichtlichkeit" aufgehen zu lassen[15].

Wenn im vorausgegangenen Abschnitt dieser Untersuchung zur Differenzierung möglicher Wertungstypen eine Einteilung vorgeschlagen wurde, deren Prinzip auch schon zur Auffächerung der unterscheidbaren Typen der „Bedeutung" von Musik angewandt wurde[16], so primär deshalb, weil diese sich ohne die Notwendigkeit methodisch-dogmatischer oder kunstphilosophisch-doktrinärer „stillschweigender" Voraussetzungen gleichsam „zwanglos" ergibt; im Zentrum dieser Differenzierung steht das Musikwerk selbst. Die Gestalt des Musikwerks baut sich auf ihren fundierenden Elementen auf, auf den Einzelheiten und Zusammenhängen, aus denen sie komponiert ist; das Musikwerk „besteht" geradezu aus diesen seinen „internen" Beziehungen. Darüber hinaus jedoch steht es als konkretes Faktum in Relation zu vielen anderen konkreten Fakten, und aus diesen Relationen ergeben sich die „externen" Beziehungen des Musikwerks. Diese auf ein Musikwerk bezogenen, für es „bedeutungsvollen", Fakten nun lassen sich gewiß auf mannigfache Weise „systematisierend" aufgliedern; in dieser Untersuchung wurde eine Einteilung gewählt, die das Werk selbst als Zentrum und Angelpunkt dieser Einteilung in den Vordergrund stellt: Ein Musikwerk bezieht sich entweder auf andere Werke (in ihrer geschichtlich-zeitlichen „Erstreckung") und dies entweder der „Ursache" (Rückbezug) oder der „Wirkung" (Vorausweisen) nach; oder es bezieht sich auf die - gleichzeitige - „Welt" des Komponisten und und hier entweder auf seine eigene „Biographie" („Innenwelt") oder auf die Welt der „Tatsachen" („Außenwelt"). Die zentrale Stellung des Musikwerks innerhalb seiner möglichen Verweisungsbezüge, deren jeder auch der kunstwissenschaftlichen Wertung unterliegen mag, läßt sich in der folgenden schematischen Darstellung veranschaulichen:

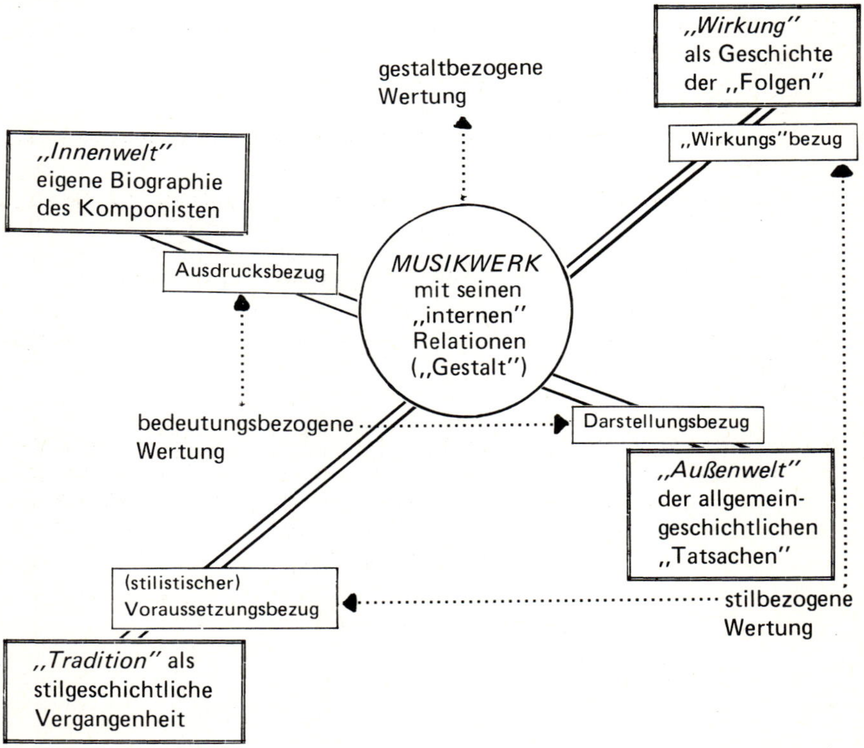

Anmerkungen

1 Carl Dahlhaus, Analyse und Werturteil, Mainz 1970 (= Musikpädagogik Bd.8).

2 Ebd., S.26: „Das Geschmacksurteil, das Kant analysierte, muß allerdings, wenn nicht grobe Mißverständnisse entstehen sollen, vom Kunsturteil, der Kritik an Kunstwerken, unterschieden werden."

3 Zu dem Einteilungsgrund dieser Differenzierung, die - ebenso wie schon die Unterscheidung der verschiedenen Typen des musikalischen Verweises (vgl. oben, 1.Kapitel, S.58-64) - alles andere als wirklich vollständig oder gar prinzipiell ist, vgl. unten, 3. Kapitel, S.182f.

4 Zitiert nach G.W. Baruch, Konzertführer, Frankfurt 1960, S.58.

5 Eines der besten Beispiele wäre etwa schon das „gefürchtete" Anfangs-Solo des Fagotts im „Le Sacre du Printemps", das nach dem Wunsch des Komponisten „gequält" klingen soll.

6 Zitiert nach: Natalie Bauer-Lechner, Erinnerungen an Gustav Mahler, Leipzig/Wien/ Zürich 1923, S.151.

7 Vgl. oben, 3.Kapitel, S.176.

8 Hierhin gehört sicher auch die positive Wertung der naiv-unbekümmerten Schreibweise eines Komponisten wie Charles Ives.

9 Vgl. Walter Benjamin, Das Kunstwerk im Zeitalter seiner technischen Reproduzierbarkeit (1936), Frankfurt/Main 1967, S.15f.

10 Theodor W. Adorno, Ästhetische Theorie, Frankfurt/Main 1970 (= Gesammelte Schriften Bd.7), S.132.

11 Nach einem Vortrag Dieter Schnebels zu dieser Sinfonie, gehalten in Bonn, Dezember 1975.

12 Theodor W. Adorno, a.a.O., S.133.

13 Vgl. dazu: Zofia Lissa, Fragen der Musikästhetik. Einige Probleme der Musikästhetik im Lichte der Arbeit J.W. Stalins „Der Marxismus und die Fragen der Sprachwissenschaft", Berlin/Ost 1954; insbesondere das Kapitel „Die Wertkriterien in der Musik", S.159-197. - Vgl. auch: Hellmuth Christian Wolff, Geschichte und Wertbegriff, in: Festschrift Friedrich Blume, Kassel 1963, S.398-405.

14 Tibor Kneif, Der Gegenstand musiksoziologischer Erkenntnis, in: Archiv für Musikwissenschaft, Bd.25, 1966, S.213-236, hier: S.215.

15 Vgl. oben, 3.Kapitel, S.168.

16 Vgl. oben, 1.Kapitel, S.58-64.

Personenregister

Adorno, Theodor W., 9, 12, 34, 140, 141, 143, 174, 182
Ansermet, Ernest, 36, 40

Bach, Johann Sebastian, 17, 59, 89, 97, 98, 101, 124, 126, 178, 179
Bartók, Béla, 84, 96
Baruch, G.W., 182
Bauer-Lechner, Natalie, 182
Beethoven, Ludwig van, 37, 56, 60, 62, 67, 74, 75, 97, 100, 125, 134, 140, 146, 177
Benjamin, Walter, 182
Billroth, Theodor, 171, 175
Blume, Friedrich, 16, 19, 36, 40
Boulez, Pierre, 128, 134
Brahms, Johannes, 102, 121, 140, 173, 177
Britten, Benjamin, 62
Bruckner, Anton, 98, 134

Cage, John, 42, 130, 131, 134
Copland, Aaron, 134
Couperin, Louis, 68, 123, 124
Curtis, Alan, 123

Dahlhaus, Carl, 12, 17, 19, 28, 30, 85, 87, 89, 101, 102, 176, 178, 182
Deutsch, Otto Erich, 97
Diabelli, Antonio, 60
Dietrich, Albert, 102
Doflein, Erich, 32, 34
Dorn, Heinrich, 80
Dvořak, Antonin, 42, 62

Ehrenfels, Christian von, 112
Eimert, Herbert, 127, 128, 133, 134
Engels, Friedrich, 173

Franke, H.W., 149
Froberger, Johann Jakob, 68

Gieseler, Walter, 34
Goethe, Johann Wolfgang von, 67
Gounod, Charles, 178, 179

Händel, Georg Friedrich, 37, 126
Haller, Rudolf, 87
Halm, August, 102
Hanslick, Eduard, 36, 43
Hartmann, Nicolai, 5, 34, 41-52, 68, 87, 111 111
Hegel, Georg Wilhelm Friedrich, 36, 38-39, 40, 41, 58
Herder, Johann Gottfried, 85
Hindemith, Paul, 36, 181
Hoboken, Antony van, 97
Hönigswald, Richard, 6, 23, 24, 43, 68, 70, 73, 77-78, 100, 101, 103-112, 149
Hummel, Johann Nepomuk, 134
Humpert, Hans-Ulrich, 133, 134
Huxley, Aldous, 26

Ingarden, Roman, 10, 12, 45-46, 49
Ives, Charles, 182

Jäsche, Gottlob Benjamin, 165
Janaček, Leos, 67
Joachim , Joseph, 177
Jodl, Friedrich, 81

Kant, Immanuel, 7, 9, 38, 40, 140, 143, 152, 155, 157-166, 176, 182
Kinsky, Georg, 102
Kleist, Heinrich von, 67
Kneif, Tibor, 10, 12, 83, 150, 156, 181, 182
Kodály, Zoltán, 84, 96
Köchel, Ludwig Ritter von, 97
Křenek, Ernst, 30, 36, 40, 61, 101
Kuhnau, Johann, 59, 64, 134

Leibniz, Gottfried Wilhelm, 36
Levin, Walter, 134
Ligeti, György, 32
Lissa, Zofia, 10, 12, 102, 182

Lutosławski, Witold, 65, 123, 124, 126, 134

Mälzel, Johann Nepomuk, 119, 121
Mahler, Gustav, 31, 32, 134, 173, 177, 181, 182
Marx, Karl, 173, 181
Mellin, George Samuel Albert, 165
Mendelssohn-Bartholdy, Felix, 62, 140
Messiaen, Olivier, 37, 42, 96, 114
Metzger, Wolfgang, 101
Meyer-Eppler, Werner, 128, 134
Milhaud, Darius, 131
Morgenstern, Christian, 26
de la Motte, Diether, 129
Mozart, Wolfgang Amadeus, 17, 42, 97, 126, 133, 161

Napoleon Bonaparte, 42

Oberer, Hariolf, 34, 49, 50-52, 110, 111

Panofsky, Erwin, 102
Panofsky, Walter, 81
Pascal, Blaise, 95
Pauli, Hansjörg, 175
Penderecki, Krzysztof, 59, 60
Pergolesi, Giovanni Battista, 56
Platen, Emil, 134
Pythagoras, 36

Reger, Max, 181
Révész, Géza, 34
Ringelnatz, Joachim, 134
Riemann, Hugo, 15
Rolland, Romain, 80
Rossini, Giacomo, 56, 60, 72

Saint-Saens, Camille, 37
Sarasate, Pablo de, 177
Scarlatti, Domenico, 42, 80
Schnebel, Dieter, 60, 173, 182
Schönberg, Arnold, 13, 67, 93, 96, 173
Schostakowitsch, Dmitri, 61
Schubert, Franz, 40, 62, 96, 97, 100, 102, 140, 173, 174
Schumann, Robert, 56, 61, 80, 81, 102, 177
Silcher, Friedrich, 60, 61
Skrjabin, Alexander, 26, 28
Smetana, Friedrich, 59, 64
Spitta, Philipp, 17, 19, 22
Stenzel, Julius, 66, 69
Stifter, Adalbert, 67
Stockhausen, Karlheinz, 125, 126, 131, 134
Strauß, Richard, 56, 80, 81
Strawinsky, Igor, 44, 55, 56, 57, 60, 72, 80, 177

Telemann, Georg Philipp, 17, 59
Tschaikowsky, Peter Iljitsch, 56, 62, 81, 134, 177

Verdi, Giuseppe, 31
Vetter, Michael, 129
Vivaldi, Antonio, 59

Wagner, Hans, 156
Wagner, Richard, 171, 177, 180
Weber, Max, 40
Webern, Anton von, 98, 99, 178
Wellek, Albert, 10, 12
Wiora, Walter, 57
Wolandt, Gerd, 110, 111
Wolf, Hugo, 140, 143
Wolff, Hellmuth Christian, 182

Xenakis, Jannis, 94, 131

Zimmermann, Bernd Alois, 61
Zweig, Stefan, 107

Bibliographische Angaben zur erwähnten Literatur

Adorno, Theodor W.: Philosophie der Neuen Musik, Tübingen 1949 (Gesammelte Schriften, Bd.12, Frankfurt/Main 1975).

— Dissonanzen. Musik in der verwalteten Welt, Göttingen 1956 (Gesammelte Schriften, Bd.14, Frankfurt/Main 1973, S.7-167).

— Mahler. Eine musikalische Physiognomik, Frankfurt/Main 1960 (in: Die musikalischen Monographien, Gesammelte Schriften, Bd.13, Frankfurt/Main 1971, S.151-319).

— Ästhetische Theorie, Frankfurt/Main 1970 (Gesammelte Schriften, Bd. 7, Frankfurt/Main 1972).

Ambros, August Wilhelm: Die Grenzen der Musik und Poesie. Ein Beitrag zur Ästhetik der Tonkunst, Prag 1856, 2. Aufl. Leipzig 1885.

Ansermet, Ernest: Les fondements de la musique dans la conscience humaine, Neuchatel 1961 (Die Grundlagen der Musik im menschlichen Bewußtsein. Übers. v. H. Leuchtmann u. E. Maschat, München 1965, 2. Aufl. München 1973).

Baruch, G.W.: Konzertführer, Frankfurt/Main 1960.

Bauer-Lechner, Natalie: Erinnerungen an Gustav Mahler, Leipzig/Zürich 1923.

Benjamin, Walter: Das Kunstwerk im Zeitalter seiner technischen Reproduzierbarkeit (1936), Frankfurt/Main 1967 (= Edition Suhrkamp Nr.28).

Billroth, Theodor: Wer ist musikalisch? Nachgelassene Schrift, hrsg. v. Eduard Hanslick, Berlin 1895, 4. Aufl. Berlin 1912.

Blume, Friedrich: Was ist Musik? Ein Vortrag, 2. Aufl. Kassel/Basel 1960 (= Musikalische Zeitfragen. Schriftenreihe des Deutschen Musikrats, Bd.5).

Boetticher, W. (Hrsg.): Robert Schumann in seinen Schriften und Briefen. Eingeleitet u. mit biographischen Erläuterungen versehen von W. Boetticher, Berlin 1942.

Boulez, Pierre: Alea, in: La nouvelle Revue française 59 (November 1957), (Alea, übers. v. Heinz-Klaus Metzger, in: Darmstädter Beiträge zur Neuen Musik, Bd.1, Mainz 1958).

— Werkstatt-Texte, aus dem Französischen von Joseph Häusler, Frankfurt/ Main / Berlin 1972.

— Musique traditionnelle, un paradis perdu, in: Informations UNESCO, Nr.511, 1967.

Bühler, Karl: Die Gestaltwahrnehmungen. Experimentelle Untersuchungen zur psychologischen und ästhetischen Analyse der Raum- und Zeitanschauung, Bd.1, Stuttgart 1913.

Busoni, Ferruccio: Entwurf einer neuen Ästhetik der Tonkunst (1906). Wiesbaden 1954 (= Insel-Bücherei, Nr.202).

Cage, John: Unbestimmtheit, in: Die Reihe 5 (Wien 1959), S.85-121.

— Silence. Lectures and Writings, Cambridge (Mass.) / London 1969.

Dahlhaus, Carl: Zu Kants Musikästhetik, in: Archiv für Musikwissenschaft 10 (1953), S.338-347.

— Musikästhetik, Köln 1967 (= Musik Taschen-Bücher 255; Theoretica, Bd.8).

— Analyse und Werturteil, Mainz 1970 (= Musikpädagogik. Forschung und Lehre, Bd.8).

— (Hrsg.): Einführung in die systematische Musikwissenschaft. Unter Mitarbeit von Tibor Kneif, Helga de la Motte-Haber und Hans-Peter Reinecke hrsg. v. Carl Dahlhaus, Köln 1971 (= Musik Taschen-Bücher 263; Theoretica, Bd.10).

Doflein, Erich: Ueber Gestalt und Stil in der Musik. Ein Beitrag zur Relationspsychologie der Produktion, Masch. Diss. Breslau o.J. [1924]. [Neuausg. durch H. Oberer: Kastellaun 1978 in Vorb.].

Ehrenfels, Christian von: Über Gestaltqualitäten, in: Vierteljahresschrift für wissenschaftliche Philosophie, Bd.14, 3.

Eimert, Herbert: Grundlagen der musikalischen Reihentechnik, Wien 1964.

— und Hans Ulrich Humpert: Das Lexikon der elektronischen Musik, Regensburg 1973 (= bosse musik paperback 2).

Franke, Herbert W.: Grundriß einer kybernetischen Ästhetik, in: Information und Kommunikation, München / Wien 1968, S.141ff.

Gieseler, Walter: Komposition im 20. Jahrhundert. Details - Zusammenhänge, Celle 1975.

Haller, Rudolf: Ein Problem der Objektivität ästhetischer Wertungen, in: Neue Hefte für Philosophie, Bd.5, S.117ff.

Hanslick, Eduard: Vom musikalisch-Schönen. Ein Beitrag zur Revision der Ästhetik der Tonkunst, Leipzig 1854 (Unveränderter Nachdruck: Darmstadt 1965).

Hartmann, Nicolai: Das Problem des geistigen Seins, Berlin 1933, 3. Aufl. Berlin 1962.

— Zur Grundlegung der Ontologie, Berlin 1949, 4. Aufl. Berlin 1965.

— Ästhetik, Berlin 1953, 2. Aufl. Berlin 1966.

Hegel, Georg Wilhelm Friedrich: Vorlesungen über die Ästhetik, hrsg. v. Friedrich Bassenge, 2 Bde., Berlin / Weimar 1955.

Helmholtz, Hermann von: Die Lehre von den Tonempfindungen als physiologische Grundlage für die Theorie der Musik, Braunschweig 1863, 6.Aufl. Braunschweig 1913 (Unveränderter Nachdruck: Hildesheim 1968).

Hindemith, Paul: Verschmutzte Gewässer. Ein Vortrag, gehalten anläßlich der Verleihung des Ordens „Pour le merite" in Bonn 1963.

Hönigswald, Richard: Die Grundlagen der Denkpsychologie. Studien und Analysen (1920), 2. Aufl. Leipzig 1925 (Unveränderter Nachdruck: Darmstadt 1965).

— Vom Problem des Rhythmus. Eine analytische Betrachtung über den Begriff der Psychologie, Leipzig / Berlin 1926 (= Wissenschaftliche Grundfragen, Bd.5).

— Philosophie und Sprache. Problemkritik und System. Basel 1927 (Unveränderter Nachdruck: Darmstadt 1970).

— Grundfragen der Erkenntnistheorie. Kritisches und Systematisches, Tübingen 1931 (= Beiträge zur Philosophie und ihrer Geschichte, Bd.1).

— Die Grundlagen der allgemeinen Methodenlehre, 2 Teile, im Auftrag des Hönigswald-Archivs hrsg. v. Hariolf Oberer u.a., Bonn 1969/1970 (= Richard Hönigswald. Schriften aus dem Nachlaß, Bde. 7-8).

— Wissenschaft und Kunst. Ein Kapitel aus ihren Theorien, im Auftrag des Hönigswald-Archivs hrsg. v. Gerd Wolandt, Stuttgart 1961 (= Richard Hönigswald. Schriften aus dem Nachlaß, Bd.4).

Huber, Kurt: Musikästhetik, bearb. u. hrsg. v. Otto Ursprung, Ettal 1954.

Ingarden, Roman: Untersuchungen zur Ontologie der Kunst: Musikwerk - Bild - Architektur - Film (1928), Tübingen 1962.

Jodl, Friedrich: Musik und Metaphysik, in: Vom Lebenswege, Gesammelte Vorträge und Aufsätze, hrsg. v. Wilhelm Börner, Bd.2 (1917), S.634-643.

Kant, Immanuel: Kritik der reinen Vernunft (1. Aufl. 1781, 2. Aufl. 1787), hrsg. von der Königlich Preußischen Akademie der Wissenschaften („Akademie-Ausgabe" Bd.3), Berlin 1904/1911 (Unveränderter Nachdruck: Berlin 1968).

— Kritik der Urtheilskraft (1790), hrsg. von der Königlich Preußischen Akademie der Wissenschaften („Akademie-Ausgabe" Bd.5), Berlin 1908/1913 (Unveränderter Nachdruck: Berlin 1968).

— Die Metaphysik der Sitten (1797), hrsg. von der Königlich Preußischen Akademie der Wissenschaften („Akademie-Ausgabe" Bd.6), Berlin 1907/1914 (Unveränderter Nachdruck: Berlin 1968).

— Logik [Immanuel Kants Logik. Ein Handbuch zu Vorlesungen, hrsg. v. Gottlob Benjamin Jäsche, Königsberg 1800], hrsg. von der Königlich Preußischen Akademie der Wissenschaften („Akademie-Ausgabe" Bd.9), Berlin 1923 (Unveränderter Neudruck: Berlin 1968).

Karkoschka, Erhard: Das Schriftbild der Neuen Musik. Bestandsaufnahme neuer Notationssymbole. Anleitung zu deren Deutung, Realisation und Kritik, Celle 1966.

Kneif, Tibor: Musikästhetik, in: Einführung in die systematische Musikwissenschaft, hrsg. v. Carl Dahlhaus u.a., Köln 1971, S.133-169.

— Adorno und Stockhausen, in: Zeitschrift für Musiktheorie 4 (1973), S.34-38.

Křenek, Ernst: Grundideen einer neuen Musikästhetik, in: Zur Sprache gebracht. Essays über Musik, München 1958.

Lissa, Zofia: Fragen der Musikästhetik. Einige Probleme der Musikästhetik im Lichte der Arbeit J.W. Stalins „Der Marxismus und die Fragen der Sprachwissenschaft", Berlin 1954.

— Über das Spezifische der Musik, Berlin 1957.

— Die ästhetischen Funktionen der Stille und der Pause in der Musik, in: Studien zur Musikwissenschaft, Bd.25 (= Festschrift für Erich Schenk), Graz / Wien / Köln 1962, S.315-346.

— Ästhetik der Filmmusik, Berlin 1965.

— Über das Wesen des Musikwerks, in: Die Musikforschung 21 (1968), S.157-182; und in: Zofia Lissa, Neue Aufsätze zur Musikästhetik, Wilhelmshaven 1975 (= Taschenbücher zur Musikwissenschaft, Bd.28), S.1-54.

Mellin, George Samuel Albert: Encyclopädisches Wörterbuch der kritischen Philosophie oder Versuch einer fasslichen Erklärung der in Kants kritischen und dogmatischen Schriften enthaltenen Begriffe und Sätze mit Nachrichten, Erläuterungen und Vergleichungen aus der Geschichte der Philosophie begleitet, und alphabetisch geordnet, 5 Bde., Züllichau / Leipzig 1797/1803.

Mersmann, Hans: Zur Phänomenologie der Musik, in: Zeitschrift für Ästhetik und allgemeine Kunstwissenschaft 19 (1925), S.372-397.

— Versuch einer musikalischen Wertästhetik, in: Zeitschrift für Musikwissenschaft 17 (1935), S.33-47.

Metzger, Wolfgang: Psychologie. Die Entwicklung ihrer Grundannahmen seit der Einführung des Experiments, 12. Aufl., Darmstadt 1954 (= Wissenschaftliche Forschungsberichte. Naturwissenschaftliche Reihe, Bd.52).

Meyer-Eppler, Werner: Statistische und psychologische Klangprobleme, in: Die Reihe 1 (Wien 1955), S.22-28.

Motte, Diether de la: Die Sprache der modernen Musik, in: musica 21 (1967), S.49-54.

Oberer, Hariolf: Vom Problem des objektivierten Geistes. Ein Beitrag zur Theorie der konkreten Subjektivität im Ausgang von Nicolai Hartmann, Köln 1965 (= Kantstudien. Ergänzungshefte, Bd.90).

Panofsky, Erwin: Der Begriff des Kunstwollens, in: Zeitschrift für Ästhetik und allgemeine Kunstwissenschaft 14 (1920), S.321-339.

— Zum Problem zur Beschreibung und Inhaltsdeutung von Werken der bildenden Kunst, in: Logos 21 (1932), S.103-119.

Panofsky, Walter: Richard Strauß. Partitur eines Lebens, München 1965.

Hopf, Andreas: Die Struktur des ästhetischen Urteils, München 1968.

Pauli, Hansjörg: Für wen komponieren Sie eigentlich? Gespräche mit Komponisten, Frankfurt/Main 1971.

Platen, Emil: Ein Notierungsproblem in Beethovens späten Streichquartetten, in: Beethoven-Jahrbuch 1971/72, Bonn 1975, S.147-156.

Révész, Géza: Zur Grundlegung der Tonpsychologie, Leipzig 1913.

— Prüfung der Musikalität, in: Zeitschrift für Psychologie 85 (1920), S.163-209.

— Gibt es einen Hörraum? Haag 1937.

— Einführung in die Musikpsychologie, Bern 1946.

Riemann, Hugo: Geschichte der Musiktheorie, Berlin 1921. (Unveränderter Nachdruck: Hildesheim 1962).

Spitta, Philipp: Kunstwissenschaft und Kunst, in: Zur Musik. Sechzehn Aufsätze, Berlin 1892.

Stenzel, Julius: Sinn, Bedeutung, Begriff, Definition. Ein Beitrag zur Frage der Sprachmelodie, Darmstadt 1958.

Strawinsky, Igor: Musikalische Poetik (1939), übers. v. H. Strobel, Mainz 1960 (= Insel Bücherei, Nr. 713).

Wagner, Hans: Philosophie und Reflexion, München / Basel 1959.

Weber, Max: Die rationalen und soziologischen Grundlagen der Musik, München 1921; Neuausgabe: Tübingen 1972 (= UTB Taschenbücher, Nr. 122).

Wellek, Albert: Musikpsychologie und Musikästhetik. Grundriß der systematischen Musikwissenschaft, Frankfurt/Main 1963.

Wiora, Walter: Zwischen absoluter und Programmusik, in: Festschrift Friedrich Blume zum 70. Geburtstag, Kassel / Basel 1963, S.381-388.

— Grenzen und Stadien des Historismus in der Musik, in: Die Ausbreitung des Historismus über die Musik, hrsg. v. Walter Wiora, Regensburg 1969, S.299-327.

— Historische und systematische Musikwissenschaft. Ausgewählte Aufsätze von Walter Wiora, hrsg. v. H. Kühn u. Chr. H. Mahling, Tutzing 1972.

Wolandt, Gerd: Gegenständlichkeit und Gliederung. Untersuchungen zur Prinzipientheorie Richard Hönigswalds mit besonderer Rücksicht auf das Problem der Monadologie, Köln 1964.

— Richard Hönigswald, Philosophie als Theorie der Bestimmtheit, in: Grundprobleme der großen Philosophen, Philosophie der Gegenwart, Bd.2, hrsg. v. J. Speck, Göttingen 1973, S.73-101.

[Wolf, Hugo:] Hugo Wolfs Musikalische Kritiken, hrsg. v. R. Batka u. H. Werner, Leipzig 1911.

Wolff, Ernst Georg: Grundlagen einer autonomen Musikästhetik, Strasbourg 1934.

Wolff, Hellmuth Christian: Historismus in der Musikwissenschaft und seine Überwindung, in: Melos 15 (1948), S.289-296.

— Die ethischen Aufgaben der neuen Musik, in: musica 3 (1949), S.305-310.

— Geschichte und Wertbegriff, in: Festschrift Friedrich Blume zum 70. Geburtstag, Kassel / Basel 1963, S.389-405.

Xenakis, Iannis: Musiques formelles, Paris 1963.

Zoltai, Dénes: Ethos und Affekt. Geschichte der philosophischen Musikästhetik von den Anfängen bis Hegel, Berlin / Budapest 1970.